火星人马斯克的
地球创业游戏

一苒　孟路 / 著

电子工业出版社
Publishing House of Electronics Industry
北京·BEIJING

内容简介

本书围绕伊隆·马斯克及其商业版图进行叙述与分析，分别讲述了伊隆·马斯克创办的与众不同的学校，独一无二的电动车特斯拉，SpaceX及火星梦想，投资创业"密码"，集"科技领袖、推特大V、导演和投资人"于一身的特质。本书基于长期观察、大量采访及对海量资料的"提取"，充分展示了伊隆·马斯克独特的个性魅力、经历及成绩，让人看到一个立体、真实的伊隆·马斯克并触及其商业逻辑。

本书适合科技及经济行业的从业人员及学者阅读，亦适合对新生事物及前沿领域感兴趣的读者阅读。

未经许可，不得以任何方式复制或抄袭本书之部分或全部内容。
版权所有，侵权必究。

图书在版编目（CIP）数据

火星人马斯克的地球创业游戏 / 一苒，孟路著. —北京：电子工业出版社，2020.8
ISBN 978-7-121-39324-2

Ⅰ.①火… Ⅱ.①一…②孟… Ⅲ.①埃隆-马斯克－企业管理－经验 Ⅳ.①F279.712.3

中国版本图书馆CIP数据核字（2020）第137453号

责任编辑：秦　聪
印　　刷：北京捷迅佳彩印刷有限公司
装　　订：北京捷迅佳彩印刷有限公司
出版发行：电子工业出版社
　　　　　北京市海淀区万寿路173信箱　邮编　100036
开　　本：720×1 000　1/16　印张：22.5　字数：396千字
版　　次：2020年8月第1版
印　　次：2023年11月第4次印刷
定　　价：79.00元

凡所购买电子工业出版社图书有缺损问题，请向购买书店调换。若书店售缺，请与本社发行部联系，联系及邮购电话：（010）88254888，88258888。
质量投诉请发邮件至zlts@phei.com.cn，盗版侵权举报请发邮件至dbqq@phei.com.cn。
本书咨询联系方式：（010）88254568，qincong@phei.com.cn。

序　言

2019年4月的一个周末，正是特斯拉饱受质疑、股价跌入深渊的时候，我和太太到特斯拉北京直营店去提车，黑压压的提车人群让我印象深刻，排了整整五个小时，我才提到那台蓝色的 Model 3。坐进车里的那一刻，我想的是——到底是什么让华尔街精英与全世界排队提车的用户有如此不同的认知和选择？

我对自动驾驶的发展一直充满好奇，自己创办的 G7 也与普洛斯、蔚来资本一起，投资发起了一家名叫"嬴彻"的卡车自动驾驶公司。我们都相信自动驾驶是改变物流甚至改变世界的伟大技术，因此我们结合了秦始皇和汉武帝的名字来称呼这家公司。我很喜欢在 Model 3 上开启 Autopilot（自动驾驶）辅助功能，到今天为止，我已经积累了至少 3000 公里的"自动驾驶"经验。就现状来看，这项技术肯定不是绝对安全的：有一次在高速公路上遇到右侧道路被封，路中央摆了隔离墩，在距离仅几十米时，我猛然发现汽车传感器及算法并不认识低矮的道路隔离墩，丝毫没有减速和避让的意思，我不得不紧急变道，险些酿成事故。尽管如此，我仍然在进入北京城区环线或高速公路时，把车辆切入 Autopilot 辅助模式，将转向盘和油门交给算法。这辆车每隔一段时间就会更新程序。我发现它先是"学会"了自动变道，后来它对变道的时机把握和操作手法越来越像个"老司机"。有一天，当它先从最左道依次挪到最右道，然后打着右转向灯驶出离我家最近的高速公路出口时，我知道自己再也不会回头购买任何一辆"传统车"了。

在很长时间内，我逢人便讲述自己的自动驾驶体验，希望遇到我的人能相信：人类持续几个小时全神贯注、瞪大眼睛努力抵抗疲惫、完全依靠自己长时间驾驶的时代，就要过去了。对于这个纯体力活儿，机器会比我们干得更好、更安全。对于我的亲身经历，即使多数人都听得饶有兴趣，但只有少数人愿意相信。同时，也有更少的一部分人坚定信仰，以至于愿意承担实践自动驾驶的风险，或者到自动驾驶技术公司里做一份工作，甚至掏钱投资相关的公司。

说到底，对于"What is a Car"这个终极问题，不同的人有不同的态度、目标和选择。伊隆·马斯克及他的特斯拉已经做出了极为坚定而独特的选择。这种独特的选择使他有可能获得无限的荣耀，也因此必须经历极大的风险和磨难。

本书是关于伊隆·马斯克的独特选择的故事。拿到作者一苇的手稿后，我用几十个小时读完了这本书，一如我所了解的，书中是用大量关键的、深入的、系统化的事实所勾勒出来的，关于特斯拉、SpaceX 的发展逻辑。对于企业和企业家来说，从理念到改变现实，独特的产品是唯一重要的武器和表达方式。书中详细讲述了特斯拉和 SpaceX 所处的产业环境，以及它们为里程碑产品所做的关键思考。比如，Model 3 这款车型所体现出的坚定取舍：摒弃精致内饰和舒适度，追求续航和先进的软件功能。这让我清晰地看到，马斯克创办的公司是如何在当今的产业环境下，用代表明天的产品使更多的用户加入，一步步在现实中超越极限。

书中写了马斯克和他的旗下企业对工作方式的独特选择，作者称之为马斯克的"创业密码"，用来揭开类似于特斯拉这样的新物种为什么可以超越极限，交出一个又一个划时代的产品。比如，在企业内部，对那种高中层管理者不干具体工作，只是层层分发任务的"命令链"型工作方式的鄙视和颠覆。对啊，活在"命令链"里的人，怎么创造未来呢？

所以，这不是什么密码，如果有，也是我们自己选定的，在这个技术和周围各种事情都在迅猛变化的时代，如果你领衔创办一家面向未来的企业，作为这家企业的一名员工、股东或是用户，或多或少地都如同马斯克一样，为自己选择了不拘于当前的故事版本。阅读这本关于马斯克的故事，有助于我们洞察这类故事主线中的共性，预备好坦然接受这类故事中必然的磨难。当然，最重要的是，从其中大大小小、具体且独特的抉择中，汲取越过一切磨难的能量。

货运物联网公司 G7 创始人、首席执行官　翟学魂

2020 年 7 月 15 日

前　言

直到 2012 年，我才购买了自己的第一款苹果产品——iPhone 4S，就此入了"乔帮主"的坑。在这之前，我会觉得一个手机和另一个手机不该有多大的区别，反正都是用来打电话的。

这就叫年少无知。

少年不识乔布斯，是巨大的成长遗憾之一。从乔布斯的特立独行的灵魂中，从他的传奇人生中，本可汲取大量的养分和灵感。

如果你也有过类似的遗憾，那么你今天就应该认识马斯克。如果你已经认识马斯克，那么更应该深入了解这个人。乔布斯因为 iPhone 而成为大众偶像，但其实他早就已经是乔布斯了。拜互联网和社交媒体所赐，今天的马斯克已经相当有名了，但尚未成为大众偶像。Model S、Model 3 和猎鹰 9 号都对所在行业具有重大意义，但与 iPhone 相比还有差距，还不是一个影响十亿人的产品。可我想说的是，我们本不必直到 iPhone 问世才开始认识乔布斯，也不必直到特斯拉改变了汽车世界才开始了解马斯克。

本书起步于 2016 年，原计划于 2018 年出版。一路写写停停，两次推倒重来。延期是糟糕的，许诺过的时间点一再拖延，需要向很多相关的朋友致歉。但不幸当中也有一些收获。尽管初衷就是客观和严谨，但最初这本书写得有些像粉丝给偶像的情书，激情有余、文化不足。我们执拗于自己的立场，不仅是主观情感的问题，更多是个人认知的局限。

这四年中，我们不断观察和研究、采访了许多国内外相关人士，得到了很多人的帮助。特别需要感谢曾在蔚来工作一年的时光，我对朋友这样说："因为接触了蔚来和李斌，感觉更能读懂特斯拉和马斯克。"我并不是说两家公司、两位创业者是相似的，实际上国情、市场、时机、基础都大不相同。我指的是：你会更加理解电动车创业这条赛道到底有多困难，在这样复杂的领域中创新到底有多不易，马斯克在特斯拉和 SpaceX 上所取得的成绩有多么令人难以置信！

与之前国内外介绍马斯克的诸多传记风格有所不同，本书对客观事实的报道不求详尽、不追求体系，更多的是对现象背后本质的探讨，并希望读者能透过纷繁复杂的现实，理解马斯克不曾说出口的思考。因此，本书充满了归纳提炼和主观看法，肯定无法被视为马斯克思想的忠实体现，请大家谨慎地批判接收。

万事开头难。感谢我的合作作者孟路，有了她的努力，才有了今天这本书！也感谢四年来所有帮助过我的人。

一苒

2020 年 7 月

目 录

Chapter 1　未来的学校 ······ 001

1. 下一代钢铁侠在哪上学 ······ 002
　　因材施教的教育理念 ······ 003
　　从用户体验出发的教学手法 ······ 005
　　和马斯克的孩子们一同起跑 ······ 011

2. 马斯克为什么要办学校 ······ 014
　　被残酷考验的少年 ······ 014
　　长大的少年，开始改变世界 ······ 018

Chapter 2　电动车有很多，特斯拉只有一个 ······ 025

1. 是什么让特斯拉特立独行 ······ 026
　　第一台不烧油的高性能车 ······ 027
　　解放思想：电动车可以不丑、不慢、不廉价 ······ 034
　　容忍缺点，大胆取舍 ······ 040
　　引领世界进入智能汽车时代 ······ 044
　　一百年来第一家直面用户的汽车品牌 ······ 054
　　遍布全球的超级充电网络 ······ 059

2. 创业造车九死一生，特斯拉能否杀出重围 ······ 065
　　汽车行业迎来百年之变 ······ 065
　　硅谷：创新的摇篮 ······ 070
　　电动车、环保和石油 ······ 076

　　　　对电动车的灵魂拷问 ………………………………… 083

　　3. 特斯拉与中国新造车 …………………………………… 093

　　　　蔚来：要做中国特斯拉，却不想止步于此 …………… 095

　　　　小鹏：年轻人的第一台"特斯拉" ……………………… 100

　　　　理想：与特斯拉一样，有一名网红老板 ……………… 106

　　　　拜腾：源于和马斯克的一次见面 ……………………… 111

　　　　为何造车这条赛道格外凶险 …………………………… 116

Chapter 3　本该注册在火星的公司 ……………… 127

　　1. SpaceX 有何与众不同 …………………………………… 128

　　　　发射火箭有多难 ………………………………………… 129

　　　　一切为了降低成本 ……………………………………… 133

　　　　产品标准化的意义 ……………………………………… 138

　　　　从太空归来的火箭 ……………………………………… 141

　　　　目标是星辰大海 ………………………………………… 150

　　2. 没有 NASA 就没有 SpaceX，是这样的吗 …………… 157

　　　　航天工业与国家大计 …………………………………… 157

　　　　美国航天的变革 ………………………………………… 160

　　　　荣誉归属于谁 …………………………………………… 167

　　3. 地球上的问题还有很多，为何要想着火星 …………… 172

　　　　坐拥浩瀚地球，何必星辰大海 ………………………… 172

　　　　想要一辆可以飞的汽车 ………………………………… 178

　　　　人类迎来第二轮航天热 ………………………………… 181

Chapter 4　马斯克的创业密码 …………………… 187

　　1. 敢为天下先 ……………………………………………… 188

　　　　愿景极为宏大 …………………………………………… 188

目标格外清晰 ·················· 193
　2. 组建"特种部队" ·················· 201
　　　什么样的人在为马斯克工作 ·················· 201
　　　去 SpaceX 面试是怎样的体验 ·················· 206
　　　七类经典的面试问题 ·················· 211
　3. 企业管理哲学 ·················· 219
　　　选灵活还是严苛 ·················· 219
　　　选简单还是困难 ·················· 235
　　　是超脱还是独断 ·················· 261

Chapter 5　科技领袖、大 V、导演和投资人 ·················· 275
　1. 科技领袖 ·················· 276
　2. 推特大 V ·················· 292
　3. 好莱坞导演 ·················· 307
　4. 兼职投资人 ·················· 326

致谢 ·················· **349**

Chapter 1
未来的学校

有人说马斯克是"硅谷钢铁侠"。但电影中的钢铁侠也有凡人的一面,是孩子们的父亲。

而马斯克这位父亲对待孩子教育的方式,也折射出了其童年的经历,以及对待世界的态度。

1. 下一代钢铁侠在哪上学

作为图书史上销量第三名的系列作品,《哈利·波特》创造了令无数孩子甚至成人神往的魔法世界。翻动那些纸张的时候,你会幻想从书里飞出一只猫头鹰,叼着一封"霍格沃茨"的专属信件,指引你来到国王十字车站的 9¾ 站台,进入这所梦幻校园。接着,学习各式魔法、骑着飞天扫帚参加魁地奇比赛,偶尔跟喷火的恶龙战斗一番。

梦醒的时候,你发现自己拿着的只是一本书而已。

然而,在这个世界上,有一群非常幸运的孩子,他们就读的学校就像是一座现实版的"霍格沃茨",马斯克把他的前五个孩子都送到这里读书。虽然没有飞天扫帚和神奇魔法,但这里有"麻瓜世界"(麻瓜指不会魔法的普通人)的高科技和创造力。

你一定想知道它在哪?

答案是加利福尼亚州霍桑市火箭路 1 号。对于特斯拉迷和航天迷,这个地址似乎看起来有点眼熟?没错,这就是太空探索公司 SpaceX 的总部所在地,一个研究火箭发射、移民火星的高科技场所。但几乎没有人知道,在园区的一个神秘角落,坐落了一所规模很小的学校。该校由马斯克投资近百万美元,于 2014 年成立,取名"Ad Astra"(向着群星)。命名源自拉丁语名言"Per Aspera Ad Astra"(历经坎坷,终抵群星),也和布拉德·皮特 2019 年的新片《Ad Astra(星际探索)》同名。

该校创办多年以来，极少被媒体曝光。校长 Joshua Dahn 曾经接受过一次商业媒体采访，透露了不少有价值的信息，但这个视频很快在网络上被删除。可见，马斯克并不愿意让这所带有实验性质的学校进入公众的视野。我们多方寻求采访信源，希望能为大家展示这所学校的独特模式以及对它的种种思考。即使无法直接接触这所学校，或许马斯克打造的学校模式会对我们习惯的教育方式带来一定的启发。这所学校目前采用的项目制教学体制、AR 教学等手段，可能将在若干年后进入更普及的大众教育。

因材施教的教育理念

因材施教，而非以供定需。Ad Astra 这所学校正是这种理念在教育行业的践行者——灵活匹配不同的资源供应给学生。

废除年级制度

Ad Astra 首先取消了全世界广泛使用的年级制度——不通过年龄，而通过能力和兴趣评估，把学生编到不同的学习小组。如果 8 岁的小明已经在数学方面展现了明显的天赋，他就完全可以和 12 岁的孩子们一起去上数学课。

善待每一个天赋

当我们认真地分析每一个孩子，很可能会发现一个事实：孩子乍一看可能是稀松平常的路人甲，并无过人之处，但实际上每一个都是丰富多元的独立个体。有时候，当我们草率地认定一个小孩资质平庸——很可能是因为外界因素辜负了他的天赋。

有位名叫 George Land 的科学家做过一项实验研究：他找来 1600 个 5 岁大的天赋异禀的孩子，他们在不同的学校上学。当中 98% 的孩子被测评为"非常富有创造力"。然后每隔 5 年，George Land 会重新测试这些孩子的创造力水平。结果令人心碎：当孩子 10 岁时，只有 30% 的被测评为"非常富有创造力";15 岁时,只有 12%;等到 25 岁时,这 1600 人中仅仅 2% 的人保持了他们幼年时的创造力。

如何识别一个孩子的天赋,如何针对它的天赋给予相应的教育,是教育领域的一大难题。《哈利·波特》里的分院帽一开始对于决定哈利到底该去格兰芬多学院还是斯莱特林学院都感到犹豫。

Ad Astra 认为:应该创造一个环境,让孩子去探索自己身上的天赋,慢慢找到最想做的事情,为了最终的兴趣聚焦,让孩子广泛地接触不同的事物。

Ad Astra 一名受访的老师介绍说,"我们会根据每个孩子的兴趣,留足够的时间让他们探索、拓展,并且用自己喜欢的方式去表达。让每一种个性被尊重、善待,让每一项天赋得到满足和发展。"于是,Ad Astra 配备了比同阶段学校丰富得多的学科设置,除了常规的数学、自然、历史,还有艺术、计算机和商业等,最火热的人工智能也已经被加入课程表。此外,学校还常常请各领域的学者、专家来做分享。这让每一个孩子都有机会看到不同领域的绚烂风景。

非科班背景的教师

在 Ad Astra,孩子们广泛阅读,向各个领域的达人请教,与同学们自由交流,从不同的课程中汲取营养。这种类似"自由漫游世界"的学习体验,让孩子们自然而然地爱上了学习和求知,每天都开开心心地来学校上课。

除了认真对待每个孩子的兴趣,学校也非常尊重老师。Ad Astra 不会制订固化的课表,而是根据既有的师资情况,有针对性地灵活构建课程框架。

比如某一年,一位优秀的化学家加入了教师团队,Ad Astra 允许她根据自己的想法重新设计化学的课程内容。

优秀的人才往往不可多得,而且优秀的人才总是很有自己的想法。当学校能包容人才的自主表达,他们才会稳定地留下,把自己的天赋和激情传递到孩子身上。

在师资方面，Ad Astra 还有一个独特之处，包括校长在内的学校领导也要去一线授课，从而深刻理解学生和老师的实际需求，更好地从战略和管理层面思考如何提升师生双方的体验。

从用户体验出发的教学手法

如果你试着跟一个处于叛逆期的三岁儿童一本正经地讲道理，告诉他早睡早起身体好，他的反应会让你明白——只有动机正确是远远不够的。其实教育与其他服务行业一样，用户体验非常重要。在这里，用户就是学生。仅仅制定好的知识体系还不够，如何去传授这些知识，让孩子们容易"消化"，同样非常关键。

学习效率的金字塔

2015 年，马斯克在接受杨澜的采访时说过：我们总想直接灌给小孩解决问题的工具和步骤，以为这是捷径。但教育的关键，是让他们深刻理解问题所在，并找到适于己用的解决方法。马斯克认为：若想教他儿子关于引擎、螺丝刀和扳手的工作原理，就该给他们一个真实场景，不要上来就画图纸、谈公式、讲原理，而应该把一台足够有科技感的引擎放在面前，孩子们自然会去观察它，甚至会想"搞破坏"——把引擎进行拆解。可该如何拆解呢？那就需要一把螺丝刀。

这是马斯克从小自己摸索到的学习方法，也是如今 Ad Astra 的教学宗旨。

美国学者、著名的学习专家爱德加·戴尔 1946 年首先发现并提出一张关于学习效率的金字塔图（见图 1-1），在理论上解释了为何灌输式的教学往往收效不佳。

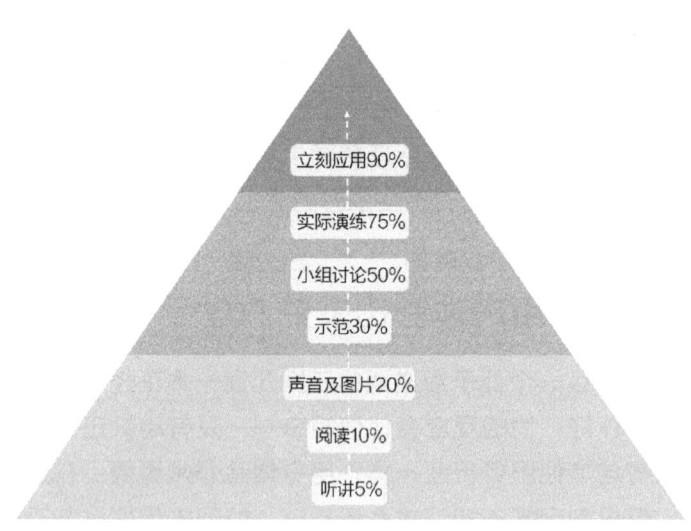

图 1-1　爱德加·戴尔的学习金字塔

学习金字塔的底端是"接收",中层是"参与",最高级别是"边做边学,学以致用"。传统教育因资源和理念的束缚,偏重"学习成效金字塔"的底端,让孩子们大量接收被设定好的知识和信息——先记到脑子里,希望孩子们未来在应用时,会自动回想起受过相关的教育。但是,不被真正理解和认知的知识,会随着时间流逝而烟消云散。正常人类的潜意识聪明绝顶,他们会不定期识别大脑里的"垃圾"并"清空回收站",留下鲜活的、有趣的、美好的东西。显然,刻板教条的书本知识多数不属于被留下的那类。

创新的教学手法

/*老师少做主,孩子多表达*

在教授历史课时,老师可能会提出三个不同的课程内容,让孩子们自主讨论和投票,选出他们最喜欢的内容。"春秋战国、三国演义、大唐盛世,你更想了解哪一段历史?为什么?"

在授课的过程当中,除了老师的讲解和拓展资料的阅读,更多的是由老师引导孩子们，基于历史事实做自由讨论。"在那个历史时代，哪些决策是最关键的？为什么当时的历史人物会做出那样的决策？这会产生怎样的后续影响？这些影响对我们今天的生活有何启示？"

总之，不死记硬背，不灌输结论，回归历史学习的初衷——不是记忆每一段历史，而是试图去理解历史为何发生以及它的后续影响。

用这样的方式来上历史课，哪个孩子会不喜欢呢？

/ 身临其境，在参与中学习

Ad Astra 提倡场景式教学，以激发孩子的学习热情。看看 Ad Astra 的老师会怎么做吧。比如，把学生们分成三组，根据一个主题进行谈判！在"谈判"之前，老师会花许多心思，辅导各组同学，掌握相关信息。老师甚至会要求孩子们中途交换组别。

/ 使用科技手段解决抽象问题

喜好游戏和娱乐是孩子的天性，把这些元素和教育融合到一起，自然会让孩子的学习效率提高十倍。

对于计算机、机器人、人工智能等科技类课程，需要较强的逻辑思维和抽象的思考能力，因此很难被教授给小孩子。Ad Astra 的老师通过应用新科技解决了这个难题。游戏软件和动态展示（如少儿游戏编程工具 Scratch）使这些"看似与年龄不符"的课程能被小孩子们接受。

另一个热门的教育手法创新是借助 VR/AR（虚拟现实/增强现实）技术。Ad Astra 的校长举例说：跟孩子们讲一整年某个历史事件，不如让孩子们通过 VR"穿越"到那个时代待上两个小时。

现在 Ad Astra 已经有部分课程开始率先使用 VR/AR 科技。未来，VR/AR 可能会像在课堂上播放 PPT 一样流行。

/ *科技是手段，不是目的*

虽然马斯克的学校里用了不少的新科技来改善教育手法。但事实上，马斯克对先进科技的运用是存有戒心的。

他认为电子设备对孩子们的学习热情不一定有很好的促进效果。如果让一名孩子整天对着电子屏幕，并不是启发心智、锻炼灵魂的最佳途径。马斯克在家里并不阻止自己的孩子玩计算机游戏，但他靠一个规则来约束孩子们——游戏可以随便玩，但阅读纸书的时间必须比玩游戏的时间更长。Ad Astra 也很注重控制"电子设备使用的平衡度"：老师允许孩子们在上课时使用计算机，但更鼓励他们多参与小组讨论，多使用纸和笔，将孩子在课堂中使用计算机的时间约束在总时长的 1/3 左右。

马斯克认为科技一直只是实现目的的手段，而不是目的本身。编程被 Ad Astra 设为必修课，因为 IT 语言已经是 21 世纪的"时代语言"。学编程的目的不是把每个孩子都培养成专业的计算机工程师，而是启发他们懂得利用新时代的基础技术，去做自己真正想做的事情。据说，Ad Astra 里有一个孩子特别喜欢做曲奇饼，后来他自己编程做了一个卖曲奇饼的小网站，来更好地支持自己的兴趣发展，在学校里销路还挺不错的。

跨学科思维

马斯克曾经在一次访谈中提到：他最大的创造力，可归结为"看到本不相关事物之间的联系"。比如，他很早就看到把金融与互联网关联在一起的重要潜力，这间接促成了他发起 X.com 互联网金融公司（该公司后与 Paypal 合并）。

现在已经有许多学校尝试"跨学科"的课程设置，Ad Astra 依然设置不同的学科主题，但在授课的过程，老师们经常要求学生跳出学科限定，运用跨学科的知识来解决问题。

例如，孩子们在英文课上学习了《罗密欧与朱丽叶》，在数学课上学习了性价比的计算，在计算机课上学习了上网搜索信息的方法。于是，老师留了一个作业：请深刻理解莎士比亚勾勒出的两位人物形象（即罗密欧与朱丽叶），从你的个人角度，为他们安排一次他俩会喜欢的、高性价比的蜜月旅行，包括机票、酒店、行程等。这样的作业，不仅能够启发孩子看到不同学科知识之间的联系，还培养了他们把课堂知识综合应用在真实生活场景中的意识。

团队作战

或许只有漫威作品中的超级英雄，才有能力独自解决困难。在现实中，一个人几乎无法成事——考虑到漫威电影最近几年的新趋势，我们会发现，即使是超级英雄，他们也开始抱团取暖了。

Ad Astra 希望自己培养出的学生，既有个性，又有共性——既有独立思考、独立执行的能力，又能很好地在一个个临时团队中迅速发挥自己的能量。这样的人才在真实社会中具有特别强的适应能力。

Ad Astra 在学校里开设了许多 PBL（Project-based Learning，项目制学习）式的课程。课余，老师鼓励孩子把团队项目分享给家人，在家里展开讨论，让经验丰富的家长成为团队的"外援"，为你的项目贡献智慧。学校希望孩子们具备这样的意识：在团队中与队友并肩作战，同时超越团队的范围去寻求自己所能获得的外部资源，来更好地达成目标。

在一个个团队项目中，孩子们会逐渐学会：不必自己去完成所有的事情，但需要去理解整个团队的目标，在一个团队中找到自己的角色，与其他人共处的同时发挥好自己的独特价值，甚至在必要的时候为了团队利益作出个人的妥协和牺牲。

金钱观与创业意识

在 Ad Astra，金钱扮演着重要的角色，就像在现实社会中一样。

学校发行了 Astra 币，分配给每个入学新生。在校园生活中，学生需要打理自己的 Astra 币资产，可以用它在学校里与其他同学或者校方开展交易。Ad Astra 的老师相信，金钱是交易市场和商业创新的基础，借助货币，不仅能锻炼孩子们的财务意识，更能培养他们的"创业家精神"。

在这里，创业是一门核心学科。学生可以通过打造自己的产品和服务，向其他学生或者校方进行销售，来实现"财富的积累"。老师会引导孩子们，锻炼自己的商业素养——学会观察市场里潜在的机会，发现没有被满足的需求，制订合适的解决方案，组织团队合作将它兑现，并最终把它兜售给目标客户。

学校每年组织三次大型的集市活动，孩子们可以在集市上在公开展示自己的产品或服务，看看有没有人愿意掏出 Astra 币购买。年幼的时候在学校里"路演"，把自己的商业实践变成货币资产，这可能会成为孩子不可磨灭的记忆，为他长大成人后去改变世界、实现自己的理想，做一次预演。

Astra 币除了能培养孩子的商业素养，还能帮助维持校园纪律。如果你破坏了学校的学习环境，你就需要付出罚款的代价。如果你影响了一个学生的学习，罚一枚币，如果一次影响了全班同学，罚得更多。在这个"惩罚"的过程中，孩子们会更深刻地理解什么是责任，人难免犯错误，但如果犯了错误就需要自己去承担相应的责任。

总体来看，Ad Astra 让商业社会的元素成功融入校园教育当中：首先，不回避金钱，鼓励孩子们接触这个人类社会的重要工具，让大家在这个"模拟社会"内学习如何使用货币，了解它的作用、局限和潜能；其次，设置了一个聪明的游戏规则，不直接引入现实货币，而是发行内部货币并做公平的初次分配。当这些孩子有一天走出校园时，他们对货币的价值已毫不陌生，为到处充斥着货币的生活提前做好了准备。

即兴反应和独立决策

但在现实世界里，有很多东西需要快速反应——立刻、马上、就在这个瞬间。比如，即兴登台面向众人演讲、面不改色地回应客户的质疑和询问、在和上司的沟通过程中快速理解他的意图并给出明智建议，在这些场景里，没时间给你打草稿，没时间给你解方程式，甚至没时间让你思考，你必须做出临场反应。你还可能遇到一些非常复杂的局面——

在付出、回报、收益、风险等因素复杂纠缠的情况下，决策并不容易做出，更没有所谓的标准答案。

临场反应和决策能力在现实生活中如此重要，但很多人终其一生也不曾专门训练过。Ad Astra 希望能让孩子从小就学习这些能让他们受用终生的核心技能。

比如，老师会通过类似"即兴创作培训"的游戏来锻炼孩子们的反应能力。每个人都需要在瞬间引入一个新的角色或者想法，彻底改变多人对话的场景，而其他人需要立刻跟上，接受这个新的模拟现实，并继续注入自己的新想法。

Peter Diamandis 是 X Prize 基金的创始人，著有畅销书《富足》，在参观过 Ad Astra 后，这样描述他在学校旁听到的课程内容：老师让孩子们想象一下在湖边的一个小镇，镇上的绝大部分人都由一家工厂雇用，但此工厂常年污染湖水，把水中的生物链都破坏了。如果你来处理这件事，会怎么做？关闭工厂意味着工人会失去工作，但如果让工厂继续开，湖泊会继续被污染。

这显然不是一个容易的选择，也没有标准答案。课程的目的不是让孩子们说出谁对谁错，而是让他们反复考量不同利益群体各自的动机、难处、义务和责任，然后在这个基础上权衡利弊得失，得出最终的决策。

一位在 Ad Astra 的任职老师举例说，最近孩子们的辩论课题之一是探讨教师、消防员、市长、警察等公务员性质的职业，其如今的收入水平是否合理。这些问题都没有标准答案，但它可以让孩子从小就养成观察、思考现实社会问题的习惯和能力，同时在这个基础上学会基于客观的现实做出艰难的选择。

和马斯克的孩子们一同起跑

如果你是一位儿童的父母，看到这里，你可能已经非常好奇，这样的学校，该怎么才能报名入学呢？

这所学校的招生门槛可谓世界之最。开办的头几年，除了创办人马斯克的孩子享有直接入学权，学校只接受SpaceX的管理层为自己的孩子报名，并需要进行严格的测试，唯有少数天赋超群的孩子才能入学。

最近几年，学生规模逐渐扩大。从2019年起，学校低调地扩大招生范围，面向社会招生，但SpaceX、特斯拉、The Boring Company员工的孩子会有一定的优先权。目前，学校学生总数接近50人，为8~14岁的孩子。每年学费从500美元到3.1万美元不等，视孩子的家庭情况而定。

据一位熟悉Ad Astra招生工作的人士透露，该学校致力于招收"心地善良、自我驱动力强大、想象力非凡"的孩子。如果你想要把孩子送到这里读书，可以进行网络申请。

2019年的网络申请中包含五个脑洞极大的问题，学生需要选择其中一个来回答。其中一个问题翻译如下：

在一间实验室里，科学家创造了一个龙蛋。它将孵化出一条经过基因改造的火龙（会喷火的那种）。该生物是同类物种中的第一个个体，具有神话生物的经典特质：有翅膀、有鳞片、有角，还会一边咆哮一边喷火。龙蛋将在100天内孵化。

这项科学成就震惊了整个世界，同时引发了争议。这些争议将对未来新物种的发明产生深远的影响。现在人们已经提出了五项可能的计划。

计划1：毁灭

在没有国际科学家、政治家和伦理学家小组的特别许可和监督的情况下，果断关闭这座实验室，破坏龙蛋，并威胁对任何进行类似新物种基因工程的实验室采取法律行动。

计划2：实验

在实验室里把火龙养大，是科学家的默认选择。孵化出火龙后，可以监督它的成长，直到它变得太大、太危险。届时，火龙将被杀死、解剖、研究。从科研的角度来看，可以在实验室中收集90%以上的有用信息，研究成果将与科学界共享。

计划 3：圈养

把火龙圈养起来，让它远离公众，只在科学家的秘密、精心监督下成长。把一个废弃的体育馆改造成龙窝，作为龙的栖息地。科学家将一直负责圈养，直至其自然死去。

计划 4：放养

当火龙在实验室中出生并过了婴儿期之后，科学家将迁移实验室附近一个小岛上的 200 名居民，将火龙在这里放生。这里有充足的食物，气候也很适合龙的生存。一系列复杂的波（无线电波、电磁波、伽马射线）将始终把龙困在岛上。科学家将植入跟踪设备以监测龙。

计划 5：自由

把龙蛋带到世界上最偏远、最人迹罕至的岛屿之一——拉乌尔岛。如果龙蛋孵化，就让它孵化，如果没有孵化，人类不会做任何努力让其孵化，顺其自然。科学家相信这只火龙将无法越过海洋，到达人类居住的任何地方。如果一切按计划进行，科学家将使用非侵入性的音频/视频设备对龙进行监视。第一条火龙如果活了下来，可能会促使科学家在岛上孵化更多的龙蛋，从而产生更多的火龙。

答题考生的任务是，对 5 个计划的优劣和可行性进行分析和排名。此外，制订详细的第 6 计划，要比上述 5 个计划更加优秀。

从问题的设置来看，其知识广度和思想深度甚至超越了典型的高中毕业生考试，可见这所实验性质的学校的招募方向。网络申请只是第一步，通过这一关的孩子们还需要面对 2 轮到 3 轮的面试，考虑到每年招生名额极为稀少，这比 SpaceX 和特斯拉的应聘还要难。

2. 马斯克为什么要办学校

被残酷考验的少年

无论你是想了解 Ad Astra 的由来，还是马斯克的传奇创业经历，都需要先了解一下他的年少经历。

校园暴力受害者

马斯克出生于 1971 年的南非，在很长一段时间内，小马斯克都是学校里最矮小和最独特的孩子。矮小是因为他的生日刚好赶上了接受入学的最后一天（6月28日），他是同年级最小的孩子，发育也偏晚；独特是因为他从小性格内向、经常发呆、不善交流。现在我们都知道了，聪慧过人的马斯克，太容易深度沉浸在自己的内心世界里。我们每个人回忆起少年时代，班里总有一两个"倒霉蛋儿"是被大家欺负得最惨的——很遗憾，马斯克当年就扮演了这样的角色。

马斯克经历的最严重的一次校园暴力是被打到住院，检查出了轻微脑震荡和鼻中隔软骨断，直到 2013 年做过鼻部手术后，才解决了呼吸不畅的后遗症。马斯克的亲人和他自己都在采访中提到过，正是因为在南非经历的童年，造就了他对抗外界残暴打击的忍耐力。转折点发生在十六岁时，马斯克突然开始锻炼体魄：练习了柔道、摔跤和空手道，再加上突然生长到 1.83 米的身高，给了他不少自信。最后一次被校园霸凌时，马斯克一拳将对方打翻在地。在那以后，校园里再也没有人来找他麻烦。这种不妥协、强硬抗争的心态一路延续到了马斯克的创业之路中。

"双面"父亲

马斯克的父亲叫 Errol，在"硅谷钢铁侠"的养成过程里，Errol 起到了不小的作用：不光是遗传因素，他还在很多方面影响了马斯克。

/工程师天赋

Errol 是一名非常出色的机械工程师,开了一家公司承接大型工程项目,如建造商场、写字楼及空军基地。马斯克小时候常跟着父亲到建筑工地,学习安装电线和管道。

马斯克曾提起他的父亲是位天才工程师,知道每一种物理现象背后的原理。马斯克称他之所以天生擅长工程学,是从父亲那里继承的天赋,对别人来说很难的事,对他而言轻而易举。曾有一段时间,他以为如此简单明了的原理,每个人肯定都知道,如房子里的电线是怎么工作的、断路器的工作原理,以及通过混合燃料和氧化剂来制造炸药。

/冒险精神

Errol 不光有工程师的才华,还极具冒险精神。他敢接一些公认很危险的建造项目和绿宝石采矿业的工作。很显然,这种冒险精神通过言传身教,已经继承在了马斯克身上。年纪轻轻就在硅谷通过互联网金融领域的创业成为亿万富翁之后,马斯克把钱投向了一般人不看好的太阳能电池、一般人非常不看好的电动车和一般人想都不敢想的太空领域(马斯克家族素有冒险家的光荣传统,他的外祖父约叔华曾经是知名的冒险家,打破过飞行纪录,深入过原始丛林)。

这可能不完全是一种巧合:SpaceX 的天才 CTO Tom Mueller、特斯拉的天才 CTO JB Straubel、伊隆·马斯克,这三位的父亲都是 DIY 达人,有极强的动手能力。

在家风的耳濡目染下,三个人都继承了 DIY 的超强能力和勇敢精神——想要一个东西?那就自己造出来。

马斯克从小就喜欢把书上读到的有趣的科技理论应用到 DIY 制作当中。

上中学时,马斯克接触了火箭的知识——南非当时还没有给小男孩玩的那种火箭套装玩具,于是他决定自制一套。

在某引进版的马斯克传记的第二章中提及,马斯克的一个高中同学回忆：马斯克把自制火箭模型带进学校，在课间点火发射……

/大量阅读

不是每个家庭里都有大量的书籍。Errol 家有。

据 Errol 回忆，他带年幼的马斯克去参加朋友的生日派对，其他的小孩都在玩，但马斯克肯定会找本书待在某个角落里看。他从小就是个非常内向的孩子。

他读书的速度如同碎纸机。从 8、9 岁起，他每天阅读 10 小时，有时一天就"吃掉"两本书。如此"胃口"，不仅家里，周边图书馆的书也很快被看光。

接下来，马斯克开始读《大英百科全书》——这是在数字时代前最权威、最全面的工具书，介绍了当时西方社会掌握的各种知识。整套丛书共 32640 页，超过四千万字。"我发现，自己不知道的东西太多了，而所有秘密都在其中"，马斯克热爱读书，他在采访中说："我是靠书本抚养成人的。首先是书，然后才是我的父母。"[1]

在 12 岁之前，他把《大英百科全书》看了两遍，俨然一个"行走的维基百科"。

/物质基础

马斯克幼时家境殷实。

对于年幼的马斯克来说，他不用隔着橱窗玻璃观察自己喜欢的东西。

马斯克 9 岁那年，就收到了一份梦幻玩具——CommodoreVIC-20 型家用计算机，当时售价三百美金，也许是一个孩子能收到的最贵的礼物之一。

---

1. https://www.rollingstone.com/culture/culture-features/elon-musk-the-architect-of-tomorrow-120850/.

同时，马斯克从小就有机会周游世界。

马斯克 6 岁时就从南非去欧洲旅行。这样的旅行让他明白外面有更广阔的天地，有美好的世界值得去探索。

/ *严酷的一面*

如果关于马斯克和 Errol 亲子关系的描述，在这里就结束了。那么我们将收获一个圆满温馨、值得每个男孩羡慕的家庭故事。然而事实并非如此。尽管马斯克实际上从父亲身上获益良多，但今天的马斯克极度讨厌父亲，甚至禁止自己的孩子们和爷爷见面。

究竟发生了什么？

马斯克不到 10 岁的时候，父母就离异了。本来他和弟弟妹妹都跟妈妈一起生活，但过了几年，马斯克认为父亲很孤独，便决定与父亲一起生活。

Errol 确实对马斯克有过很多引导和照顾，但由于个性使然，他也做了很多伤害孩子的事情。马斯克曾经说过，父亲对他们哥俩施加过很严重的精神折磨。比起身体上的直接攻击，心理攻击因其主观性和隐蔽性，容易被人们忽视，可它对人产生的负面影响却是很深远的。精神分析家玛丽·佛朗斯·伊里戈扬在《冷暴力》一书中指出，受虐者（特别是儿童）对于施虐者的精神虐待在起初浑然不觉，其间经历煎熬和内心痛苦直至情绪完全被对方掌控，往往在关系结束后（或是长大成人后）才意识到自己其实是对方冷暴力的对象，但心灵创伤已形成。

幼年的马斯克在学校被欺凌，Errol 不帮着解决问题、不去安慰孩子，反而直接说他没用，被人欺负全都是他自身的原因。Errol 习惯对至亲施加残酷的言语，直至对方感觉自己一文不值。中学时代的马斯克对北美洲无限向往，多次试图说服父亲带他去美国，父亲对他的回应是百般挖苦，然后辞掉管家，让马斯克承担所有的家务，从早干到晚。Errol 因为一个孩子拥有梦想而狠狠地惩罚他，并告诉他：这就是你向往的生活。

马斯克没有被吓倒,他 17 岁动身去往北美洲求学,通过打各种散工赚钱:在农场种地、在粮仓打扫、在木材厂的锅炉房做清洁工。锅炉房是最困难的工作,30 位清洁工很快走得只剩下 2 个人,而马斯克选择留下,因为这里的时薪最高——每小时 18 美金。在南非时,马斯克衣食无忧;但到了北美洲,他的生活很艰难。靠着奖金学、贷款和双份兼职,马斯克和弟弟才完成了学业。

让马斯克愤怒的是,当他和弟弟靠自己的双手努力拼搏,取得了成就之后,Errol 以不实之词向外界邀功。1995 年,马斯克年仅 24 岁,就和弟弟一起创办了一家互联网公司,开发了一个类似"谷歌地图 + 大众点评"的软件。这次创业的结果非常惊人:在不到 4 年的时间里,公司以 3.7 亿美元的价值被康柏收购,28 岁的马斯克的个人财富迅速上涨到 2200 万美元。当马斯克成功之后,Errol 对各路媒体吹嘘,说是他给了两个儿子 2.8 万美元作为启动基金——这种说法被书籍和媒体引用,流传甚广,马斯克在一次采访中不留情面地否认了。

要创造而非毁灭

对于马斯克来说,学校和家庭是他少年时最主要的两个生活场景,不幸的是,他却在这两个地方遍体鳞伤。经历过这一切的他只想做一个和父亲完全不一样的人:他要为这个"千疮百孔的世界"有所贡献。在《滚石》对马斯克的一篇知名报道中,有这么一句话:"这条创伤纽带中的某一环是塑造马斯克世界观的关键——要创造而非毁灭、有用而非有害、保卫世界而非制造邪恶。"2015 年在清华大学,马斯克与钱颖一教授进行了三个小时的公开对话,这是我第一次近距离看到马斯克。在被问到自己克服一切困难的动力时,他反复说自己"就是想做一个有用的人"。

长大的少年,开始改变世界

Ad Astra:以父之名

马斯克有诸多外界评价,但他首先是一个普通人类、一位父亲。

"没什么事比当五个儿子的爹更让我感觉快乐了",马斯克在一次采访中一脸幸福地说。

和很多父亲一样,马斯克会参与典型的亲子活动。比如在周末陪孩子看电影、到迪士尼坐过山车、尝鲜奶油做的"啤酒",或是一起打游戏……

美国著名科技博主 Tim Urban 曾问过马斯克是否害怕死亡。他的回答是,自从有了孩子,就不怎么怕了。

"因为孩子有点像自己。至少他们是你的一半——在硬件层面,孩子继承了你的基因。你对他的影响还会在软件层面有所体现,这取决于你有多少时间去陪伴他们。"这段回答包含了人性的温存。同时,我们可以发现,马斯克对塑造一个新生命的理性态度——这些新生命,既和父母遗传的"硬件"(DNA)有关,也和"软件"(后天教育和陪伴)有关。

2013 年,Ad Astra 成立,以父之名。

业余之举还是秘密布局?

Ad Astra 是马斯克为孩子们建立的,还是另有长远的计划呢?

德国《明镜周刊》驻硅谷首席记者托马斯·舒尔茨在《Google:未来之镜》一书中写道:谷歌作为一家极具天赋同时拥有远大理想的公司,在做好核心业务之外,鼓励各方面的创新、探索不同领域的新业务,但有一个前提——这件事的想象力要足够大,要能够影响至少十亿人。在马斯克的生意版图里,我们也能看到类似的原则。

历数他亲手操作过的项目,从特斯拉汽车到太空探索公司 SpaceX,再到更早的互联网金融公司 Paypal(其前身之一 X.com 为马斯克创办),甚至包括其首次创业的 Zip2(类似谷歌地图 + 大众点评,提供互联网位置信息服务),它们都有一个共同特点——这些都是"天花板"极高的业务,具备影响千万级甚至亿万级大众的潜力。

Ad Astra 会是唯一的例外吗？

在 Ad Astra 这所学校，从教育理念到教师选择，再到学制设计，无不充满了马斯克的参与。但从理性的角度来分析：为了一座只有几十名学生的学校，投入这么多的精力，招聘那么多顶级教师，真的只是为了自家孩子吗？马斯克极为重视日程管理。他的日程表是以 5 分钟为单位被精细规划的。

虽然难以证明，但我们不能排除这样一种情况：这所学校代表了马斯克对教育产业的探索——Ad Astra 就像特斯拉的第一台试装原型车，是一种新型教育模式的孵化器。

/保密级别高

如果马斯克仅仅把 Ad Astra 当作一个小学校，没有理由不将它大方地公开。除非，他把它看作尚未举办发布会的严密保密的特斯拉未来新车，正在研发过程当中。

/资源投入多

马斯克的时间非常宝贵，他本人为这个教育项目投入了许多精力，让它具备了强烈的个人色彩：聘请名师、请各行业名人来校园演讲，配置最新的技术和教学设备、大量改变教育领域的传统做法。这些动作的背后，都需要投入大量的人脉资源、人力资源和资金。

此外，Ad Astra 校方曾表示，他们一直在思考如何负责任地扩大规模。现在，Ad Astra 向每一位报考但并未被录取的孩子承诺，会通过互联网开放他们所有的课程系统。校方还表示，不排除有一天他们会开源一切课程内容。但最终的扩张方式和开源程度，目前还没有披露。

/商业潜力大

根据马斯克的价值观和过往履历显示，他总是着眼于大事，不光要能赚钱，还要能创造积极、广泛的社会意义。教育行业完美符合这个标准。

另一位实验者

我们无法证明 Ad Astra 学校到底代表了马斯克对教育行业的商业探索,还是仅仅体现了自己对孩子的父爱。但对教育行业表现出浓厚兴趣的硅谷创业者不只有马斯克。一所名叫 Altschool 的实验学校,融资已超过 1 亿美元。这家学校对"教育个性化"理念的大胆尝试建立在 Facebook 创始人扎克伯格和苹果创始人乔布斯的妻子劳伦娜等人资助之上。

Altschool 在许多方面与 Ad Astra 都有类似之处:

定位于小学教育,招收的学生年龄类似;

由来自硅谷的创业者主导创办,Altschool 的创始人是谷歌个性化部门的前管理层成员 Max Ventilla;

学校里没有年级的划分、通用的教学大纲和固定的教室安排、提供大量的选修课程;

重视孩子的个体差异,让他们决定自己学什么——可能同时学习三年级的数学和五年级的音乐;

录取率都很低,2015 年,Altschool 有 3500 人报名,却只有 200 人被录取。

Altschool 和 Ad Astra 相比,一个明显的区别是就是它对电子设备和程序的运用程度更高。在这所学校,所有学生的签到、考试、完成作业全部需要用 iPad、便携计算机及可穿戴电子设备进行。而且,摄像头会对每个学生的上课表现进行记录,从而为老师们提供分析和判断的依据,比如了解每个孩子是否真的理解了当天的课程。就像职业球队主教练分析运动员的比赛录像,从而给出针对性的训练和比赛计划。

此外,作为一家积极融资、已经在美国开出多家分校、每年开销超过 4000 万美元的创业公司,Altschool 的野心并不止于开设线下学校。事实上,他们收取的每人每年 2.7 万美元学费完全不足以抵销巨额投入,创始人 Max 的理想也不只是服务好学校里的数百名学生。他更希望借助自营的"试验田",探索出一套创新而且可行的教育手法,以及配套的数字操作系统。这也是他为何聘请了大量业绩卓越的数字工程师——几乎都来自谷歌和苹果这样的大公司,人数和教师团队相当。他希望向美国大量的私立和公立学校输出 Altschool 的教学方法和数字化操作系统,只收取每人每年 500 美元或 150 美元(对公立学校收取更低的费用),让更多的人受益于这样的创新技术。

Altschool 所采用的模式和许多成功的互联网公司颇为类似:先做小型化实验,探索创新经验,再借用数字化新技术搭建平台,通过大规模推广降低大众享受新式教育的成本。看过了这家公司,再回顾马斯克创办的 Ad Astra,我们很难不产生这样的联想:莫非马斯克正在用 Ad Astra 实验一套属于未来的教育模式?也许有一天,他会站在发布会的舞台上,面向全世界发布这样一款新产品,不是汽车、不是火箭也不是太阳能电池,而是基于 Ad Astra 探索经验的智能教育平台。

不完美的实验

当他的五个儿子都说,"学校酷得我都不想放假",马斯克知道他的主意成功了。

但 Ad Astra 依然有一些争议,这从侧面也体现了伊隆·马斯克本人独特的教育价值观和他思维上的取舍。

/部分重要科目的缺席

虽然以课程选择丰富著称,但在 Ad Astra,你找不到外语、体育和音乐这三门课程。

校长解释,外语"缺席"是因为马斯克坚信智能翻译工具很快就变得足够优秀,让人获得即时、精确的翻译,所以不需要再让孩子花大量时间去学外语。这是一种实用主义的思维,但也遇到了争议。有通才教育的支持者认为,当孩子深入接触一门外语时,会加深它对另一种文化的了解,他们的思维和价值观将因此变得更加多元和复杂,有利于孩子的发展。但马斯克考虑的是,随着人工智能的发展,人类的大脑最终会发生重大的变化。与这一点相比，多学一门外语对大脑的影响将是轻微的。

至于体育和音乐，学校认为这两门课更适合作为课外活动。因为根据马斯克的理念，课堂的效率就像"你协助孩子把新知识下载到他大脑的速度"，而体育和音乐不需要每一个孩子都去"高速下载"，所以不该作为学校的课程。

/远离大自然

通常，在西方社会，任何一所高端的学校，都非常在乎绿化建设。即使学校本身并不依山傍水，也会创造草坪、池塘、花园，让孩子有机会接触大自然。但在 Ad Astra 校园里，没有一棵树、一根草。选址在霍桑市的 SpaceX 园区内，也注定了方圆几公里内都没有大面积的花草树木。

Ad Astra 以最前卫的方式，全心教导孩子们学习文化科技、合作沟通和逻辑推理，但却在无意中让孩子们彻底远离了大自然，成长环境更像是在硅谷科技公司内工作的高级程序员，每天身处于水泥、钢板和玻璃的世界里。

在是否接近大自然这件事情上，马斯克的弟弟金博尔就有完全不同的态度，他非常喜爱大自然。每次马斯克遇到重大挫折，金博尔总会拉着他去山林中放松心情。金博尔还创办了一个名为"学习花园"的非营利机构，专注于向各个学校的孩子们宣导亲近自然的理念——通过引导孩子们，把学校里的某个小角落改造成蔬果种植的小天地，把这个室外活动融入学校课程中，同时把这个小花园应用到部分语文、生物、美术课程当中。最终，让这个"学习花园"成为寓教于乐的室外课堂。

显然，哥哥发起的 Ad Astra 和弟弟发起的"学习花园"，区别就像冰与火一样。

/过于梦幻

优点有时候就是最大的弱点。Ad Astra 的最大弱点，就是一切都过于梦幻。

对于马斯克的儿子们来说，学校很棒，同学很棒，回到家里还有一个传奇父亲。

马斯克为孩子创造的，已经远远胜过他小时候所获得的，这或许可以保证他们都有一个幸福的童年，能成为优秀的人才，但其实这未必能帮助孩子们成为出类拔萃的杰出人物。

这不是运气或者概率的问题，这是一个哲学问题。马斯克说自己不舍得"Give them a hard time"，不忍心给他们制造艰难的人生考验。

Chapter 2
电动车有很多，特斯拉只有一个

除了加电不加油，特斯拉与其他汽车相比，到底有什么本质区别？

伟大的事业背后，通常是时势使然。要真正读懂特斯拉，就不能只看特斯拉。

美国出了一个特斯拉，中国有一群"新造车"，特斯拉为后者带来了怎样的影响？

1. 是什么让特斯拉特立独行

今天，没有一家汽车公司比特斯拉更光彩照人，也没有一家比特斯拉更具争议。

一方面，创业16年以来，特斯拉早就不再是当初那个诞生于硅谷的初创公司，它在内华达州拥有占地12平方千米的电池工厂，同时在上海浦东以创世界纪录的速度建造另一座巨型工厂。特斯拉旗下有一款名为Model X 的SUV，其形态与主流汽车相去甚远，可谓是这家公司的绝佳隐喻：冒着各种风险打造的鹰翼门设计天马行空、惊艳世界；17英寸的大触摸屏和智能操作系统让这台车仿佛变成轮上计算机，不仅跑得快，更在思想上领先于这个时代；资本市场上的表现也让很多人瞠目结舌，其股票市值可比肩百年的通用汽车。

另一方面，自2003年创立以来，每一年特斯拉都在亏损，至今已经持续烧掉一百多亿美元。在品牌声威发酵的同时，其2018年的全球汽车总销量还不到丰田集团的3%。特斯拉的产品别具匠心、与众不同，但要说起乘坐舒适、操控精准、内饰细腻、质量可靠，还完全不是传统车企的对手。新款明星车型Model 3以近14万台的年销量，从宝马、奔驰、雷克萨斯手里抢走了2018年美国豪华品牌单车销量冠军。但在2019年第一季度，特斯拉再次亏损7亿美元，公司现金流仅剩下22亿美元。

有人说这是伟大的汽车公司，诞生于21世纪的"另一个通用汽车"，也有人说这是"硅谷科技泡沫"向汽车行业的入侵，一切表面繁荣的背后只不过是一场"庞氏骗局"。对特斯拉的评价参差不齐，但没有任何人会说这是一家平庸的公司。真正让特斯拉成为流量明星、被无数媒体追逐、受广大粉丝歌颂、为许多异见人士所不齿的原因，绝非其杰出的外观设计，而是内心深处的特立独行。阿尔法·罗密欧、捷豹和凯迪拉克也常有设计惊艳、独特的车型问世，但你已经不再会把特立独行这样的词汇放在这些品牌身上了。因为真正让特斯拉与众不同的，不在外观，在创新。

第一台不烧油的高性能车

比内燃机更棒的动力来源

从本质来看，一台大型民用交通工具最关键的部件就是提供动力的发动机。发动机的性能和效率高低，决定了这台汽车的技术水准。几乎从各个维度来看，用电驱动的电机都比用燃油驱动的内燃机要更加优秀。在高性能车领域，电机相对于内燃机的优势会展现得更加明显。若要打造一款超跑级的燃油车，你要斥巨资研发出拥有 6 个到 8 个气缸的超大马力内燃机，它会占用车厢内的较大空间，还很容易挑战环保部门的油耗法规和"排放红线"。而打造一款拥有同等性能的电机则没那么困难。如图 2-1 所示为各车型的市场参考价与百公里加速时间对比。

跳出汽车领域，站在更广阔的世界中看，电机的应用范围远比内燃机广泛。小到电动牙刷、电扇、电灯、剃须刀，大到计算机、电视、电冰箱、电梯、高铁列车，电机几乎在驱动着整个物理世界（见图 2-2）。

有待电机开垦的土地，只剩下汽车、工程机械、飞机、轮船、坦克等几个有限的品类了。实际上，部分汽车、火车、轮船也已经使用电机驱动了。

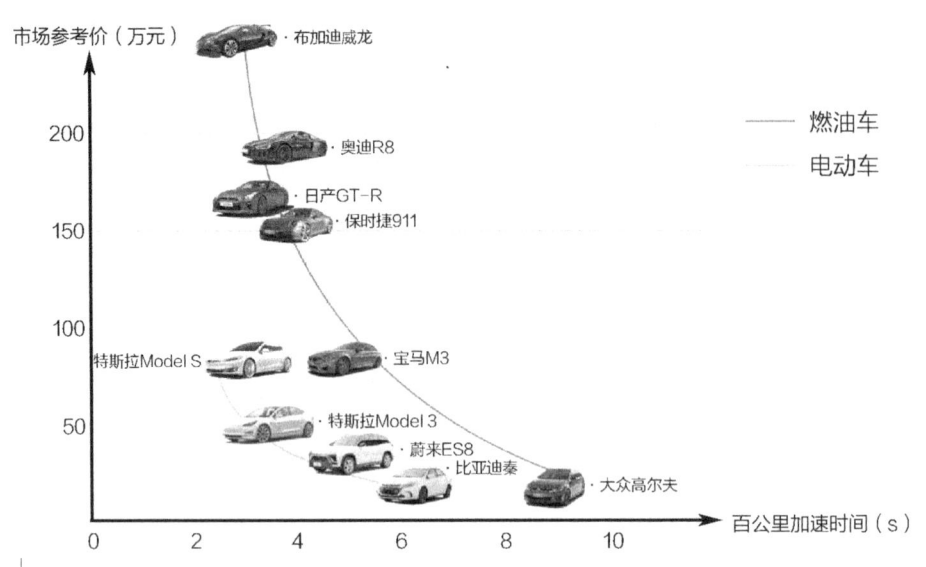

图 2-1 各车型的市场参考价与百公里加速时间对比
（数据来源：汽车之家）

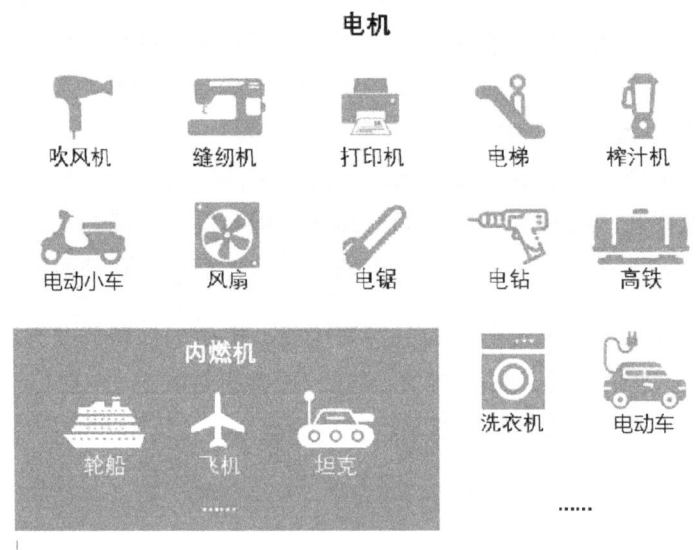

图 2-2 电机与内燃机应用范围对比

燃油车和电动车的再遇

发明创造是人类进步的关键行为。但具体到某种方法或者工具的发明，并非完全基于资源充足或者人类的需要，许多发明创造存在很大的偶然性。当中国人率先发明火药和制造大船的技术时，肯定不会料到，这两项技术并没有在中华大地上发扬光大，而是由若干年后的欧洲人率先实现了规模化应用。

德国奔驰品牌近年来在广告中自称为"汽车发明者"，这个头衔背后的历史事实是，卡尔·本茨先生在1886年造出了世界上第一台内燃机驱动车辆。20世纪以来，马路上绝大多数的车辆都是由内燃机驱动的，直到近年来电动车才开始逐渐普及，以致很多人误以为电动车是个刚被发明的产物。实际上，电动车的发展比内燃机车更早。美国人托马斯·达文波特于1834年就制造出了世界上第一辆由直流电机驱动的电动车。从19世纪后期到20世纪早期（约1870—1920年），电动车有过自己的春天，因为排放没有气味、动力平顺、噪声低，在市场上拥有重要的地位（见图2-3）。

图2-3 爱迪生和一部1914年生产的美国电动车

当时，蒸汽机车还没有完全退出历史舞台，新发明不久的内燃机车还没有成熟，再加上电动车，市场呈现"三足鼎立"的混战格局。

此后，内燃机技术被证明是汽车行业的最佳选择，动力和可靠性兼具、更长续航、补能便利，完全摧毁了另外两种技术路线。直到20世纪末，由于电池技术的进步和环保方面的压力，这个行业才开始重新审视电动车的第二个春天是否将要到来。

马斯克和他的特斯拉所做的，并不是发明电动车，而是在合适的时间（锂电池技术进步、石油价格大涨引发恐慌、各国政府更加关注新能源）、合适的地点（美国加州），以合适的方式（高端、兼具环保标签的奢侈品）重新包装了电动车，为它找到了在人类社会再次出山的契机。

体重大、耐力差、胖乎乎的"猪队友"

电机比内燃机强这么多，那为何电动车还没有取代燃油车呢？因为它一直未能摆脱一位"猪队友"——电池。

上文说了，实际上电动车在100多年前就已经被发明了，但这种"电机+电池"驱动的车辆成了内燃机车的手下败将，在历史长河中被长期"冰封"。经过漫长的迭代，直到21世纪前夕，随着电池技术的不断发展，汽车企业重拾电动车技术，电池重新回到汽车行业舞台。在特斯拉问世之前，通用汽车在1999年打造的第二代EV1，是近年来世界上存在过的最先进的电动车（见图2-4），尽管车身造型非常注重空气动力学，它也只有177km的续航里程，大概相当于同期普通燃油车的三分之一。

图2-4 通用EV1电动车

对于汽车行业的产品经理来说，电池主要有三大缺点：一贵二重三占地方。

电池占据了普通纯电动车接近一半的零部件成本，导致一台日产 Leaf 电动车的价格几乎是同尺寸日产燃油车的两倍（见图 2-5）。同时，无论是能量的重量密度还是体积密度，比起化石燃料都差得很远。扛着 540kg 巨大电池包的特斯拉 Model S，续航里程还不如装满 56L 油箱的本田雅阁，尽管后者的油箱加满燃油的总重量只有前者的十分之一，体积也小很多。

	2011 日产 Leaf SL	2018 日产 Leaf SL	2025 日产 Leaf SL
电池容量	24kwh	40kwh	67kwh
续航里程	175km (NEDC)	378km (NEDC)	817km?
加速时间	≈10s	≈8s	6s?
起步价格	3.5万美元	3万美元	2.6万美元?

图 2-5　日产 Leaf SL 电动车迭代趋势

当然，电池并非一无是处，只是电动车的批评人士有时候会忽视这种技术的独特潜力。

首先，电能是全球应用最广泛的一种能源。以中国为例，电几乎送进了每一户人家，近 14 亿人足不出户，就能使用到这种第二次工业革命后出现的现代"魔法"。而化石能源的供应则远没有这样分散，人们通常需要移动几千米远，才能找到自己家附近最方便的加油站。汽油管道并没有像电线一样连通每一座工厂、办公楼和住宅。一旦电动车趋于普及，在理论上，它的能源补给极有可能比燃油车更加方便。就像现代人类从来不必担心如何为自己家的空调、电视和智能手机供电。

其次，我们应该看到电池技术正在持续进步。虽然进步速度远不及半导体行业的"摩尔定律"，但在过去十几年中，平均来看，电池的进步幅度可以达到每年 7% 至 10%，明显高于内燃机的进步速度。2010 年问世的日产 Leaf 续航里程只有不到 200km，7 年之后的第二代产品就具备了接近 400km 的续航里程，假如第三代 Leaf 延续这样的进步速度，它将在 2025 年拥有超过 800km 的综合续航里程，同时售价更加合理（这里的续航数字以 NEDC 为标准，这是一种目前在欧洲和中国通用的测试标准，数字通常会比真实续航里程有 20% 左右的虚高）。

笼罩在电动车上空的乌云

尽管汽车动力电池技术在持续进步，但依然有一朵庞大的"乌云"始终笼罩在特斯拉乃至全球电动车行业的头顶之上。

虽然特斯拉在全球范围内还只是一颗汽车行业的新星，保有量大约 72 万台（截至 2019 年第二季度末），但被统计的车辆燃烧已达 50 次左右。据特斯拉官方披露，平均每行驶 2.7 亿千米发生一次燃烧。几乎每次特斯拉车辆发生燃烧，都会不可避免地占据媒体头条。除了特斯拉，其他品牌电动车也难以摆脱自燃的困扰。在中国 2019 年的初夏，特斯拉、蔚来、荣威等电动车陆续出现自燃事件，让公众对整个电动车行业的信心出现些许动摇。其中最使人震惊的，莫过于一台特斯拉 Model S 在上海某住宅地库突然爆燃。监控录像显示，在短暂冒烟过后，这台静止不动、并未处于充电状态的 Model S 突然自爆，还连累了身边的好几台豪华汽车。

公众曾经被三星手机内的锂电池爆炸震惊过，再加上特斯拉等电动车的自燃事件，人们有理由对电动车充满担忧：每台电动车都携带了重达数百公斤的动力电池，能量巨大，一旦它们由于碰撞、短路、老化等原因导致内部热管理失控进而自燃，破坏力是惊人的。

事实上，电动车的燃烧确实是汽车行业需要面对的新课题。为了应对燃油车可能的自燃，车主都会在汽车后备箱中常备灭火器。但这类常规灭火器对于电动车的自燃就不起作用了。常见的干粉灭火器和二氧化碳灭火器只能扑灭其表面明火，而持续释放的热能会使电池多次复燃。要想彻底灭火，就必须吸收锂电池散发的大量热能，从根源上解决起火因素。因此，特斯拉在官方紧急应对手册中注明：如果电池组起火或破损，请使用大量的水对电池进行降温处理！

这就不是普通人能够操作的了。首先，你需要找到消防车或者消防栓，提供充足的水源；其次，你要保护好自己，穿戴专业的绝缘、防护设备。如图 2-6 所示的是一辆特斯拉 Model S 在比利时安特卫普省的特斯拉超级充电站充电时着火，整辆车被完全烧毁。训练有素的当地消防队员把这台车的残骸放到了一个水箱里保存，以避免电池复燃。

图 2-6　发生燃烧事故的 Model S 被消防队员放入水箱中

尽管每年全球范围内都有数以万计的燃油车发生燃烧，尽管保险行业专门为燃油车的自燃属性设置了一款名为"自燃险"的商业保险，你却很少看到有燃油车的自燃会吸引媒体和公众的注意力。据一位在某大型保险公司任职的陈先生透露，燃油车自燃险出险的概率其实达到了万分之二至万分之三。这与上海消防机构发布的数据统计比较吻合：2011 年上海与汽车燃烧有关的火警有 900 多起，当年上海的保有车辆总计 285 万辆左右，由此可推算出当年汽车燃烧的险情超过了万分之三。

无论从中国还是美国的数据来看，目前都没有任何有力的证据能说明：电动车比燃油车更容易自燃、燃烧的破坏力更大。但公众对于这个社会里的新生事物，更多的怀疑和挑剔是合情合理的。

解放思想：电动车可以不丑、不慢、不廉价

大众对电动车的固有印象：低端、缓慢、脆弱

在 2019 年，虽然很多人还对电动车抱有戒备和怀疑的心态，但电动车毕竟已不是一个陌生的名词了。仅仅在 2018 年的中国，就销售了超过 100 万台电动车（包括纯电动车和可插电的混合动力汽车）。

但退回 21 世纪初，如果让习惯了燃油车的地球人开始购买电动车，还是要谨慎的。

有两个方面的原因。

一是在当时社会大众认为的"电动车"，并不是体面、高端、强劲的高速汽车，而是高尔夫电瓶车、酒店摆渡车、儿童玩具之类的（见图 2-7）。如果采访的对象是中国的普通老百姓，电动车对他们来说主要是指一种价值 2000 元人民币左右、限速 40km/h 的两轮纯电动交通工具。这种低端化的预设印象对于任何想要打造足以在高速公路上奔驰的电动车制造商来说，绝非好消息。

图 2-7　酒店摆渡车、高尔夫球车、儿童玩具车和两轮电动车（从左至右）

二是汽车行业对于纯电动车在 20 世纪的多次尝试，从未收获理想结果。

1900 年，保时捷在巴黎博览会上展出了 Lohner-Porsche 纯电动车，这是 20 世纪人类对电动车的首次尝试。这款车最高时速仅

14km/h，续航只有 50km，非常不像一台保时捷。这样的半成品显然无法受到足够的认可。20 世纪的最后一次著名尝试则是通用汽车在 1996 年推出的 EV1。这款当年名噪一时的电动车耗巨资研制，但仅 4 年就全面停产。出于某种不曾披露也无法证实的原因，通用汽车召回了全部产品，对绝大部分做了销毁处理。如图 2-8 所示为纪录片《谁杀死了电动车》的海报。

图 2-8　纪录片《谁杀死了电动车》海报

经历过通用 EV1 轰轰烈烈的失败，整个美国社会舆论对电动车是很不友好的。特斯拉成立于 2003 年，而这之前的一年，正是通用汽车四处召回 EV1 并进行销毁的一年。

主流车企选择了主流电动机，特斯拉选择非主流

日产、通用、宝马推出最新款电动车的时间并不比特斯拉晚多少，但是传统车企决策者的思路与特斯拉却是迥异的。

传统车企的思路是：

我们要尝试一下电动车，但人们对电动车的接受程度很低，市场潜力太小；

经验表明，价格亲民的车型更有可能畅销，所以要尽量控制成本，别让本来市场受众就有限的电动车定价太高；

由于电池的成本昂贵，电动车的成本很难控制，要降低成本，电池组一定不能设计得太大；

电池组体积缩小的情况下，电机性能不能太强，车身也要小巧些，不然续航能力就太糟糕了。

按这个思路，传统知名车企们在2010年后交出的电动车"试水作品"，如日产的Leaf SL、宝马的i3、福特的Focus-e，都无一例外拥有紧凑苗条的身材、差强人意的加速性能和有限的续航里程。

这些处处妥协的"经济型电动车"其实并不经济，售价和同时代的宝马3系差不多，只是空间更小、观感更廉价、性能更差而已（见图2-9）。由于缺乏明确的目标受众，即使全球各国政府给出了不少的补贴政策，但这些主流车企的电动车的销售情况都是惨淡收场。

	2012款日产Leaf SL	2013款宝马i3	2012款福特电动车	2012款丰田卡罗拉
参考价格	3.5万美元	4.2万美元	3.9万美元	1.8万美元
加速时间	9.7s	7.2s	9.6s	11.1s
续航里程	175km(NEDC)	129~161km(NEDC)	≈140km(NEDC)	≈800km（油箱容积/百公里综合油耗*100）
车型尺寸				

图2-9 日产Leaf SL、宝马i3、福特电动车、丰田卡罗拉对比

一台有魅力的电动车应该长什么样呢？请看特斯拉的产品思路：

电动车是一种新生事物。在起步阶段，它注定规模小、受众面窄、成本高。因此，售价必然高，性价比必然差。于是，在设定目标消费人群时，直接瞄准高收入者。

许多高收入者买东西不特别关注性价比，但这个商品必须有突出的独特价值。

一台电动车，最可能实现的独特价值有两点：一点是大马力电机带来的超强、超平顺的加速性能，另一点就是"0油耗、0排放"的环保先锋标签。

于是，特斯拉旗下的产品不惜成本地采用了最大的电池组，拥有相对接近燃油车的续航里程，同时搭载高性能大马力电机，加速堪比来自意大利的超级跑车，车厢内外设计上尽可能具有科幻感。

顺应这个思路，特斯拉首先打造了高性能电动跑车 Roadster。作为一家初创公司，特斯拉免不了在融资、研发、制造上经历很多磨难和弯路，Roadster 经过大幅延期，到 2008 年才正式上市，但依然比日产、通用、宝马等传统车企推出电动车的速度快。如果你把它和所有同时代的电动车，如宝马 i3、日产 Leaf SL、三菱 i-EV、雪佛兰 Volt 等进行对比时，你会发现起步价超过 10 万美元的 Roadster 跑车绝对"鹤立鸡群"：百公里加速时间为 3.7s，和同时期的保时捷 911 相当；续航里程为 393km（美国 EPA 标准，比 NEDC 更接近真实），是同期其他电动车的两倍以上。

最难突破的并非技术，而是思维

人们常常认为，某种商业上的进步或者成就的背后，往往是技术的驱动——有一家新公司率先掌握了某种黑科技，于是改变了市场的竞争格局。但实际上，比技术更难突破的，是人类的固有思维。

百年汽车行业中，有以下几个不成文的规律。

不要创业

汽车行业的进入门槛极高，如果不想破产，轻易不要尝试进入这个行业。

马斯克本人经常引用这样一个事实：上一个在美国汽车行业站稳脚跟的本土汽车品牌是成立于 1925 年的克莱斯勒，已经快 100 岁了。

除了成为全球制造基地的日韩，以及因改革开放而迅猛发展的中国之外，最近几十年里，你很难在其他国家发现一个真正能站稳脚跟的汽车行业新进入者。

创业者不要好高骛远，要从廉价车做起

最近几十年，在全球范围内真正崛起的主流车企们，如丰田、本田、日产、现代，无一不是靠廉价小型车进入市场，步步为营最终成了跨国巨头。

在经济腾飞、迅速进入汽车化社会的中国，本土品牌中的佼佼者有吉利、长城、比亚迪等，无一不是从主要生产低于市场平均成交价的车型起步的。但是从"经济型车起步"这个看起来符合后来者进入行业的规律，无法被跳过。

高端汽车品牌需要历史积淀

放眼世界，出于技术和传统的双重原因，大约七成的高端汽车市场被德国汽车品牌牢牢掌握，奔驰、宝马和奥迪三大品牌持续畅销。

拥有悠久历史的凯迪拉克、林肯、捷豹、路虎、沃尔沃等品牌只能"退居二三线"。日韩的经济型车很优秀，丰田、本田、日产、现代也是在数十年的漫长造车积累之后，才敢分别推出雷克萨斯、讴歌、英菲尼迪和捷恩斯，其中活得还算潇洒的只有雷克萨斯一家而已。

这一"强者恒强"现象的背后，是由于高端汽车本身是昂贵的商品，消费者的购买决策是经过慎重考虑的、而非冲动的随机消费。同时，对于消费者来说，购买一台高端汽车与其说是买产品，不如说是购买一个"身份的标签"。因此高端汽车的销售极为依赖品牌价值，而品牌价值往往源自百年以来的日积月累。

显然，特斯拉没资格在历史积淀上与各大豪华汽车品牌较量。

/想要多卖车，先定个低价

在美国，2万美元的卡罗拉永远比4万美元的汉兰达好卖。

在中国，5万元的五菱宏光、10万元的哈弗H6、12万元的大众朗逸是畅销车排行榜的"常客"，而非那些30万元以上的车型。

总体来看，车越便宜，越有可能走量，昂贵的高端车型更容易追求较高的单车利润。

而上述四个经典规律，被特斯拉一脚踢开，这背后是马斯克等初创团队成员的勇气、胆识和谋略。特斯拉创立之初，虽然没有丰富的产品线，没有遍布美国的高档展厅，但它天生就被塑造成一个科技、时尚的高端汽车品牌；特斯拉没有做过经济车型，前三款车型的起步价都在7万美元以上，即使放在奔驰展厅也是价格较高的存在；最令人惊讶的是特斯拉打破了经典的"价格越低，销量越高"的规律（见图2-10）。作为电动车中最贵的品牌，它创造的销量大幅领先于其他品牌的电动车，尽管后者要便宜很多（见图2-11）。

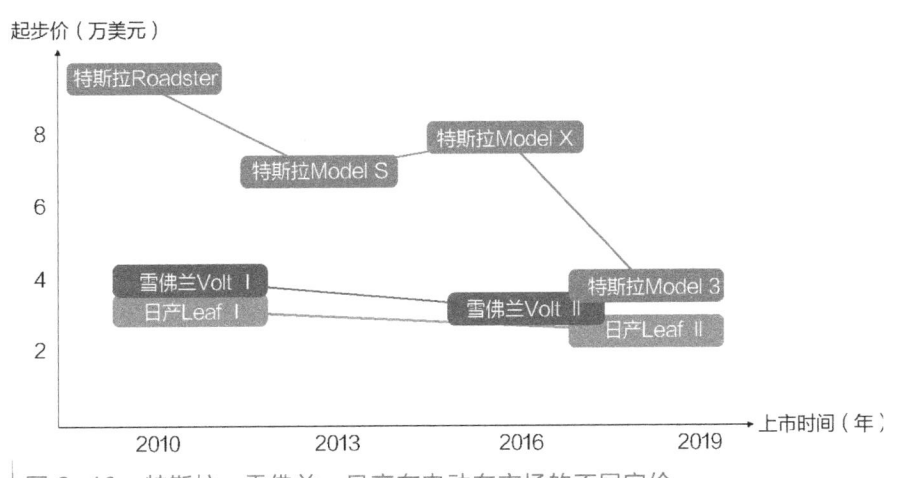

图2-10 特斯拉、雪佛兰、日产在电动车市场的不同定价

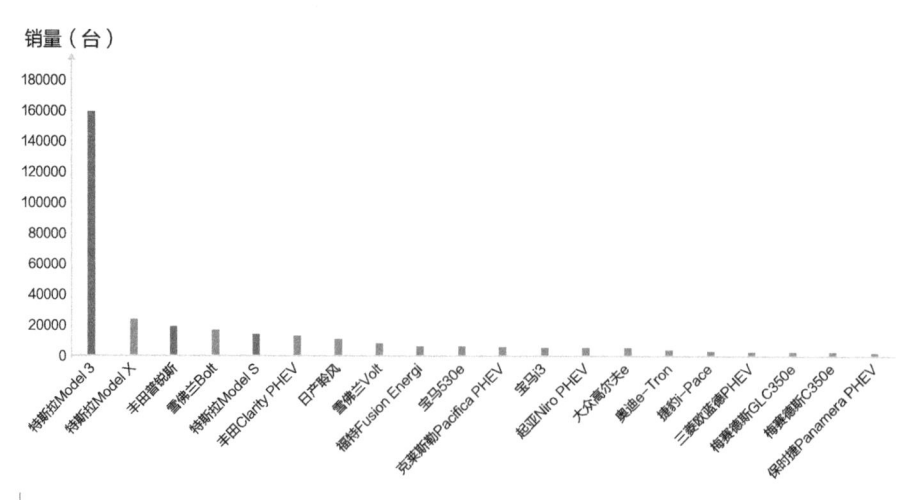

图 2-11　2019 年美国电动车销量排行榜
（数据来源：insideevs）

但创业者没机会当"事后诸葛亮"，他们必须在格局并不明朗的情况下做出选择。特斯拉作为一家创业公司，定位于高端汽车市场，在很长一段时间内都是被质疑、被反对，甚至被嘲笑的。

在特斯拉成立早期，马斯克在洛杉矶的高端住宅区观察到，很多人都购买了丰田普锐斯。这是一款当时还比较少见的油电混合动力车型，被视为那个时代的新能源车，所以他们实际上买的并不是一台丰田车，而是买一个环保和新锐的身份标签。这启发了马斯克，让他发现了高端消费人群对新型环保技术的精神需求。但丰田普锐斯的案例并不会让战略决策变得那么简单。难道宝马、日产、通用的管理层和研究人员丝毫不了解普锐斯的销售情况吗？退回十几年前，当宝马、通用、三菱、日产都选择打造小巧、经济的普及型电动车时（最终根本无法普及，因为消费者不买账），特斯拉为何可以免俗？特斯拉的初创核心团队敢于打破常规、分析清楚电动车作为新生事物的特殊之处、选择走自己的独特道路，既需要勇气，也需要智慧。

容忍缺点，大胆取舍

无论作为个人还是企业，做加法容易，做减法则很难：加法往往迎合内心欲望，减法却需要拷问灵魂。

无论是对待员工、伴侣还是生意，马斯克似乎很擅长做减法。

在特斯拉，这一点显露无遗。

放弃内燃机

21世纪初的电动车革命者们，按照对待内燃机的态度，可以分为三派。

一派是保守派，希望在保留内燃机的情况下，尽可能地让汽车实现电气化。如通用汽车选择了打造 Volt 车型——一款著名的增程式油电混合产品，既有内燃机也有电池和电机，既烧油也用电。在初创公司当中，曾经名声比肩特斯拉的菲斯克·卡玛，也采用了油电混合动力技术。

一派是革新派，选择彻底摒弃内燃机，完全使用电池和电机驱动车辆，如日产和特斯拉。

还有一派可以称之为骑墙派，如宝马。它的核心产品 i3 既有纯电动版本，又有增程混合动力版本。在看不清楚前方道路的情况下，选择两边下注，符合一个国际汽车巨头的发展诉求。

一百年来，内燃机及与其搭档的变速箱扮演了汽车的动力心脏，是相关车企所掌握的核心技术。有过连续创业经验的马斯克清醒地意识到，作为一家初创公司，一旦两面下注，结果可能是有限的资源被分散，什么都做不好。尤其是在主流大型车企的核心技术方面，他们拥有极为深厚的积累，想要接近他们的造诣都十分困难，更别说赶超了。

于是，特斯拉很坚定地在这方面做了"减法"，全力以赴投入纯电动技术当中，彻底放弃内燃机。即使当时纯电动车市场还远远没有启动，还没有任何一款纯电动车型曾经在市场上取得一席之地。

当奔驰、宝马、奥迪在燃油车的赛道上已经遥遥领先时，特斯拉的战略就是从最开始就切换到电动车的新赛道上——换一个道去跑。这家公司需要忍受漫长的孤单寂寞，数不尽的非议和批评，还需要一些运气来确保自己赌注的方向是正确的。

十几年过去了，站在今天来看，特斯拉的豪赌得到了回报，它已经彻底不需要考虑内燃机了。特斯拉已经成为全球销量最高的纯电动车公司，尽管它还不是世界上最棒的汽车公司，但很显然，它已经积累了令人羡慕的智能电动车核心技术。特斯拉每推出一款新车，都会被纳入全球各大车企的采购清单——他们的工程师迫切希望能在第一时间观摩和解剖新车，以启发灵感，获得新知。

放弃与德国车企对标

有不少比较懂车的朋友认为，特斯拉华而不实。一直有人评价特斯拉说，Model S 作为一款接近百万元人民币的高端轿车，相对于价格而言，它的内饰和工艺、操控和乘坐舒适度还没法与传统高端汽车相比；就更别提有限的续航能力和充电焦虑了。

这些评论者的看法没有错，但他们掉进了一个资深老用户看新物种的常见误区。这就好比用衡量老式诺基亚的标准去评价第一代 iPhone，用衡量经典单机游戏的标准去衡量最早的在线游戏。

今天，iPhone 的体验有口皆碑，但可能只有为数不多的人还能清晰地回忆起当初的情形——比起同时代诺基亚高档机型，初代 iPhone 的缺点可谓罄竹难书：

随便一摔，屏幕就坏！

屏幕一坏，维修巨贵！

别人都能换电池，凭什么你不能！

电池续航太差，要天天充电！

关机之后闹钟功能就会失效，害得早上迟到！

触摸屏打字的手感可比不上物理按键！

同理，比起《仙剑奇侠传》《古墓丽影》《星际争霸》这样的经典游戏，

《热血传奇》这样的早期在线游戏显得操作简单、叙事直接、内涵空洞。

但是，初代 iPhone 和《热血传奇》依然大获成功。

主流的成熟产品往往遵循"木桶理论"，哪一项都不能差。市场竞争如此充分，同质化的对手多如牛毛，产品与产品之间的差异并不大。你一有缺点，就会被对手无限放大并把你比下去。

但是，当某种创新品类处于市场萌芽的早期阶段时，产品未必需要遵循"木桶理论"，而允许它存在短板。

从某个更尖锐的角度来看，创新产品注定有明显的瑕疵和短板。如果它真的没有明确的缺点，往往只有两种可能：要么它同样缺乏突出的优点，是本质平庸的伪创新产品；要么它的成本非常高，导致定价过高、性能过剩，超出客户的支付能力。

在智能电动车这个品类刚刚兴起、相关供应链还不成熟的情况下，特斯拉注定需要花费极高的研发成本、采购成本，去打造一款高水准的智能电动车。

但为了不让成本失控，马斯克并没有盲目地让特斯拉的产品在各个领域全面对标保时捷、宝马和奔驰。这些资深的高端汽车品牌，十八般武艺样样精通，在这个基础上有一定的独家特色。而特斯拉做了一个大胆而清醒的取舍：只取高性能和科技感，舍去了德国高端汽车非常重视的驾乘舒适和奢华的感官体验，也放弃了日本车通常具备的可靠性优势。他显然很清楚这样的道理：作为一个全新的品牌，与其让 90% 的人都爱你 6 分，不如让 10% 的人爱你 10 分。

除了产品层面的原因，不同消费者需求的微妙差异也值得我们探讨。知乎平台汽车话题优秀回答者、钻研汽车消费领域 20 年的高小强曾经分享过一个反常规认知的道理：实际上，经济实力强的人在买车时的要求并不高，要求高的是普通收入者。普通收入者买一台 10 万元的车，可能就是家庭一年的收入，一般会希望在一台车上实现所有愿望：空间要大、油耗要低、加速不能太肉、内饰不能太寒酸、配置不能少、品牌不能没人知道、保值率也不能不行。但对于购买百万元级高端汽车的人来说，这只是他的一次奢侈消费，能满足一两个独特的核心需求即可，比如"开起来特爽、很适合接送孩子、让自己显得特别酷"，反正家里已经有别的汽车。所以在评价汽车时的"双重标准"才是正常合理的：本田飞度的内饰塑料感到了 Jeep 牧马人身上就叫"情怀"；福特的三缸机噪声大，法拉利的噪声就成了"美妙轰鸣"；五菱宏光因又大又实在的空间设计被称为"面包车"，埃尔法则被称为"明星保姆车"。不同客群的评价体系完全不同。高小强现身说法：有一次他开着一台玛莎拉蒂 SUV 给一些高收入朋友们试驾，吐槽这台车座位数少、空间一般、油耗高、噪声大。结果这些朋友们的看法完全不同，上述缺点在他们看来根本不是问题，他们看惯了德国车，亚平宁半岛的口味算是"尝鲜儿"。

事实验证了高小强的观点，特斯拉的消费者购买这台车的原因，从来都不是它毫无短板或者短板不明显，而是它的长板真的足够长、足够特别：堪比法拉利的加速能力、对燃油车"降维打击"的动力平顺性、堪比智能手机的 OTA 升级能力，让其他所有品牌的汽车看上去都像是"上一个世纪的传统产物"。有车主这样评价特斯拉的产品：这台车的缺点像星星一样多，但它的优点就像太阳。太阳一出来，光芒万丈，所有的星星都看不到了。

引领世界进入智能汽车时代

特斯拉启蒙了电动车行业，它启蒙了特斯拉

特斯拉最早的创始人马丁、最杰出的技术大神斯特劳贝尔、最有勇气的投资人马斯克，在 2003 年分别试驾过一款名叫 T-Zero 的电动车，它是由一群具有斯坦福背景的技术极客们打造的原型车。它算不上工业化商品，更像是技术男们展示才华的试验品。

任何试驾过这台车的人，都能立刻感受到 T-Zero 的不同寻常之处：

全电驱动，没有内燃机的噪声；

漂亮得不像一台电动车（当时典型的电动车形象是高尔夫球车）；

超跑级加速能力（百公里加速为 4.9 秒，和同年代的保时捷 911 相当）；

加减速的感受像丝绸一样顺滑……

马丁、斯特劳贝尔和马斯克则从中看到了不可忽视的商业潜力，外观漂亮、性能又强的纯电动车是可以被制造出来的。5 年后亮相的特斯拉首款车型 Roadster，是世界上第一台量产的高性能电动车，外观设计就像是在向 T-Zero 致敬（见图 2-12）。

图 2-12　T-Zero 与 Roadster 车型外观

马丁为特斯拉注入了高性能电动车基因

特斯拉 Roadster 最早的产品定义源于公司创始人马丁·艾伯哈德的设想。当他创立特斯拉近一年后，公司就遇到财务危机，他带着商业计划书找到了马斯克，想要寻求融资支持（见图 2-13）。马斯克果断答应，投入 750 万美元，并成了大股东和董事长。当时，作为一名物理学和商科背景的毕业生、互联网科技领域的连续创业者，马斯克身上并没有太多的汽车工程基因。

Executive Summary

Tesla Motors will build high-performance electric sports cars. This sounds impossible – both the idea of building cars in the first place, and further, the idea of building a *high performance* electric car. But key technologies have recently been developed that make electric cars suddenly very attractive, and the international business climate makes it now possible to build a "fab-less" car company – a car company without a factory.

The Tesla Roadster

- 0-60 mph in less than 3.9 seconds
- World-class handling
- 100 mpg equivalent
- Zero tailpipe emissions
- 300 mile range
- Zero maintenance for 100,000 miles (other than tires).
- A selling price less than half that of the cheapest competitive sportscar.

Yes, it's electric. No, it is not a dream waiting for battery or drivetrain technology to be developed, or for some new fuel/power distribution infrastructure to be deployed. It uses commodity lithium-ion batteries that are already manufactured in the millions per year.

You can drive one today. An impressive proof-of-concept car has been built to demonstrate the performance of this battery and drivetrain technology. The Tesla Roadster will be a production sportscar based on this prototype. Using outsourced design and manufacturing, the company will break even selling about 300 cars per year.

图 2-13 特斯拉商业计划书

如图 2-13 所示的这一页内容就是特斯拉商业计划的精华所在，描述了 Roadster 的产品定义和市场计划。从一开始，这款车就被设定为：

足以匹敌同时代法拉利、保时捷 911 的加速性能，百公里加速时长在 3.9 秒左右；

超级跑车一般的操控性能；

纯电驱动，0 油耗 0 排放；

300 英里（483 千米）的续航能力，大概是同时代平价电动车的三倍，与燃油跑车相当。

关于 Roadster 的造型设计，马丁特地请来了他的英国设计师朋友 Bill Moggridge，共同谋划（见图 2-14）。他们探讨了三大汽车设计命题：

更传统还是更未来？

更野性还是更温柔？

更曲线还是更硬朗？

最终结论是："给人以传统跑车的印象；在野性和温柔中寻找平衡，足以吸睛，但不必像一台福特野马；七分曲线，三分硬朗。"

图 2-14　Roadster 造型设计过程中四个方向的草图

私下的马丁本来就是一位高性能汽车控和环保主义者，这不难解释为何在马丁最初的战略规划里，特斯拉就是要打造高性能的纯电动车。

Model S 与 iPhone 的共通之处

后来，马丁离开了特斯拉，马斯克独撑特斯拉。从时间线来看，2008 年面世的 Roadster 虽然是马斯克加入特斯拉后才逐步落地的，但毕竟早期的产品定义是马丁一手推动的，算是融合了马丁和马斯克意志的混血产物。如果我们仔细回顾特斯拉的发展历史，会发现在 2012 年上市的轿跑造型 Model S（见图 2-15）才可以说是马斯克电动车战略思想的纯粹体现。

如果特斯拉只是把内燃机和汽油箱变成了电机和电池组，那么它并不会有今天的江湖地位。

图 2-15　特斯拉 Model S

首先，电驱动技术就不是什么人类没见过的黑科技。上文提到了电动车早在 1834 年就问世了，距今已经快 200 年。用电池提供能源、用电机提供动力，技术架构简单易懂。因为无法与内燃机车竞争，所以电动车技术在 20 世纪初期就被人们雪藏了，仅剩的应用场景就是高尔夫球场和酒店的摆渡小车之类的。

其次，制造电动车的技术似乎不是门槛很高的事情。中国自 2014 年起兴起了电动车创业风口。在国家补贴、政策向好的大背景下，各个初创电动车品牌如雨后春笋一般涌现。造手机的、搞互联网的、搞房地产的，纷纷杀进这个领域，在四五年的时间里，孵化了一大批新款电动车。也没听说哪台车是通不上电、跑不利索的，否则也拿不到生产牌照。真正高科技、高技术壁垒的核心芯片研发、生物医药领域，就没见过国内资本像这般"集体冲动"。类似的"集体冲动"往往发生在咖啡、单车、外卖、电商、打车、租房、充电宝这些技术相对简单、依赖市场规模效应的领域。

人们很容易被特斯拉的意大利和硅谷混合风的漂亮外观和风驰电掣的超强加速所吸引，但不管你是否意识到了，马斯克带给汽车产品的真正革命，不是电驱动技术，更不是造型设计，而是引领汽车产品开始大踏步走向智能化。从这一点来看，特斯拉的 Model S 对汽车行业的意义，恰如初代 iPhone 之于手机。

2007 年 1 月 9 日，乔布斯在旧金山发布了初代 iPhone。

这款手机只支持 2G 慢速通信网络，搭载了 3.5 英寸触摸屏、一款 200 万像素的摄像头，内存是 128MB，没有软件商店也不能额外安装 App，有闹钟功能但关机后无法启用，不支持多任务操作，无法复制粘贴。批评它的人说，这就是一个能打电话的屏幕大一点的 iPod；但肯定它的人说，它改变了世界。

/ 工业设计

初代 iPhone 革命性地取消了绝大部分物理按键，整个正面只留下了一个圆形 Home 键，其余全用触屏覆盖。这种前所未有的简约设计，配合 iOS 系统，迅速成为智能手机行业的新趋势。这个趋势给全球其他品牌的手机设计师带来了一个"毒药选择"——到底该谦虚模仿还是清高抵制：模仿会让自己丧失品牌个性，抵制会让自己失去消费市场。

/ 人机交互

稀少的物理按键开始沦为辅助，多点触控的屏幕成为交互的主力。随着对物理按键的突破，交互设计的想象力开始进入全新的纪元。这不仅对手机行业影响深远，更影响了笔记本计算机、汽车等其他品类。大尺寸的屏幕极大地刺激了人类对内容的需求。从此，报纸、杂志甚至电视都开始日益凋零，人类找到了一个全新的完美载体，可以 24 小时阅读文章、观看电影和体育比赛、进行社交聊天。

/ 智能生态

初代 iPhone 虽然已经拥有 iOS 系统，但当时还没有建立 App Store。但初代 iPhone 可上网、拥有计算机相似的计算能力、屏幕可显示丰富的内容，这些特性为次年 App Store 软件商店的推出奠定了硬件基础。App Store 的开通意义非凡，成为手机行业的重要里程碑，第三方软件开发者蜂拥而至、热情空前，千奇百怪的 App 陆续登上这一平台。"iPhone+App Store"软硬结合迸发了巨大的能量，彻底改变了智能手机行业的用户体验和商业模式，让商界人士开始反复温习一个后来被滥用的经典生物学词汇——"生态系统"。

汽车并没有手机那么高的销量，也没有那么快的更迭频率；初出茅庐的特斯拉也不是如日中天的苹果。因此，特斯拉在 2012 年所做的事情并没有产生 iPhone 那样大的轰动效应，但它确实把未来汽车的进化雏形提前摆在了聚光灯前。

让我们看一下当时国际先进的车企最时髦的做法是怎样的：

德国宝马的当家作品 3 系刚刚切换到代号为 F15 的 3 系，新升级了第二代 i-Drive 系统，采用非触控式的 8.8 英寸大屏幕，主要交互方式为"集合的按键区 + 层叠的屏幕菜单选项"（见图 2-16）。这种体验实际上比较像电视机遥控器的逻辑，按键一向是可靠的，可以满足一定场景的盲操作，但如果想要找一个具体的功能设置，就像使用搭载塞班系统的诺基亚按键手机——需要翻越多级菜单、操作四五步才能找到。

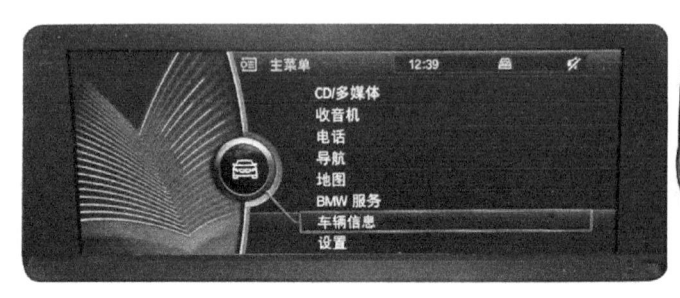

图 2-16　BMW i-Drive 系统的交互设计

美国汽车人对待科技的态度在总体上要前卫一些。2013 年，通用集团的凯迪拉克品牌首次推出了电容式触控屏幕，这套名为 CUE 的交互系统已经是当年各大国际车企中最惊艳、最具突破性的作品，屏幕足足有 8 英寸，支持多点触控和触觉反馈（见图 2-17）。但这套系统的内核仍然近似功能手机，基于传统的 Linux 系统，只是将按键放进了屏幕，交互逻辑并未有太大突破。对比智能手机的发展史，CUE 系统更像是一个诺基亚在塞班后期推出的触屏手机——一只脚在往前走，另一只脚还停留在原地。

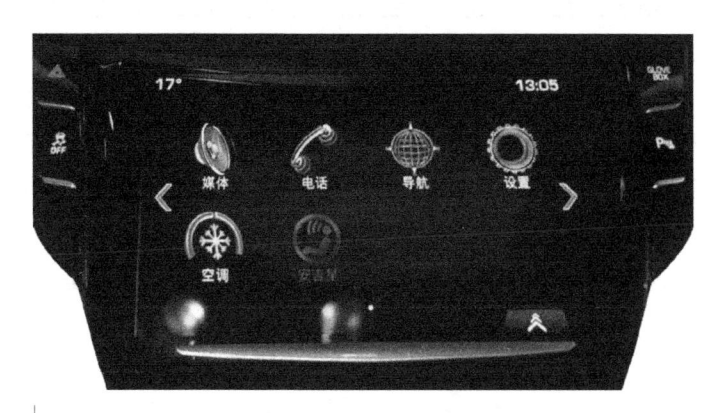

图 2-17　凯迪拉克 CUE 系统

特斯拉在 2012 年推出 Model S 时所做的一切，让宝马和通用的内饰工程师的努力黯然失色。这款车在仪表板中央放置了一块 17 英寸的超大触控屏幕，从视觉上吸引了观众的双眼（见图 2-18）。更夸张的是，这台车敢于去掉绝大多数的物理按键，在一定程度上迫使用户把几乎所有的操作都在一个大屏上完成，包括空调、音响、导航、车辆设置及上网等功能。这种交互上的突破非常类似苹果公司设计副总裁 Jony Ive 对初代 iPhone 所做的一切，对于一台汽车来说是极大的考验。这让坐进车内的用户感觉他们不是在驾驶一台车，更像是在操作"四个轮子上的平板电脑"。尽管许多批评者中的大多数当时并没有摸过甚至亲眼见过这台车，但不妨碍他们自信地声称特斯拉设计师的做法是不负责任的，超大触控屏幕根本中看不中用。

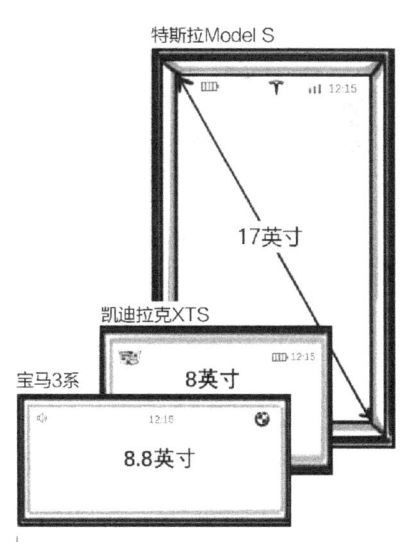

图 2-18　2013 年三款车型的屏幕尺寸对比

众所周知，受困于汽车复杂而苛刻的使用环境和超高的品质要求，车内的一切电子产品技术通常都会比消费电子行业现有的落后很多年。但在首款 9.7 英寸的苹果初代 iPad 于 2010 年发售后仅 2 年，这款特斯拉 Model S 就已经交付到了美国用户的手中，而且屏幕要大得多。2019 年的秋天，全世界依然没有一款车的屏幕达到了特斯拉在 2012 年设计的大小。尽管他们已经努力借鉴这款车带给世界的灵感：99% 的汽车企业都开始应用触摸交互，屏幕也越来越大，唯一不这么做的是 Jeep 牧马人和 Mini Cooper 这种主打"复古情怀"的车型。

然而这些都不是 Model S 最重要的革新之处。

如果比较一下早期 Model S 和 2019 年同代产品最新的交互界面，你会发现无论是交互还是功能，都不可同日而语（见图 2-19）。而这些变化的背后，并不需要消费者重新掏钱去购买一台新车或者支付升级费用，只需要连入互联网，即可进行整车 OTA 空中升级。

图 2-19　交互设计的进化

如果你在 2012 年购买一台奥迪 A6，到了 2019 年，这台车的驾乘体验还会和当年一样，除了由于老化带来的一些负面影响。而随着马斯克软件工程团队的不断努力，2012 年购买特斯拉 Model S 的车主会收到一个又一个空中升级包推送，所要做的只是找到一个有 Wi-Fi 的地方完成下载。

根据 Electrek 网站上一篇来自 Fred Lambert 的文章总结：从 2012 年到 2016 年，特斯拉 Model S 可统计的重要提升超过 80 项（见图 2-20）。就像你不断为智能手机升级系统版本，特斯拉产品的视觉设计越来越漂亮、交互越来越聪明、功能越来越多。以前没有的行车记录仪、QQ 音乐、哨兵模式（一种车辆自动监控和防盗功能，利用了摄像头、雷达等传感器）和自动驾驶辅助，在今天都有了。

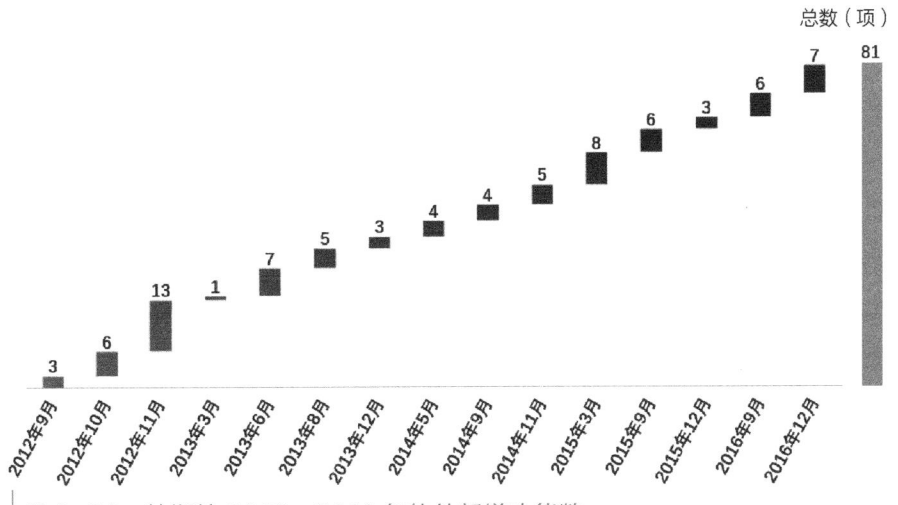

图 2-20　特斯拉 2012—2016 年软件新增功能数

（数据来源：美国电动车网站 Electrek）

这台在 2012 年问世的 Model S 实际上扮演了智能汽车先行者的角色。从这一刻起，许多专业人士开始更加深刻地意识到汽车的核心体验正在从硬件向软件迁移，汽车正在逐渐从一种机械产品过渡成为移动互联终端。考虑到这个行业特殊的缓慢节奏，这个过渡周期不可能像手机那么快，可能会长达 20 年，但是人类的感观就像单向行驶的车道——一旦体验到了未来，就无法再回到过去了。

一百年来第一家直面用户的汽车品牌

屹立百年不动摇的汽车经销商模式

话说天下大势，分久必合，合久必分。

但有一种模式在过去百年的汽车行业始终屹立不倒——国际汽车品牌在全球各个区域，始终通过代理经营的模式开展销售和服务。

该模式对车企有诸多好处：

帮助公司"瘦身"，无须承担极为庞大的销售和服务人力负担，一家4S店通常有50～100人，据此计算，全国乃至全球的经销商总人数会是个天文数字；

帮助汽车企业承担庞大的库存池，用来调节制造和市场之间的波动，这对品牌的现金流和控制财务成本有很大的好处；

帮助汽车企业实现对各个区域更灵活的微观管理，经销商在区域内实行自治，可能比通过总部对各个区域进行管理的模式更高效。

但经销商只顾做成生意，让自己的利益最大化，很少会真正为车企考虑如何服务好消费者。如果你去一家4S店买车，等着你的总是漫长的议价过程、参差不齐的服务态度。更关键的是，即使同品牌的不同4S店，互相之间也是竞争关系。马斯克不会不知道经销商模式的价值，但他也看到了其中的沉疴痼疾。这些长期存在的问题对主流车企来说已经很难革新了，因为历史包袱是巨大的，把一切推倒重来的"休克疗法"只会先送了自己的命。但从零开始打造的新创品牌有机会重新思考这个问题。这个思考的结果就是：马斯克完全摒弃了汽车行业成熟的经销商模式，反而从消费电子和连锁餐饮行业吸取了大量的经验，打造了特斯拉式的直营渠道打法，成为百年以来第一个敢这么做的汽车人。

汽车行业的第一杯星巴克

很多汽车零售服务行业的朋友都对特斯拉为这个行业吹来的新风感

到新奇。

围绕这个模式,有两派声音。

保守派认为特斯拉不过是在早期树立品牌时标新立异,它将无法承担直营模式的庞大人力成本和资本压力,随着规模做大,最终还会回到百年汽车工业的老路上。

进步派则认为特斯拉的直营模式是一次全面进步的改革,为行业树立了追赶的标杆。它改善了用户的零售体验,统一了终端车辆价格,减少了服务体系的内耗,优化了库存管理,让订单式个性化销售真正落地。

事实证明,前者的仓促结论可能过于悲观了,但也不像后者想象得那么美好。

特斯拉把它的直营模式从美国带到了欧洲和亚太地区,坚持了十几年,毫无改变的迹象。2019 年,特斯拉实现了 36.8 万辆的销量。在这一年,它超越了保时捷,进入全球十大高端汽车品牌榜,位列第 8(见图 2-21)。根据目前的趋势,2020 年的特斯拉很有可能会超越路虎和凯迪拉克。对于一个新创品牌来说,这个成绩已经足够好,足以证明特斯拉的渠道模式经得起考验。

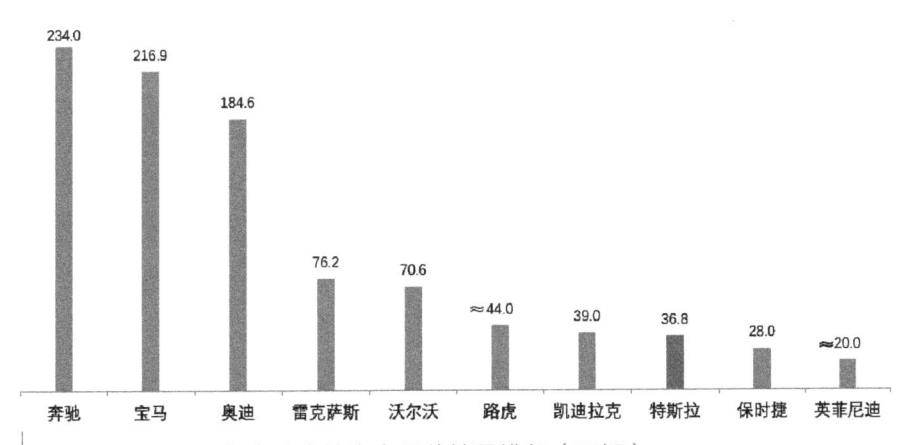

图 2-21 2019 年全球高端汽车品牌销量排行(万辆)
(数据来源:各家公司的官方披露,对路虎和英菲尼迪做了估算处理)

但我们也不必过度吹捧特斯拉在渠道端的革新意义。实际上，直营的渠道模式并不是先天在各个方面都优于传统经销商模式的。

有人认为特斯拉通过直营避免了体系内的自我竞争（传统经销商模式下，各家店会争相把车卖给用户，不可能有完全统一的销售策略），从而让用户接受了相对统一的定价策略和预付定金的订单生产模式，大幅降低了库存，但实际上这是一种假象。前些年的特斯拉仅仅生产Model S 和 Mode X 这类昂贵车型，因为产量有限导致供需关系相对紧张，且市场上缺乏类似纯电动车的竞争，特斯拉得以较为从容地开展零售业务。而随着特斯拉在美国、中国陆续扩充产能，这种供需关系必将发生改变。如果你在 2019 年中步入一家位于上海的特斯拉直营展厅，因为这段时间里特斯拉在中国市场遇到了销售缓慢、库存偏高的问题，销售人员肯定会痛快地告诉你，只要你愿意付钱，很快就能提到现车，优惠多少也可以谈。由此可见，真正决定渠道采用订单驱动模式还是"库存驱动"模式，本质上和是否直营无关，而与供需关系有关。直营模式并不是"包治百病"的万能灵药，我们不必夸大它的价值。

特斯拉的直营模式带给行业的真正革新，是渠道端体验的一致性、线上线下整合的数字化新零售、售前和售后的成功分离。

/ *体验的一致性*

星巴克在全球取得了极大的成功，无论你在上海、东京、巴黎还是纽约，当你看到那个绿色的 Logo，尽管店面大小和新旧并不相同，但你总会期待那种熟悉的体验，并且总会如愿。

星巴克的咖啡从来都不是最好喝的，但消费者最怕的不是喝不到最好喝的咖啡，而是走进一家咖啡店时，完全不知道今天会喝到怎样的咖啡。

体验的一致性是任何一个伟大的消费品牌都在追求的。所谓"不患寡而患不均"，很多时候使你在购买一台汽车时犹犹豫豫、货比三家的，并不是你不满意，而是你担心下一家会给你更优惠的终极报价。

长期以来，经销商模式阻碍了汽车行业在零售和服务环节做到这一点。由于所有的门店人员都由特斯拉招聘、培训、管理，特斯拉的销售策略和服务标准能够更统一地被渠道端执行。它未必会带给你世界上最好的零售和服务体验，但它会带给你相对统一、标准的感受：服务形象一致、体验标准一致、销售定价一致。

/数字化新零售

2010 年前，绝大部分商品都实现了电商销售，汽车却是少数未能进行电商化改造的品类。

汽车的电商化存在诸多阻碍，其中之一是，由于传统车企早就将他们的销售权外包给了分散的经销商，这让新建另一套电商体系变得名不正言不顺，阻力很大。

特斯拉的直营体系让它实现了线上电商与线下门店的无缝整合。任何一个访问特斯拉官网和宝马、奔驰等品牌官网的朋友，会很快感受到两类之间的差别。特斯拉官网更像苹果或者小米的官网，除了了解产品，你会很容易进入订购页面并在特斯拉的会员系统内完成注册，后一类品牌官网的核心诉求还停留在单纯的信息展示。

电商的价值是透明直接、可记录和可追溯的。一名普通的消费者登录特斯拉的官网，能清晰地看到各款车型的报价，查到二手车或现车资源。全面了解情况后，还能立即预约去线下门店试驾一番。消费者的体验因此变得方便流畅，这就大大提升了特斯拉的营销效率。

一旦该用户进行了注册，从预约试驾、产品选择、推荐亲友购买，到后续服务等一切行为，都在电商体系内被有效地记录，从而让特斯拉掌握充分的用户数据，更好地进行业务分析和决策。

另外，汽车本身的智能属性也会自动采集用户的驾驶风格、用车习惯等信息。长期来看，特斯拉无疑会比同行更了解他的用户。

这与马云提出的"新零售概念"是一脉相通的。传统营销只让客户买东西，而新零售不仅能刺激成交，还能尽可能地掌握客户信息，预判未来需求。这是马云于 2016 年提出的理念，马斯克在多年前就在特斯拉这家汽车公司实践了。

/售前和售后分离

长期以来，绝大多数汽车经销商的售前和售后是捆绑在一起的，这种组织形式俗称"4S"——买车、卖车、修车、养车，都可以在一个地方进行。这个模式为用户带来了认知上的便利性，但实际上它也有一些明显的弊端。以宝马品牌在上海的 4S 店布局为例，25 家店铺中有 12 家在外环以外，内环区域 1 家都没有。相比之下，特斯拉的渠道布局主要集中在市核心区。

造成这种现象的原因是，当一家 4S 店集成了售前、售后各种功能的同时，它就变成了占地面积较大、既有产品展厅又有售后维修车间的综合体形态，往往表现为一种只有 1~2 层楼的低密度地产形态。这种形态由于环保法规、城市管理、租金压力、面积大小等因素，很难在城市中心生存，所以绝大多数 4S 店尤其是新建的 4S 店，会开在自然客流稀少的郊区，远离目标市场和自然客流。

特斯拉通过创新直营模式，解决了这个问题：在城市内设置精致（通常只有 100 平方米左右）的产品展厅完成主要的售前功能，再在郊区建立少数覆盖售前、售后全功能的综合直营店以及与第三方合作的特许维修店。这个模式让特斯拉实现了售前和售后的分离。售前的商品展示放在城市核心区，充分利用高密度、高质量的自然客流，通过精心设计的小面积展厅来平衡高昂的单位面积租金的压力。售后则主要布局在郊区，反正这个功能对于车主来说，只是相当低频次的需求，偶尔维修或保养一次车辆，跑远一点可以接受。

看起来这种渠道创新一点也不难，不就是跑到市区建几家店吗？那么传统汽车企业为何不通过这种方式来更新自己的渠道布局呢。我采访了一位大型国际品牌的大区销售负责人，他的核心观点是"这件事知易行难"。像特斯拉一样去开设市区展厅本身是容易的，谁都知道市区的客流大、质量高、广告效应也好，但问题在于拥有大量加盟经销商的传统车企，很难协同各家经销商的利益，让大家一起支持这件事。一个有利于整体的措施未必会被一个复杂的体系接纳，这是人类组织经常面对的局面。具体到某家个体经销商，往往不愿意做这样的投入，因为他会认为：投资市核心区的零售展厅，面对的客户并不精准，早期和客户沟通之后，客户有可能去其他投资人的 4S 店购买，即使在自己的店内成交，后续的维修保养也很可能会选择去客户就近的商家。无论从销售转化还是从广告展示角度考虑，自己的投资和经营成果都会被其他 4S 店分享。正因为特斯拉是直营店模式，而且是一个没有历史加盟商包袱的新公司，才能在渠道经营上做到这样的创新。

遍布全球的超级充电网络

先有蛋还是先有鸡

如果你选择购买一台燃油车，只需要关心哪个品牌的车型最符合自己的审美口味并且能满足日常用车需求，你从来不用操心车没油了怎么办、加油是否方便。但对于初出茅庐的电动车用户来说，情况就完全不同：用户不仅要操心该买哪款电动车，更需要考虑自己该如何充电。

较早"吃螃蟹"的电动车车主会告诉你，当他在准备一次从上海到武汉的自驾行时，需要提前规划出行路线和补能计划。燃油车车主从来不需要在出门前考虑这么多，只需在导航上设置好终点，然后说走就走。这种现象背后的本质是充电基础设施的不足。在电动车萌芽的这十几年中，全行业都遇到一个"先有蛋还是先有鸡"的问题：到底是先有足够多的电动车在路上跑，还是先有足够多的充电设施？

如果没有足够的电动车在路上跑，充电设施的建造和运营方毫无疑问会遭遇设施闲置、无利可图的局面。而如果没有足够多的充电设施，带给消费者足够舒适便利的补能服务，买一台电动车就可能真的像反电动车群体所说的，买了一台"电动爹"——不是车服务人，而是人伺候车。

根据社会的常规认知，一家车企的主要使命就是造车。而卖车和修车这些与产品强相关的衍生业务，交给授权的代理人（即汽车 4S 店等）去办就好了，车企不必亲力亲为，但可以作为技术和信息的掌握者提供指导和监管。

至于加油、洗车、美容、改装这些与产品技术不是强相关的售后业务，车企就抱着"双手插口袋"的态度——绝不插手。

顺着这个常识，当通用、日产、宝马打造电动车时，他们觉得这与燃油车不应该有什么不同，车企应该专注于造车，基础设施应该交给社会来完成。在燃油车的时代，他们信任中石油和中石化等企业对加油站的布局，在电动车的新时代来临之际，他们则期待第三方充电设施运营商的出现，不管来自政府还是其他商业组织。

特斯拉的思路明显和传统车企不同，他不相信这个世界会主动拥抱电动车，为这个新生命营造出生存土壤。于是，特斯拉做出了一个异常大胆的决定：在全球建造并运用超级充电设施，为特斯拉用户提供快速充电服务。

这种特立独行的做法最开始并不被人理解，因为这一举动似乎违反了商业常识。试想，一家规模不大的初创公司，凭什么以一己之力参与社会基础设施的建设呢？要在全球范围内建充电站，除了花费大量资金，还需要跟各地的政府、商业公司、电力部门等打交道，想想都吃力。况且，这些充电设施建成后，只供特斯拉车主使用，这一群体的规模还比较有限，难免让人质疑自建充电设施的使用效率。

从换电到超级充电

与加油比起来，充电要慢很多。如果可以快速更换电池，就能大幅提升电动车用户的补能体验，就像在 2008 年前，许多诺基亚用户都随身携带 2 块锂电池，不到一分钟就可以让手机"满血复活"，这让那个年代的手机用户很少对电量感到焦虑。只有少数深度关注电动车的朋友才知道，特斯拉也曾考虑过在电动车上应用换电技术。在 2013 年 6 月，马斯克向外界发布了 Model S 的换电技术。

发布会现场，一台与 Model S 尺寸相似的奥迪 A8 轿车被拿来对比。马斯克带领现场观众一起见证：在奥迪 A8 一次性加满油箱的时间内，两台 Model S 在自动更换电池后先后驶出了换电操作平台。现场观众一片沸腾：特斯拉完胜！而且时间消耗只有燃油车加油时长的二分之一！

但令人诧异的是，尽管拥有如此神奇的革命性技术，特斯拉对换电的尝试却浅尝辄止，事后再无任何进展。

当天的镜头并未向大家交代换电操作平台下方的面貌，Model S 的电池包到底是如何"自动换电"的？操作数百公斤重的电池包，显然需要精准而强悍的机器人手臂：拧开螺丝，来回搬运电池，但从来也没有人见过其庐山真面目。有人说其实并不存在"机器人手臂"，有的就是一群手脚麻利、身强体壮的工程师。也有人说，是 J.B. 斯特劳贝尔反对换电模式，认为这种技术的投资回报率和可行性存在问题，成功劝说马斯克放弃。

但可以肯定的是，最终特斯拉并未选择"换电"模式，而是重点发展快速充电技术。马斯克为这条业务线起了一个充满噱头的商业名称——超级充电站。

对于一名典型的特斯拉车主来说，平时在城市内用车时，活动半径完全处于车辆续航能力之内，通过在家或者公司安装的慢速充电桩补能，可谓无忧无虑。真正让电动车暴露短板的场景，就是开车出远门的时候：

出行距离有可能超出车辆的续航能力；

在外地无法使用自己家里/公司惯用的充电设施；

在家/公司充电时通常无须在意时间快慢，反正用户本人在工作或者休息；出门在外时，时间则非常宝贵，对充电效率会有较高要求。

特斯拉超级充电站正是针对这一痛点的解决方案。当它在洛杉矶和旧金山之间的高速公路沿途布局超级充电站后，特斯拉用户就可以放心地在这两座城市之间自驾旅行，使美国人所习惯的驾车远行的生活方式不因电动车而改变。

苹果公司既生产 MacBook 笔记本，又研发了 macOS 操作系统，两者互为对方专门定制，这让 MacBook 的硬件就像笔记本行业的艺术品，操作系统的流畅性和安全性则远强于 Windows。这就是闭环的额外优势。特斯拉既生产电动车，又制造超级充电站，这也带来了类似的"闭环优势"：特斯拉超级充电站的快充技术专门针对特斯拉独特的电池系统进行优化，而后者在设计时也会充分考虑超级快充的技术需求。几乎每一位特斯拉车主都会告诉你，在超级充电站享受高效率的充电体验是使用特斯拉的最佳体验之一。你只需把车停到充电站，取下充电枪并靠近车辆充电口，充电口的盖板会自动感应弹开，方便你开始充电过程。第一次听说超级充电站这个名称时，你可能觉得特斯拉这家公司的市场部有些浮夸，但它的补能速度确实对得起它的名字，比第三方充电桩快不少。以 2019 年发布的 V3 超充桩为例，最高充电功率可达到 250kW，充电 5 分钟即可行驶 120 公里。

截至 2019 年 7 月，特斯拉已经在全球布局了 1604 座超级充电站，拥有 14081 根超级充电桩，主要分布在北美、西欧和中国漠河—腾冲线以东地区。99% 的美国人都处于超级充电站 240 公里的半径之内，在中国大陆地区的覆盖率达到了 90%。这套充电体系的存在，成为全球电动车潜在消费者选择特斯拉品牌而非其他电动车的重要决策因素之一：除了在家里充电、靠社会第三方公有基础设施之外，特斯拉自营的快速充电体系等于为用户带来了一项额外的服务。

戈恩与马斯克的策略差异

雷诺－日产的掌门人戈恩曾经在回顾旗下的电动车业务时，点评了雷诺－日产与特斯拉在充电服务上的不同策略。他坦言在一个新事物崛起的早期，企业在打造产品之余提供解决用户痛点的关键服务是有价值的做法。这其实就是特斯拉的自建充电站策略。但戈恩同时也为自己的选择做了辩护，随着这个新兴品类的不断成熟，从长远来看，雷诺－日产采用的专业分工策略（汽车企业专注制造电动车，让社会来解决充电服务）会有更高的投资效率。

这个说法印证了特斯拉反商业常规的策略其实有商业上的合理性。我们经常会忽略一个情况，很多商业的经典规律只能反映常态事物的常态运行规律。具体对 21 世纪初期的电动车来说，这本来就是一个处于萌芽期的新生事物，我们本就不该教条地把常态规律套用在它身上。如果我们深入真实的生活，不难发现整个社会体系的运转经过百年的磨合，已经与燃油车高度匹配了，对电动车的到来根本就没有准备好，而且必将花费相当漫长的时间去准备。

对于一名在中国驾驶电动车的用户来说：

最常见的问题是不容易找到充电桩，所以无法充电；

第二常见的问题是找到了充电桩，但由于种种原因，这个桩无法使用，如被燃油车占位、设备损坏需要维修、充电接口不兼容、物业不允许外来车辆充电等；

第三常见的问题是找到了充电桩，桩也能用，但充电的速度异常缓慢，需要等待数个小时才能补充足够的电能——大多数城市内的公共充电桩是慢充桩，你需要非常有耐心，或者恰好并不急着离开。

此外，由于中国稠密的人口密度和高层住宅遍布形态，让城市居民缺乏足够可安装家用充电桩的停车位，这让"在家充电"这个最健康、最经济的电动车补能方式，其实并不容易在国内推广。

确实有很多社会第三方企业开始瞄准电动车这个潜在的大生意，积极投身到基础设施的建设当中，但由于服务水平参差不齐、各自的利益考量，电动车用户难以获得良好的体验。当电动车还处于无法被社会友善接纳的萌芽期，马斯克索性不计成本、坚决地布局自营充电体系，至少能帮助提升自家用户的体验。由于这种充电体验的保障，反过来促进了特斯拉的车辆销售，形成正向循环的网络双边效应。

这让人联想到中国电商的萌芽期：各路商家提供的货物真假难辨、各种支付手段和物流服务让用户眼花缭乱，虽然选择不少但体验不佳。

阿里巴巴旗下的淘宝刚起步时，还明显落后于卓越、亚马逊、易趣等国际电商巨头，京东更晚些才成立。整个电商行业在早期面临着一些共同的问题：货物真假难辨，买主和卖家之间建立信任的成本较高，沟通、支付和物流都不方便等。

如果电商公司们都只聚焦电商业务本身，等待社会第三方提供金融服务、物流服务，只做好自己的电商业务，等待社会信任度改善，等待优质的第三方互联网支付平台诞生，那么中国的电商化时代绝不会来得那么快。

在这个电商的萌芽期，阿里巴巴突破了自己的电商边界，打造了一种名叫"支付宝"的互联网金融服务，为淘宝的交易双方互信、支付结算提供了更好的保障。这个业务对于当年的绝大多数中国人来说，还是十分新鲜、陌生的概念，后来支付宝也不再只是作为淘宝电商的支持工具，而是成了一个独立的金融服务平台，为各行各业的中国人提供非常广泛的服务。

未来，马斯克完全有可能把旗下的超级充电站打造成一个独立的新生意。实际上，马斯克曾经公开表示欢迎第三方车企适配特斯拉的充电技术，从而让他们的产品到特斯拉的充电站充电。而且，在美国的一些超级充电站，已经可以看到与便利店、咖啡店等商业设施的融合，这其实利用了电动车充电速度比加油慢，用户补能时停留时间长的特性。

2017年11月，宝马集团、戴姆勒公司、福特汽车公司和大众集团共同成立合资公司IONITY。该公司致力于开发和建设覆盖欧洲的第一个大功率充电网络，按照计划，到2020年，将建成400个充电站。传统车企联手开展充电业务，显然是对特斯拉充电业务的模仿和学习，但截至2019年5月底，IONITY仅建成100余个充电站，与特斯拉发展早期相比有数量级的差距。

也许未来的某一天，电动车会成为道路上的交通主力，这套特斯拉自营的超级充电站会从特斯拉中剥离，成为新时代的"中石化加油站"，变成一项真正的社会基础设施。

2. 创业造车九死一生，特斯拉能否杀出重围

造车是一件很难的事情。光是想象一下把上万个零件集成，组成一个两吨重的庞然大物，还要实现高速行驶和长久耐用，就会让创业者倒吸一口凉气。以美国为例，长期的饱和竞争让实力不足的车企纷纷出局，留下来的可以说是全球实力强劲的跨国车企。特斯拉从2003年起已经连续亏损了16年（至本书写作时的2019年）。苹果公司也把汽车视为潜在的机遇，近年来一直在低调筹划汽车创业项目，目前进展不明。

像汽车这样深入渗透到经济和民众生活的重要产业，一家车企的成败不仅要看公司自身的因素，还要看宏观环境和历史机缘，如同仅仅着眼棋局本身未必能参透棋局的奥妙。

初创的汽车公司如同新生婴儿，需要和前辈们"掰手腕"，九死一生已经是乐观的估计。马斯克也多次说过，特斯拉能走到今天，实在不容易，公司有好几次濒临倒闭的临界点，是智慧、汗水和运气帮助特斯拉贴着"地狱边缘"前行到今天。对于特斯拉来说，没人能许诺一个安全、美好的未来，只能靠自己继续争取。

汽车行业迎来百年之变

百年一遇的技术变革

从秦始皇麾下的作为军事装备的战车，到成为工业革命前伦敦街头的交通工具，马拉车辆在人类历史上扮演了漫长的角色。一匹典型的马，体重在300公斤左右，有不错的负重和耐力，在长达千年的岁月里，都是人类理想的交通动力。

最终替代马车的，不是更强大的马车，而是蒸汽机车。而终结蒸汽机车的，不是更高级的蒸汽机车，而是内燃机车（见图2-22）。内燃机车的统治又维持了一个世纪，现在，高度电气化的智能汽车开始成为新的挑战者。

马车
- 相比双脚，速度更快，行进距离更长，负重更多
- 速度受马影响，一般情况下每小时仅二十千米
- 需要携带大量马粮，马补充能量时间长

蒸汽机车
- 相比马车，速度较快，输出更持续稳定
- 动力强劲，载重大幅提高
- 热效率低，耗能较大

内燃机车
- 相比蒸汽机车，大幅提升了速度和续航
- 能量转换效率提高，运用范围广泛
- 排放废气，污染环境

图 2-22　马车、蒸汽机车与内燃机车的优劣对比

在 2019 年 7 月 2 日举行的 2019 世界新能源汽车大会上，全国政协副主席万钢指出："随着新一代科技革命汹涌而至，形成了电动化、智能化、共享化变革的大潮流，全球汽车产业正在进行百年未遇的大变革。"当天，比亚迪董事长王传福做了一个更形象直接的比喻，他说智能汽车是"长了腿的超级手机"。

一个 20 世纪初期的内燃机车和 21 世纪初期的内燃机车看起来会有很大的区别，但如果仔细分析两者之间的区别，可以这样形容：（品质）更高，（速度）更快，（性能）更强，它依然是一个以交通运输为主导的应用于高速运动场景的机械产品。

就像 iPhone 重新定义了手机，不再是一款以通信为主导的手持交流工具，而变成了移动的微型计算机。未来的汽车也会被重新定义：交通工具的机械属性会继续保留，但也许它会成为一个超级智能终端，会成为你的人工智能伙伴 Javis？也许会成为新时代的移动房屋，在你的住宅、办公室和星巴克之外，创造出人类的第四空间？

技术变革时期的短暂创业窗口

对于汽车这样的高门槛行业来说，唯有在技术变革的时期，创业窗口才会被打开。

今天的我们不容易得知马车时代的制造厂家叫什么了。这不难理解，毕竟大多数马车都离我们太遥远了。但同样，我们也不熟知蒸汽机时代的知名品牌了。我们目前所熟知的汽车品牌全都是在内燃机时代诞生的，而且绝大多数被创办于当地内燃机市场的早期。一旦市场格局稳定，想要再打造一个全新的汽车精品品牌，难于上青天。

不光汽车行业如此，各行各业都是这样（见图2-23）。旧技术时代的领导者往往并未继承新技术时代的皇冠，那些率先应用新技术的创新公司会抓住时机成为新的领导者。如腾讯公司凭借微信再次引领社交主流。事实上，这一定意义上得益于研发微信的小型独立团队位于广州，较少受到深圳总部的约束。

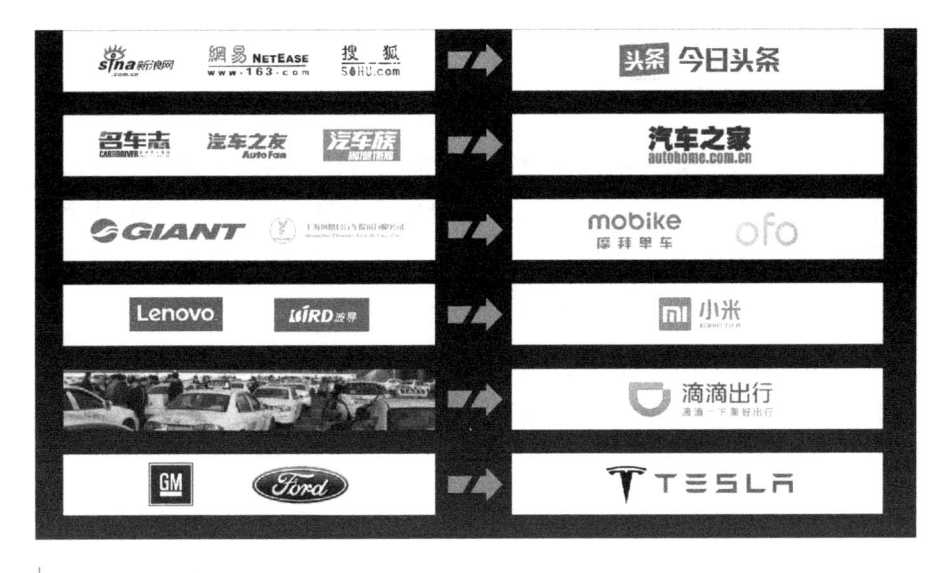

图2-23　各行业的"旧霸主"和新时期的新锐企业

技术变革确实会导致创业窗口开启，但这扇窗户的面积并不大，打开的时间也不长。正因为存在这样的商业规律，马斯克一直说特斯拉必须求快，在庞大的竞争对手彻底转身之前，这个新公司必须站稳脚跟。蔚来创始人李斌也在2018年年底提出："真正的决战在2023年。"

因为他们知道，大众、宝马、通用们或许会纠结犹豫，但一旦他们认准了电动车这个技术路线，必将投入海量资金，批量推出有竞争力的产品。目前来看，跨国车企推出相对有竞争的电动车产品，会在 2020—2022 年这一时间段。在距离位于上海嘉定区的蔚来汽车中国总部仅一公里处，有一座上汽大众的全新工厂正在快速建设。这座 30 万辆产能的新工厂的名气远不如特斯拉在上海浦东正在建设的"超级工厂"，但技术水平毫不逊色。从 2020 年下半年起，这里就会出产代表德国大众最新技术的 MEB 平台电动车，它们与今天大众在国内推出的朗逸、宝来电动车等"油改电"（俗语，指把老的燃油车平台改造成电动车平台，往往在性能上有较多"妥协"）产品相比，有着本质上的区别。

留给马斯克和李斌们的时间已经不多了，他们必须尽快站稳脚跟。

比其他人更早出发

从 2010 年开始，我国大力推广新能源汽车，给出单辆近十万元人民币的现金补贴，北京、上海等城市还开放了稀缺的牌照资源作为扶持。在任何一个汽车行业论坛或政府工作报告中，"新能源汽车""汽车行业变革""智能电动车"都是热门词汇。

不仅在中国，全球各大车企也纷纷抛出恢宏的计划，各家的首席财务官都预备了大量资金，准备放手一搏，期待在智能电动的新浪潮中占据上风。

总体来看，从 2010 年开始，巴黎、纽约、上海、法兰克福等地的顶级国际车展就以电动车为主角，尤其是 2015 年后，全球产业界的共识似乎已达成。连丰田和本田这两家在混合动力和氢能源技术路线上布局深入的企业，也宣布将把电动车纳入核心战略（见表 2-1）。

21 世纪初，锂离子电池技术有了一定的发展，这给了特斯拉在汽车行业再次推动动力电气化的机遇。特斯拉的 CTO 斯特劳贝尔曾这样评价马斯克：他对锂离子电池的发展进展和把握机会的意识，走在了我们的前面。

表 2-1　各大传统车企在电动车领域的生产投资计划

品牌	量产时间和数量	投资计划和金额
奥迪	到 2025 年实现年销售约 80 万辆电动车	到 2025 年将向电动化、自动驾驶等领域投资 400 亿欧元
奔驰	到 2025 年左右会有 15% 到 25% 的纯电动车型	到 2025 年将在电动车领域内投入 100 亿欧元
宝马	到 2025 年电动模式车型将增至 25 款	到 2018 年与宁德时代签订了 40 亿欧元的电池供应长期合同
大众	到 2025 年将推出 80 余款全新电动车型	到 2030 年集团直接投资将超过 200 亿欧元
福特	到 2025 年将推出 6 款纯电动车	到 2022 年在新能源汽车方面共投资 50 亿美元
丰田	到 2020 年左右推出逾 10 款电动车	到 2030 年计划投资逾 130 亿美元开发和制造电池
日产	到 2022 年在华推出 20 款左右电动车型	计划投资 600 亿元人民币到电动车领域
通用	到 2023 年推出 20 款新能源车型	计划投资 3 亿美元扩建 Onon，投产电动车

马斯克并没有止步于电驱动技术，他看到了电驱动并不能帮助特斯拉构建出自己的"护城河"，更大的变革是把汽车变成轮上计算机，让芯片和操作系统取代动力和操控，成为汽车的核心价值。很多汽车企业的战略规划部门其实早就对未来汽车作出了类似的趋势分析，但在身体力行方面，2003 年成立的特斯拉确实在观念上和技术及做法上领先了整个行业十年的时间，无论是与宝马、丰田等国际品牌相比，还是与蔚来、小鹏等中国同类初创公司相比。

对于创新领域的创业来说，分秒必争。一旦先行者率先打开局面，后来的追逐者可能需要花费 10 倍的努力才能复制前者的成绩。无论是智力还是运气，特斯拉确实赌得非常准。

今天的全球消费者想起智能电动车时，普遍首先会想到特斯拉。这不光是因为"先入为主"的印象优越，更因为这家公司总是在智能电动车的核心技术应用上引领整个行业的风潮：

最早推出 OTA 无线空中升级技术；

最早引入 17 英寸的 iPad 式触控大屏；

最早应用更节能的碳化硅电机技术；

新推出的 V3 超级充电技术可支持高达 250kW 的充电功率，实现"充电 5 分钟，行驶 120 公里"；

拥有全球电动车中最快的加速性能和最长的续航里程；

功能最强大、迭代最快的自动驾驶辅助系统；

在车辆前引擎盖内设计了额外的储物空间，并不耽误安放前桥驱动电机——特斯拉在 2012 年就做到了这一点，但截至 2019 年还没有任何一家汽车制造商有能力复制这一杰出的工程设计。

硅谷：创新的摇篮

底特律与硅谷，老三大和新三大

在美国汽车行业，通用、福特、克莱斯勒素有"Big three"（三大）的盛誉。2008 年的全球经济危机严重波及了美国汽车行业，自那之后"美国三大"辉煌不再。

通用在危机前的 4 年内累计亏损超过 800 亿美元，靠政府出手救济，完成了美国汽车工业历史上最大规模的一次破产重组，成为美国的"国有持股企业"。伴随这次重组的余温，通用关闭了大名鼎鼎的悍马品牌，还陆续卖出萨博、欧宝这两个品牌，走上了战略收缩的保守道路。

福特的走势比通用更加保守，在那次危机前后，福特陆续卖掉了捷豹、路虎、沃尔沃、阿斯顿·马丁及对马自达的持股，走上了"一个福特"之路。

克莱斯勒集团被意大利的菲亚特并购，严格地说已经不能算是一家美国车企了。

但你以为美国汽车工业就走下坡路了吗？千万别小看其工业底蕴。

长江后浪推前浪，现在再看美国汽车工业，上述三家诞生于底特律的带有机油和活塞基因的传统车企已略显过时，新的三家焦点公司是特斯拉（智能电动车制造商）、Uber（基于移动互联网的出行服务提供商）和Waymo（全力进军高级自动驾驶技术）。这三家公司被称为"新三大"，它们不仅是新经济、新模式的代表，更分别在自己所在的领域开全球风气之先河。更有意思的是，三者虽然"殊途"，但最终也许"同归"——虽然三家公司目前的主营业务看起来区别很大，但我们可以预测他们最终会在汽车自动驾驶领域"会师"。

虽然成立时间较短，但"新三大"目前在公司市值上已明显超越了"老三大"。因为资本市场相信，"老三大"就像老将廉颇，打还是能打的，但已经没有进步空间了，而"新三大"就像早晨八九点钟的太阳，未来一片光明。耐人寻味的一点是：美国汽车工业的"老三大"总部全部在底特律，而"新三大"无一例外诞生于硅谷。这真的只是偶然吗？

全世界只有一个硅谷

通常人们认为，硅谷是互联网公司的聚集地。这能解释类似Facebook、Airbnb、Uber这类以软件技术为主导的公司都从这里发际，但像特斯拉这类汽车制造公司出现在硅谷，似乎是一个例外。

我认为特斯拉诞生于硅谷并非偶然。事实上，这家公司流淌着典型的硅谷血液。你无法期待在底特律或者芝加哥孵化出这样一家公司。

/天时

许多中国人都知道深圳的故事。这个原本人口稀少、简陋的渔村，成了"改革开放的桥头堡"，经济迅速腾飞，成为中国最发达的城市之一。

如果说深圳起飞的"天时"既靠时代的机遇，也靠政策的引导，那么硅谷崛起则更多是自然演化的结果。这一带原本盛产车厘子，如果没有发生数字经济革命，它的支柱产业可能依然是农业。从20世纪70

年代起,半导体工业和数字技术冲破了某个临界点,开始突飞猛进。Oracle、苹果、谷歌、Facebook 等公司陆续在区域内诞生。最开始只是少数公司进入这些新领域,但很快由于业务迅速扩张、上下游产业链就近扩散,以及同类公司的不断成立和人才流动,迅速形成了产业的强大集群。硅是半导体的重要元素,硅谷因此而得名。

硅谷诞生于美国并非偶然。自第二次世界大战后,由于美国的科技研发和市场经济长期在全球具有巨大的领先优势,这种新兴技术的重大突破大概率不会发生在法兰克福或东京。即使侥幸发生,也很容易被制约、被并购或者通过其他方式被美国企业率先控制。

过去数十年来,信息技术和数字经济的发展速度远远高于传统行业,涌现了许多成功的企业家、积累了大量的资本。实际上马斯克正是凭借着两次典型的数字经济创业而成为亿万富翁,从而获得了操盘一家电动车公司的门票。数字经济的商业领袖通常迷信快速迭代、重视软件技术、渴望颠覆众多古老的传统,这正是马斯克带给特斯拉的独特风格,完全抛弃了底特律采用近百年之久的汽车产品开发模型和成熟经验。从这个角度来说,特斯拉理应属于硅谷。

/ 地利

◎ 风险投资

21 世纪至今出现的创业公司数量,要远多于整个 20 世纪。在人类社会漫长的时光里,开创一个新生意是要付出成本、高风险的事情,往往是少数人才会放手一搏。

对于一次成功的创业来说,需要具备三个关键要素:

一是优秀的创业者。创业者最重要的特质是对商业的敏锐,很多伟大的创业在最开始时都不是周密的演算和计划,而是一个独特的想法。

二是初始投入。钱并非万能,但没有钱,很难进行创业。

三是抗风险能力。创业成功的概率不到十分之一。雄心勃勃的创业固然有趣，失败的苦果却不好入口。

但现代风险投资的兴起重新书写了整个游戏的规则。风投可以为创业人提供启动资金，帮助他们分摊失败的风险。优秀风投公司还会提供进一步的服务，利用自身的丰富经验协助创业者更好地组织及管理团队、明确战略方向。

古人云：千里马常有，而伯乐不常在。有时候缺乏的并不是创业者和商业灵感，而是赏识他们并有能力"赌一把"的投资人。

汽车创业比起通常的创业项目，需要的资金是一百倍的。在特斯拉成立早期，只有PPT没有工程样车，如果没有高水准、高承受力的风投资金做支持，仅靠马斯克慷慨解囊，是远远无法让公司活到第一辆车下线的。

而说到风投，就要说到硅谷的区域优势了。风投行业兴起于美国，而美国风投的重点又落在硅谷。这里是全美国最集中的风投资本聚集地，这从资源供给层面有力地保护了创业者的灵感，不因物质匮乏而过早夭折。

◎ 股票市场

特斯拉在成立早期更多依靠马斯克的个人投资和风投资金支持，但随着"特斯拉雪球"越滚越大，主业长期无法盈利，公司需要源源不断的资金支持。

在这个生死攸关的问题上，特斯拉极大地受益于美国的资本市场。

2010年6月，特斯拉在首款车型Roadster上市一年半、仅仅交付一千辆左右时，就成功登陆了纳斯达克股票交易所。

纳斯达克是世界上首家电子化的证券交易所，选择在这里上市的公司主要是互联网、新科技等方面的公司，如微软、谷歌、亚马逊等。这里的上市要求相对宽松，不要求企业必须盈利才能提交上市申请，纳斯达克选择让自由市场发挥价值判断的作用。这种机制特别有利于培育创业型的新兴科技公司——这类公司通常目标远大，瞄准充满机遇的未来市场，但在现实中仍处于投入期，收入很低甚至为 0，连续多年处于高额亏损。

这种机制解释了特斯拉为何选择在纳斯达克上市。连运气也站在马斯克这一边。2008 年经济危机消散之后，美股迎来了十年"大牛市"。从特斯拉 2010 年 6 月 IPO 到 2019 年 7 月，纳斯达克增长了 194%，特斯拉同期则是增长了 911%。

特斯拉跑赢大盘固然说明了投资者对公司业绩的满意和看好，但如果没有美国股市总体向好作为支撑，特斯拉不会有如此高的市值。强势股价大幅降低了特斯拉的股权融资成本，这意味着出让同等的股权，马斯克可以收获更多的融资。如图 2-24 所示为特斯拉融资历史。

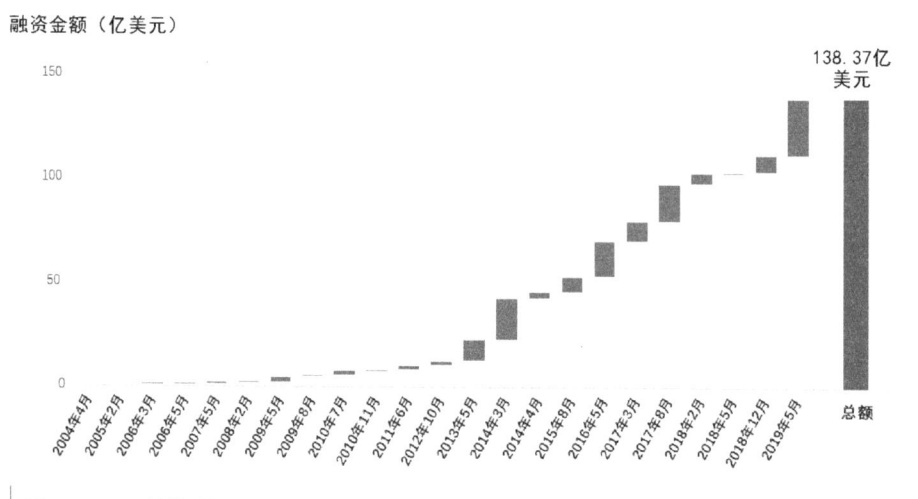

图 2-24　特斯拉融资历史
（数据来源：星仪资本）

截至 2019 年 10 月，特斯拉累计融资已达惊人的 185 亿美元，但我们依然未能看到可持续的盈利能力。如果没有这么多的资金支持，就不会有今天的特斯拉。而透视海量融资现象背后的本质，则是美国的资本市场体系。

/人和

事实上，人和环境、机制往往互为因果，很难孤立地去看待。

人会受到周围环境的影响，不同的环境会造就不同的人文形态，而不同的人文形态又会影响环境进化的方向。当科技公司和风险投资聚集在硅谷时，实现高薪的机会毫无疑问会加速吸引来自美国甚至全球的高端科技人才蜂拥而至。

当一群创业者聚集在一起，长期的相互影响不仅会改变他们每个个体，还会形成一种新型的集体文化——曾经在美国东部的优秀公司里，人们是需要穿着西装或者统一制服开展工作的，但在硅谷，许多人会保持他们在大学校园时代的随意衣着风格。这是人文和环境互为因果和主体的缩影之一。

另一个典型事例是移民人才的涌入。由于文化背景差异、语言因素、社会资源基础，新移民在美国的职业竞争力通常明显低于同等教育水平的本土人，但在硅谷，这个问题相对没那么严重了。数字工程师说，（他写的）代码是最好的代言人。由于可以较为公平地凭借自己的天赋和技能参与职场竞争，硅谷地区成为新移民的理想去处。

有人这样总结硅谷的工作文化：在硅谷以外的美国，人们"Work to live"（为了生活而工作），而硅谷则是"Live to work"（为了做一番事业而活着）。

曾经，美国的人才聚集在底特律；后来，优秀的人都去了华尔街；但现在轮到了硅谷。

一位特斯拉供应链的专家Y先生告诉我，当马斯克想要建立一家真正创新的汽车公司，他就必须把总部放在硅谷，在这里他能融合大量的数字科技，能找到那些充满活力、一心想要改变世界的奋斗者，这些人中的很多都是汽车领域绝对的门外汉，但正因为他们是外行，才能做出不一样的东西。事实上，马斯克也是这样做的，当他创办这样一家电动车公司时，他压根没有把人才招募的重心放在底特律，反而大量招募硅谷地区的人才。如果我们去检索特斯拉的高管名单，会发现其中曾在传统大型车企就职的只是少数派。实际上，对于这样的公司，全球传统车企在很长时间内几乎都抱着近乎漠视的态度。Y先生的一位同事，当初是从福特跳槽到特斯拉的，当他提出辞职时，他的上司完全无法理解。

电动车、环保和石油

汽车不仅是一种交通工具，这颗民用消费品皇冠上的明珠，牵涉广泛而巨大，以至于汽车行业的发展和经济、法律、政治都密不可分。

美德中：我们都支持电动车

来自德国、美国和中国的大型车企都明确表态，要大力发展电动车。荷兰、挪威政府准备在2025年就禁售所有的传统燃油车，美国加州准备在2030年做到这一点，拥有燃油车工业积累的德国也以2030年为节点，作为发展中国家的印度则把目标设置在2040年（见表2-2）。

表2-2 各国家（地区）燃油车禁售政策

燃油车禁售国家（地区）	政策发布时间	政策实施时间	禁售车型
荷兰	2013年	2025年	传统燃油车
美国（加州）	2015年8月	2030年	传统燃油车
挪威	2015年5月	2025年	非电动车
德国	2016年	2030年	传统内燃机车
印度	2017年4月	2040年	传统燃油车
法国	2017年7月	2040年	传统燃油车
英国	2017年7月	2040年	燃油车 油电混动车

每个国家在支持电动车的时候，都喜欢把环保这句口号挂在嘴边。但恐怕只有荷兰、挪威作出这样的决策时是心无旁骛的，因为他们几乎没有自己的本土汽车工业。但对于美国、德国和中国这样的工业大国来说，事情就没那么简单了。

汽车行业一直是这样的格局：车企负责造车，全球市场负责消费。

汽车可能是全球唯一的单价和销量都足够高的民用工业制造品，能带动上下游产业发展、拉高就业率和税收、提升国家科技水平和GDP含金量。

/ *中国：能源安全第一，产业追赶第二*

中国在改革开放四十多年来，成就了巨大的经济奇迹。但伴随这个奇迹也产生了一些问题，其中之一就是我们的能源安全受到了挑战。中国成为世界最大的石油进口国之一，而且对海外进口原油的依存度非常高（见图2-25）。

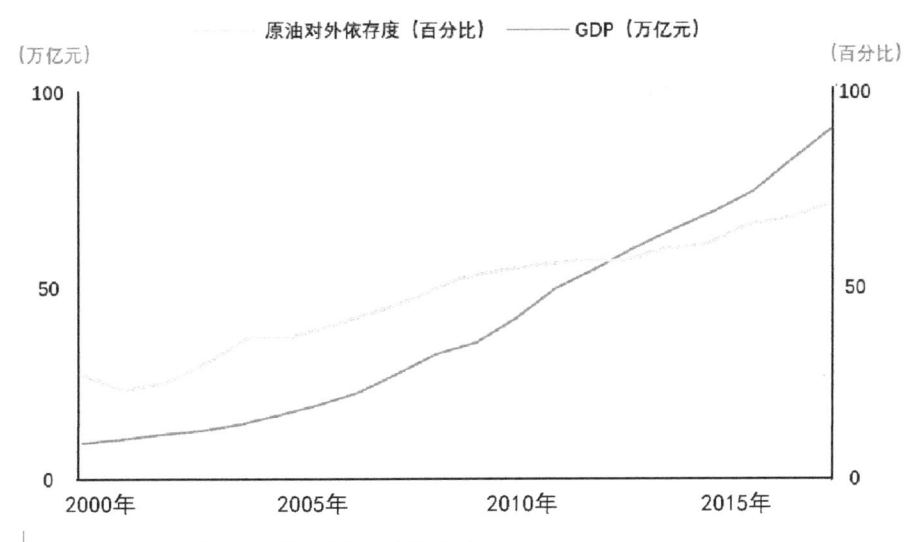

图2-25 中国GDP与原油对外依存度
（数据来源：国家统计局）

中国缺油，但不少电。从传统能源来看，我们拥有规模庞大的煤炭资源，可通过火电厂转化成电能。此外，中国的水电、风电和核电在建规模均稳居全球第一，再结合目前的现实情况来看，中国未来将拥有丰富的电能供应。"多电少油"的现状不难让政府想到对需求端进行改革，以适应我国供应端优势。需求端到底有什么可以大量减少石油的消费、增加电能的消费呢？答案就在汽车产业。

从1980年到现在，四十年的时间里，中国汽车工业不断努力追赶国际水平。从拥有自己的品牌、独立组装汽车的能力，到掌握发动机和变速箱的研发和制造技术，但核心技术的水准和德美日相比始终有明显的差距，根本原因在于起步较晚和技术先进方的技术封锁。如果赛道不发生改变，后发方很难追赶先进方，从内燃机向电动机技术转型，实际上提供了一次追赶机遇。关于这一机遇，我国的功勋级科学家钱学森院士早就预测过。

在利用技术切换的窗口期实现弯道超车方面，高速铁路和移动互联网是两个生动的成功案例。中国原本在铁路技术和互联网通信等方面明显落后于西方，但在普通铁路向高速铁路转化的窗口，以及 PC 互联网向移动互联网切换的窗口，以自身庞大的市场规模优势作为杠杆，撬动了相关产业链在国内的爆发，并最终取得了重要的自主技术和行业话语权。今天的中国高铁无论是列车设备还是路线建设能力，实际上已经拥有了全球第一的综合竞争力。在移动互联的转型过程中，既培育出了华为这样世界顶级的基础通信设施供应商，也带来了阿里巴巴、腾讯、小米、字节跳动等一大批依托高速互联网发展起来的新兴巨头。如果不是因为高速铁路大爆发、3G 及 4G 通信迅速普及的这个背景，要做到这些突破就会困难得多。

/美国和德国：抢滩新标准，避开日本车企

中国、印度及东南亚地区的工业后发经济体无不蓄势待发，通过更全面深入的工业化，提升自己的经济质量和国民生活水平。而领先者也不会等待观望。

从内燃机车向纯电动车的技术过渡（见图 2-26），是美国、德国又一次率先建立技术先发优势和相关环保标准的机会。对于汽车这样投资重大、产业链漫长的行业来说，一步领先就容易步步领先。除此之外，美国车企和欧洲车企还有一个不可明言的考虑——日本车企的混合动力。

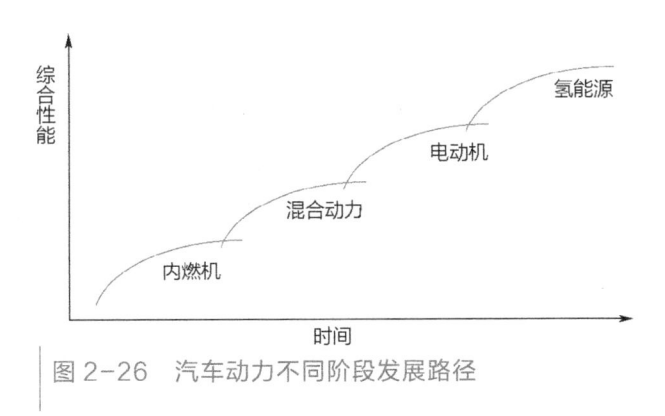

图 2-26　汽车动力不同阶段发展路径

混合动力技术可被视为在完全依靠燃油驱动和完全依靠电池驱动之间的过渡技术。丰田自 1997 年就开始对该技术进行商业化，长期"费力不讨好"地坚持着。起初，这项技术由于成本较高，会导致车辆售价提升数万元人民币，因此销量很有限，境遇犹如今天的纯电动车。但时间往往是新技术的朋友，随着成本不断降低，2019 年在中国最新推出的丰田雷凌轿车，将混合动力车和普通内燃机车的售价差拉到只有 1.1 万元人民币，越来越多的用户开始购买这种低油耗的产品。

日本在混合动力技术上已经拥有超过 20 年的深厚积累，几乎垄断了相关专利。美国、德国车企，当然也包括中国在内的车企，对此都无可奈何。既然难以追赶，干脆跳过日本车企的优势区，直接瞄准纯电动车进军。

扶不起的美国"老三大"

德国奔驰家族发明了现代汽车，但发明流水线、把汽车变成大规模工业消费品、让汽车走进千家万户的是美国福特。带着这样的历史骄傲感，21 世纪初的美国人可能会很难接受这样的事实：远道而来、曾经需要向底特律谦虚学习甚至赤裸裸抄袭美国车的日本车企，已经占据了美国汽车市场的最大蛋糕。

这种狼狈景象在 2008 年达到了顶峰，通用、福特、克莱斯勒积重难返，纷纷陷入经济危机。他们的产品核心技术和质量控制均不如日本车企，企业运营效率较低，往往靠高额折扣才能卖车，处于严重亏损而无法自拔。

更糟糕的是，当 2008 年 11 月 19 日，处于破产边缘的美国"老三大"的 CEO 们结伴前往华盛顿向时任总统奥巴马寻求紧急经济援助时，被外界发现这些公众人物的交通工具居然是高端商务飞机。这让美国公众对自己曾经的骄傲——来自底特律的传统汽车巨头们失望透顶，也让刚上任十几天的奥巴马既尴尬又愤怒。

最终美国政府出手重组了通用，援助了福特，只是放弃了相对弱小的克莱斯勒，后者最终被欧洲的菲亚特并购，但这在公关层面无法让民众开心。而一家来自硅谷的纯电动车制造商，正好在 2008 年推出自己的首款车型 Roadster，纯电驱动的绿色环保概念、不同于大型企业的初创公司、与底特律截然相反的硅谷气质、一位正在尝试发射火箭的疯狂创业者，没有比这更动人的故事了。

于是白宫开始对外积极宣传这颗冉冉升起的新星，2010 年特斯拉从美国能源部拿到了 4.65 亿美元的贷款。这笔钱可不是小数目，同年这家公司仅仅售出数百台 Roadster 跑车，总营业收入只有 1.17 亿美元，当年税后亏损为 1.54 亿美元。从时间线来推算，这笔美国能源部的贷款，以及当年成功上市，为特斯拉持续前进助力。这一年，马斯克以 4200 万美元收购丰田的 Nummi 工厂，同时积极推进了对首款大规模量产车 Model S 的研发工作。这项贷款机制由美国能源部贷款项目办公室负责，始于 2005 年，官方称其旨在扶持美国国内创新清洁能源技术的商业化，从而帮助美国减少对进口石油的依赖，改善环境，创造就业机会，提升美国在 21 世纪的全球竞争力。

美国两党政治与特斯拉的股价

奥巴马对特斯拉的支持，不仅是因为底特律"不争气"，也因为他是由民主党推举的总统。

奥巴马的任期从 2009 年 1 月到 2017 年 1 月，这 8 年时间恰好也是特斯拉顺风顺水的时期：成功拿到政府补贴，顺利在纳斯达克 IPO，一边在卖车时享受政府补贴，一边靠碳排放积分交易获得大笔收入，结

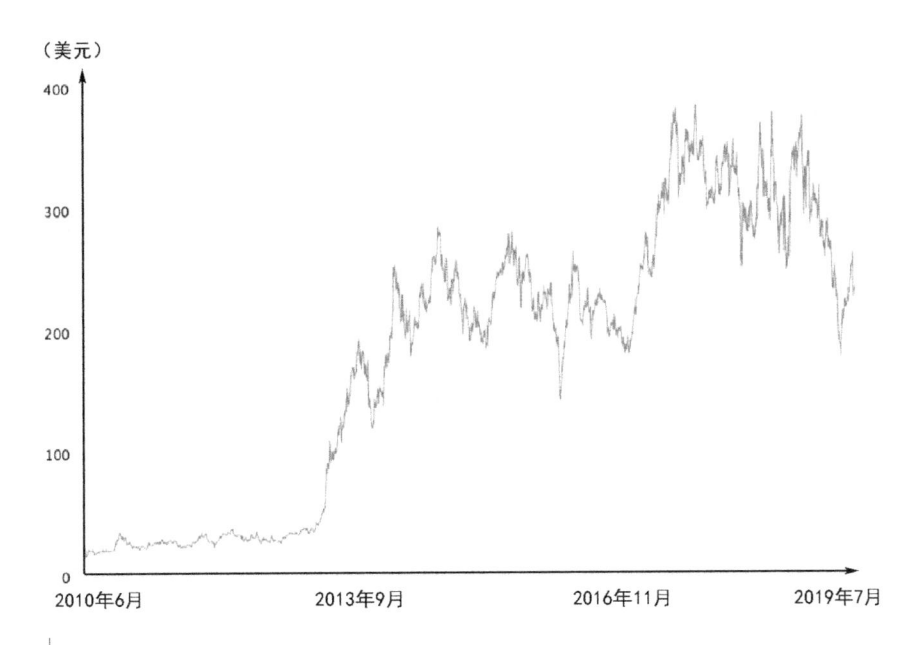

果就是股价一路飘红，销量节节上涨（见图 2-27）。

图 2-27　特斯拉股价走势
（数据来源：星仪资本）

但自从 2017 年年初特朗普担任总统之后，风云突变，特斯拉股价很快到达顶峰，然后进入漫长的下降通道，尽管从 2017 年到 2019 年年中，特斯拉的企业业绩实际上并不差。在特朗普执政的这段时间，特斯拉推出了重磅战略新车 Model 3，开始进入更大众化的消费市场；2017 年，特斯拉全年销量只有 10.3 万辆，到 2019 年交付了 36 万辆，这个数字将接近拥有百年积淀、扮演历任总统座驾的美国本土第一高端品牌凯迪拉克。同时，特斯拉的国际化也有重大进展，作为中国历史上第一家 100% 独资的外资汽车公司，在 2019 年年底于新建的上海超级工厂投产 Model 3。尽管有这些成绩和利好，这一时期的特斯拉股价却在徘徊中不断下挫。

让我们一起看看与奥巴马属于对立政党的特朗普上台以后，对汽车行业做了些什么。

2017年3月,新上任的特朗普立刻改写了前任总统对美国汽车行业 CAFE(企业平均燃油经济性标准)的严苛规定。更宽松的新版平均油耗限制,让燃油车制造商缓了一口气,可以多制造一些大 SUV 和大皮卡,同时不必那么急于推出电动车。

仅仅一个季度后,特朗普又制造了一个"历史大倒车"事件,宣布美国退出已经有 195 个国家签署的《巴黎协定》。这意味着美国将显著削弱自身在降低碳排放上的努力。发布会之后,原本列席特朗普商业顾问委员会的马斯克立刻宣布退出,以示抗议。表面上这是出于"预防气候变化、保护环境",但对特斯拉伤害更大的是这个"倒车"将遏制电动车的发展。事实上,由于电动车的零 CO_2 排放的特性优势,自 2010 年来,特斯拉仅靠碳排放交易就获得累计 20 亿美元以上的收入。这是一笔大数目,也是一种变相的政策补贴。

在美国特色的两党政治里,双方长期处于相互博弈的状态中,有各自代表的利益基盘。民主党的基盘是科技公司、初创新经济、中高产阶级的利益;共和党则代表了军火商、石油公司和钢铁公司、本土中低阶层的利益。这解释了很多事情。

为何奥巴马政府愿意支持特斯拉?因为民主党一贯支持硅谷创新经济和新能源产业。

为何特朗普放松了汽车排放法规、退出了《巴黎协定》?因为共和党不关心新能源,他们要让传统能源汽车销量继续火爆,这样才能有效地保护石油产业。

特斯拉这样的初创公司全力进军电动车尚可理解,为何雷诺-日产联盟作为传统车企也如此热衷于投资电动车产业?因为卡洛斯·戈恩和马斯克一样,原本看好民主党的长期执政,认为奥巴马在执政结束后,权力会平稳移交给希拉里·克林顿。他们的预判并非任性豪赌,在 2016 年的总统换届大选期间,几乎所有的美国主流媒体和民意调查都预测特朗普一定会输给希拉里。谁能料到特朗普会大爆冷门,从而让电动车产业政策陷入不确定。

对于上述观点,我们很难给出逻辑严谨的科学实证。但如果你觉得特朗普政府打压电动车、保护石油产业背后的考虑是言过其实的话，请看下面这两个案例，把美国执政党与背后利益集团的关系阐述得更加清晰。

/ 枪击案发生后，向游戏公司问罪

2018 年，佛罗里达州的一位 19 岁男子在高中校园开枪导致 17 人死亡。类似案件在美国不断发生，时常引发公众对枪支安全和管制必要性的关注。值得注意的是，特朗普并不认为这类事件的根源是枪支的泛滥，而把它公开归罪于社交网络和电子游戏。这引发了任天堂、索尼、微软等公司的股价波动。显然，因为对枪支严格管制的讨论会伤害美国军火集团的利益。相比之下，共和党政治家更愿意牺牲与民主党关系更好的科技公司的利益。

/ "美丽清洁的煤炭"和"吵闹昂贵的风电"

2019 年 8 月 1 日，特朗普在俄亥俄州发表演讲，称上一届政府（民主党的奥巴马政府）试图扼杀美国能源产业，阻碍"美丽清洁的煤炭"生产，却重视风力发电。他说风力发电机存在制造噪声、伤害鸟类、风机时常停转、成本高昂等问题。显然，煤炭不至于如此完美，风电也没有那么糟糕，言论的背后都是立场和利益使然。

对电动车的灵魂拷问

特斯拉已经证明了自己是最优秀的电动车初创公司。在这个领域，它已经把宝马、奔驰、大众、通用远远甩在身后。以 2019 年的北美市场为例，特斯拉一家就占据了电动车市场的过半份额。但仅仅证明自己造出了全球最出色的电动车，未必能确保特斯拉的成功。我们还需要验证一个前提：电动车到底是不是正确的技术路线。

从以通信为核心的传统手机，走向以智能程序处理为核心的智能手机，已被证明是历史的必然。在这个进程中，手机的定义发生了翻天覆地的变化，彻底进化成了一个新物种。绝大多数人类一旦体验到了智能

手机的魅力，几乎都不愿意再回到过去，就像看过了彩色电视后不能再接受黑白电视。

在 2019 年的中国，拥护电动车的阵营坚信纯电驱动是大势所趋，昨天固然存在这样或者那样的问题，今天这些问题已经得到了部分解决，而明天一定是光明的。他们经常列举的一个现象是：但凡开上电动车的人多数不愿意再开燃油车。而依托保有量和固有习惯的巨大优势，燃油车的拥趸们数百倍于电动车粉丝，他们嘲笑电动车车主买回家的不是一个商品，是一个需要伺候的"电动爹"。他们坚信电动车只不过是政策法规催生的产物，产品力本身不如燃油车，一旦政策断奶就将灰飞烟灭。

结论无法在此给出，但有一点可以肯定，汽车和手机并不应该被简单地用来类比。汽车是供应链极为复杂的耐用消费品、价格高昂、研发周期漫长，而手机相对简单、更像快消品、革新速度要快得多。

虽然内心支持并热爱电动车，但我们要这里抛出对电动车以下的"灵魂拷问"。

电动车可以智能化，燃油车难道不行

支持电动车的一方经常认为智能电动车是未来趋势。

单说智能化，这一点毫无疑问。一台 2019 年的丰田凯美瑞已经比 2000 年的老款加入了太多的电子装备，人们在使用汽车的过程中越来越在意软件层面的感受而非硬件功能。但智能化是趋势和电动车是趋势，似乎不应该有必然的捆绑关系。

就此，我与两位分别来自通用和日产的技术专家进行了讨论，这两家车企同时在研发燃油车和电动车，最终看法颇为一致："截至目前，所有电动车上实现的智能化，燃油车也没问题。电动车能接入带自然语义识别的语音控制功能，燃油车也可以；电动车的车载软件系统可以 OTA 空中升级，燃油车也可以；电动车具备自动驾驶辅助功能，燃油车也可以。智能化和电动化技术并不是密不可分的关系。"

由于马斯克在特斯拉汽车上淋漓尽致地发扬了硅谷作风，率先应用了大量智能科技，导致外界容易有一种先入为主的印象，认为电动和智能似乎是一对孪生兄弟，相伴一起来到这个世界，革新汽车世界的面貌。但事实上，一台车的智能水平和能量来源本身就是井水不犯河水的关系，就像一位小伙子的智商高低与他爱吃面条还是爱吃米饭，毫无瓜葛。

还有人说只有电动车才能实现高度自动驾驶，这个说法也并不准确。确实，由于纯电动车动力输出更简单直接，在高度自动驾驶时代会更容易实现对车辆的控制。但高等级自动驾驶为时尚早，燃油车也并非无法做到这一点，只是控制的难度会更大一些。这就像一个瘦子可能会更容易练就长跑能力，但不代表体重略大者就不能完成长跑。可以预计的是，在未来的自动驾驶时代，燃油车在道路上实现自动驾驶其实是完全可行的。

现实世界也提供了充分的实证，电动和智能两者并无直接关联。如果你注意到了宝马在 2019 年发布的全新 X6，会发现这款 SUV 实际上具备今天各种主流的智能化功能，同时坚持烧油。打开淘宝你会很容易地搜索到一大堆售价在 2 万元左右的"老头乐"电动车，它们的非智能肉眼可见（见图 2-28）。

图 2-28　宝马 X6（左）与"老头乐"电动车（右）

电驱动比燃油驱动更好吗

生活中确实存在这样的现象，开惯了电动车的人，往往不太愿意再开燃油车，因为后者的动力输出会显得迟钝、缓慢。但这并不能简单推导出电动车就比燃油车更高级，因为从严格的逻辑上讲，只是对于这部分开电动车的人来说，电动车比燃油车有更好的使用体验——但这部分人本身只是社会中的小样本，不能代表所有人的态度，或许只是电动车恰好符合他们特殊的自身条件和需求。假如我们向阿拉斯加地区的人调研冬天是否需要暖气和羽绒服，所有人都能预料答案。

我们用十个维度来衡量汽车的综合用户体验（见图2-29），结果是燃油车依然在较多的重要方面领先于电动车，如行驶半径、补能便利、购买成本、二手残值。由于电机的特性，电动车确实在驾驶感受和保养方面的成本占优势，但这些与前面几项相比，并没有那么关键。

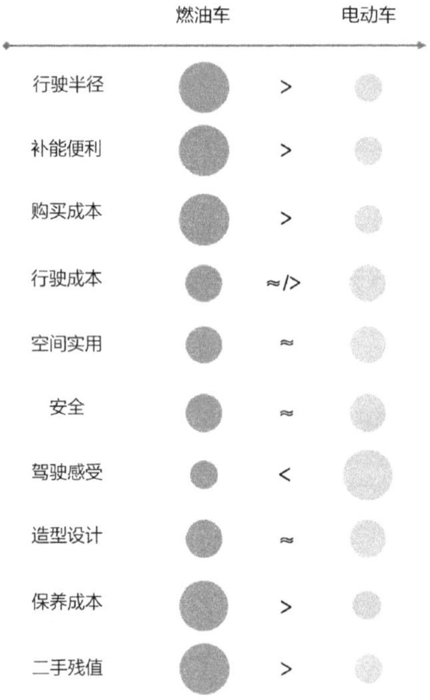

	燃油车		电动车
行驶半径	●	>	●
补能便利	●	>	●
购买成本	●	>	●
行驶成本	●	≈/>	●
空间实用	●	≈	●
安全	●	≈	●
驾驶感受	●	<	●
造型设计	●	≈	●
保养成本	●	>	●
二手残值	●	>	●

图2-29　燃油车与电动车的产品属性对比

我们化繁为简，将一辆车的价值归纳为两个方面：带你去你想要去的地方；在这个过程中让你有好的体验。

电动车在驾乘体验方面已经打平甚至反超了燃油车，可惜这一点属于锦上添花的上层建筑，真正的经济基础还是首要的。在基础体验上，对于普通消费者来说，电动车依然有与燃油车相比客观存在的差距：行驶半径偏短、能源补充偏慢。这也是为何马斯克在特斯拉的产品策略中，特别强调两点：努力把旗下车型的续航提升到领先同行的水平；努力提供覆盖全球的高速充电网络。表面上这是特斯拉的两大优势，实际上这是电动车的两大短板，马斯克所做的不过是给自己的产品"补钙"而已。等到有一天，电动车车企在这两大痛点上的努力，足以让消费者感到满足，就很有希望以动力性能和空间上的优势取代燃油车了。

问题是电动车走向普及的时代何时到来。在今天的格局下，真正不依赖政策和补贴的电动车，其实只有面向高收入人群的高端产品，这也解释了为何在欧美电动车市场的特斯拉"一枝独秀"。中国电动车市场长期受网约车、牌照和补贴政策等因素影响，表现出经济车型主导的特点，但剔除干扰因素后的本质其实是一样的。2019年起电动车补贴大幅减少，使大家逐渐看到更符合客观规律的格局：少数高端电动车反而更容易找到有真实需求的客户，大多数低端电动车除了网约车和限牌城市之外将无人问津。

我们不妨让目光离开汽车，回顾一下漫长的历史。在一定限度上，蒸汽机替代马车、内燃机替代蒸汽机、手枪替代弓箭、坦克替代骑兵、谷歌搜索替代图书馆、MP3替代磁带、数码相机替代胶片相机，人类历史上的众多更迭存在这样显而易见的规律：当一种新事物替代一种旧事物时，是质变而非量变，不是只强了那么一点点，是数倍甚至十倍的飞越。这个历史规律对于今天的电动车来说实属一种苛求。

既然今天还不能完成超越，那么明天呢？关于电动车的技术成长潜力，我请教了一位曾经在大型日系车企和本土车企分别工作多年的资深产品与企业战略专家D先生。他所任职的企业就在发展电动车业务。D先生谈到，作为动力来源的电机未来会更加小巧，功率密度更高，而且有机会在空间布置上做出创新，这也是为何特斯拉能够在前舱内留出一个行李空间。未来，电机甚至可以分布在四个轮毂附近，更精准、高效地驱动车辆。总体来说，今天的电机已经比内燃机更强大了，明天它还会进步。但这能带来的价值提升只是锦上添花，不算雪中送炭。电池才是问题关键，是阻碍电动车逆袭的最大障碍。一旦离开了直接或间接的支持政策，完全依靠市场化竞争的电池技术在 10 年内恐难扮演燃油车的"杀手"。总之，电动车的未来与电池技术的进步速度息息相关。

电动车作为新事物，确实拥有更陡峭的成长曲线，但电机和电池都不是半导体，汽车行业也不符合摩尔定律，我们不要被"后发优势、颠覆创新、新物种进化"这些流行商业词汇妨碍了客观思考的能力。电动车有能力逐步缩小与燃油车的实力差距，但我们还无法看到它全面超越燃油车的潜力。由于双方各有优劣，在接下来的演化过程中，电动车可能会对特定消费人群、特定需求场景更有吸引力，赢得自身在市场上的一席之地。但如果没有法律、政策的巨大干预及技术上戏剧性的突破，恐怕电动车只会停留在较小市场份额的局面中。

持有这样保守想法当然不仅有 D 先生，2019 年宝马研发总监 Klaus Frölich 在慕尼黑参加一个圆桌论坛时更是语出惊人：没有消费者对纯电动车有真需求，一个也没有，有的只是监管机构的需求，而非消费者的需求。当然，宝马集团官方已经明确了会大举推动电动车发展，这位研发总监可能只是说出了个人的想法。

从某种程度来说，电动车确实是大趋势，但趋势到来的速度其实不会那么快。不过当一家位于硅谷的车企花了十几年时间让市值超越通用和福特时，传统车企就再也坐不住了。他们再也无法像过去那样保持战略上的淡定，开始集体拥抱电动车。然而，当人类一旦集体行动，热情拥抱某种新事物时，又非常有可能出现供应远大于真实需求的局面。这就是目前全球电动车行业将要面对的集体阵痛，可能会长达数年之久。

充电什么时候会像加油一样方便

对于电动车用户来说，是否能方便、低成本实现充电，对于总体体验至关重要，同时也由于现实和理想状态还相距甚远。困扰电动车发展的一个重要障碍就是充电不方便。

马斯克曾经预测，未来人们使用电动车最典型的补能场景就会像今天我们使用智能手机一样。智能手机充电的最典型场景：晚上在家睡觉时，让能量消耗殆尽的手机满血复活；去公司上班时，在停车场充电。如果未来我们每个人的住宅或者公司区域都配有一根慢速充电桩，那么电动车的补能焦虑就能被治愈了。家用充电桩补能的成本有望降低到同级别燃油成本的十分之一，同时无须花费额外的时间去寻找社会充电桩，是最佳的补能方式。到那一天，由于补能成本的巨大优势，相信电动车已走向普及。

但问题的关键在于，人们很容易找到电源插头给手机充电。但充电桩究竟什么时候才能真正普及呢？

正荣地产（一家中国的大型房地产开发商）的设计总监杨宏告诉我："电动车的兴起已经影响到地产行业法规和产品设计。现在新建住宅时，我们会把地下车库的车位面积做大一些，因为需要预留安装充电桩的空间。此外，电网负荷也做了更多预留，以便今后给车充电。"从积极的方面来看，地方政府也陆续在最新的城市规划条例中要求配置更多车位、预留电动车充电桩安装空间和相应电网负荷，为电动车进一步普及做准备。但也需要看到现实存在的问题，杨宏说："旧城改造的成本是很高的，你很难把核心城区整体翻新。" 以上海为例，目前绝大多数新式建筑位于外环外，但位于外环以内的核心城区绝大部分空间已经发展成熟了，大部分建筑是 20 世纪 80 年代至今陆续建造的，存在车位配比率低、电网负荷预留不足、安装空间有限等现实问题，老旧建筑对电动车的适应力可能在较长一段时间内都不会有明显提升。电动车作为一种续航短、能耗低的新物种，天然匹配高频城市出行的场景，但可惜的是位于城市核心区的密集人口中，只有少数人具备使用电动车的理想条件：在家慢速充电，无须依赖费用较高、需要额外时间成本的第三方商业充电设施。

从长期来讲，充电基础设施问题会被解决，但这不会像从 2G 到 3G、从 4G 到 5G 那样在数年内迅速垂直切换，它可能需要经历长达数十年的漫长周期。

真正引发汽车行业变革的技术到底是什么

人性如此，一旦体验过更好的东西，往往就不愿意回到过去。

特斯拉从 2012 年开启了汽车智能化时代，如今各家汽车公司纷纷跟进。原本功能朴素简单的汽车，现在"本事"越来越多：可以接入在线地图导航、流媒体音乐和视频服务、本地餐饮和景点推荐，还能不断通过远程软件升级更新操作界面，跟上这个时代应有的审美潮流。这在最开始让人觉得很新鲜和振奋，就像人类刚刚发明电灯，但到了 2019 年，这种兴奋感日渐淡化。

上汽集团和阿里巴巴集团合作的 AliOS 系统（原名斑马系统）中，最新颖的智能功能是让一辆车经过加油站或者停车场时可以实现智能支付，不劳车主动手。可能是由于小鹏汽车总裁夏珩从前在清华大学读书时拿到过校园十大歌手的称号，这家初创车企率先把车变成了移动的 KTV——考虑到中国的年轻人中，确实有不少人喜欢 K 歌，这样做也可以说是迎合用户的潜在需求。特斯拉则在 2019 年新增了视频游戏功能，用户在闲暇之余可在车里玩玩《沙滩车竞速》或者《打砖块》。

这些智能化方面的进步，从某种角度来看是进步，但从另一个角度来看，则是智能电动车阶段性的"黔驴技穷"——由于技术进步的速度和成本限制，短期内在当前技术平台上能做的事情几乎都已经做完了，但为了保持向前的姿态，给外界创造新鲜感，开始在一些无关紧要的边角上做文章。

我曾经与多位特斯拉及蔚来的车主交谈，了解他们对汽车智能化的感受，他们中有的是著名汽车媒体人，有的是私营企业家，还有毕业不久的 90 后。

车主们的第一反馈总是惊人的雷同，"挺满意的。这车和传统汽车可不一样，它有点像轮子上的计算机，拥有丰富的智能功能"。

但当你再追问一句："您平时会经常使用各项智能功能吗？您最常用的功能是什么？"

他们就会告诉你："刚买车的时候经常会去玩玩，现在用得不多了。最常用的？就两个。一个是导航，另一个是音乐。"

窥一斑而知全豹。汽车智能化的发展过程中有很多问题需要解决，但最大的制约点并不是汽车的 CPU 和智能操作系统能提供怎样的酷炫功能，而是用户到底有多少时间和注意力来使用它。在这个基本规律不被颠覆的情况下，向一台汽车灌入各种各样的智能体验就像是"螺蛳壳里做道场"——格局终究有限。

现阶段智能汽车的尴尬不仅在于高频应用的稀少，还面临来自另一个智能终端的挤压。一位在北京的宝马中国公司担任高级产品经理的德国人曾举起手机告诉我："让我们开门见山吧。就是这个，再加个塑料支架，能让一切车载导航系统看起来'弱爆了'。"阿里巴巴集团技术委员会主任王坚博士曾经说：进了汽车还要用手机，这是汽车人的耻辱。因此，阿里巴巴集团和上汽集团联手打造的 AliOS 的设计目标之一就是"在车内杀死手机"，让用户靠"车机"解决问题。这显示了汽车试图变成另一个智能互联终端的野心，但野心永远没有实力重要。对于大多数用户来说，他们始终更愿意在车内用数据线把手机连入"车机"（实际上，宝马已经率先应用了可无线连接的 Apple Carplay 技术，可以免于插拔数据线的烦恼），借助 Apple Carplay 系统映射手机 App，实现导航和音乐功能。这等于架空了厂家辛辛苦苦打造的智能车机系统，但谁让前者拥有成本更低的同时体验又很棒呢。

汽车智能化的"杀手级"技术不能只是创造出一个移动的大型智能手机，而应该来自其作为交通工具的本身属性。如果说触摸屏的成熟、3G/4G 高速移动通信技术的普及、新一代操作系统和微型计算机芯片的进步聚合在一起，让 iPhone 得以把一台会上网的计算机和手机合二为一，从而彻底重新定义手机。那么真正能颠覆汽车行业的"杀手级"技术，只会是高级自动驾驶（这里指美国汽车工程协会 SAE 定义下的 L4 和 L5 自动驾驶技术，车辆将在大部分或者全部场景下负责驾驶，人类介入大幅减少或者无须介入），其背后是更高级的通信能力、计算芯片、更全面、细致、可靠的传感器，整车电子电气架构和软件算法等。高级自动驾驶将彻底改变汽车的定义——从一种需要被人类手动控制的交通工具，逐渐变成可以移动的房屋。届时人类在这个移动空间中的时间将被彻底解放，车自顾自地开着，驾驶人可以做各种事情。到了这个阶段，你可以在车内塞入视频游戏、全息会议投影、办公桌、酒柜、沙发，或者其他你能想到的任何东西。当一台车可以自己寻找到目的地，你在车内与在办公室或者卧室，究竟有何本质上的区别呢？

关于自动驾驶汽车的价值，马斯克在推特上反复表态：它的价值将是一台非自动驾驶汽车价值的十倍。因为它不仅可以带你去你想去的地方，还可以在你不用车的时候自己变成自动驾驶出租车去接单，为你赚钱。最终，特斯拉应该会停止向私人销售高级自动驾驶汽车，转而像 Uber 一样直接提供出行服务。

当然，盯着这颗皇冠明珠的不只是马斯克，还有谷歌旗下的 Waymo、百度的阿波罗、Uber 及滴滴等涉足自动驾驶业的巨头，宝马丰田等汽车巨头早已投下巨资，一向掌握着汽车行业大量核心技术的零部件巨头博世等企业也绝不会放松。这就像是一大圈人围着圆桌打牌，谁都希望由自己抓到那张改变局面的"王牌"。

在自动驾驶这条关键赛道上，特斯拉目前取得了一定的独特优势：它是唯一一家拥有数十万台自动驾驶车队的整车公司，这些车辆被真实的人类驾驶在全球各地奔跑，每天为特斯拉创造海量的数据，工程师通过这些高质量的反馈进行有针对性的软硬件迭代，这比在实验室里"纸上谈兵"式的研发更加可靠。不同于其他汽车公司较为依赖供应链的情况，特斯拉凭一己之力打造了"从整车、用户到自动驾驶相关的算法、人工智能芯片"的业务闭环，马斯克很清楚，掌握"三电"技术、打造优秀的电动车只是这一轮创业的预选赛，自动驾驶技术才是终极之战。

3. 特斯拉与中国新造车

20世纪末至21世纪初，中国有过一波汽车创业的浪潮，在家用汽车市场长期被外资汽车品牌近乎占满的情况下，几个起初并不起眼的公司闯入汽车行业：奇瑞（1997年成立）、吉利（1997年成立）、比亚迪（2003年起杀入汽车行业）等品牌陆续崛起。他们制造的汽车只有外资品牌同类产品大概一半的价格，帮助很多中国人更早地实现了拥有私人汽车的梦想。这一批汽车创业浪潮，解决的是本土汽车工业从无到有的问题。当时的市场需求不是问题，中国处于飞速发展阶段，供应明显小于需求，只听说过造不出车或者没有资格造车，很少见到车造好了卖不出去。

十多年后，中国已经拥有了数十个本土汽车品牌，造车早就不再是问题，也越来越少见到新创汽车公司成立，因为市场已经相对成熟饱和。但从2014年起，行业里突然诞生了包括乐视、蔚来、小鹏、理想、拜腾在内的数十家初创电动车公司。如果我们仔细思索到底是哪只遥远的蝴蝶扇动了翅膀，最终导致了中国大陆刮起了新造车的龙卷风，那么答案可能是伊隆·马斯克和他执掌的特斯拉。

有人可能会说，中国创业者的造车初衷，未必和大洋彼岸的马斯克有关。如果是这样，就无法解释为何中国新造车选择在2014年起集体爆发。这一年，蔚来、小鹏、拜腾、车和家等公司陆续启动创业。其背后最大的诱因，不是电池技术的跃迁进步，因为这种进步是渐进的；也不是中国政府的大力扶持，相关政策从2010年就早已开启；也肯定不是因为雾霾变成热门词汇。真正的原因可能要看看如图2-30所示的这张时间表。2013年，特斯拉Model S在北美顺风顺水，自成立十年之后，公司市值首次突破100亿美元，第一次向世界证明了电动车这条创业赛道可以成就一个产业。

特斯拉的百亿美元市值产生了鲜明的榜样效应，每当北美某个领域诞生了创新巨头，庞大的中国市场绝对不会熟视无睹。中国的风投资本和创业者仿佛看到了电动车行业黎明前的曙光，加上互联网创业的"上半场"已经跑完，腾讯、阿里巴巴、京东、小米已经各自占据了核心的赛道，资本需要寻找新的方向，于是各方一拍即合，一起杀入了这个投资巨大、回报周期极长、风险极高的领域。

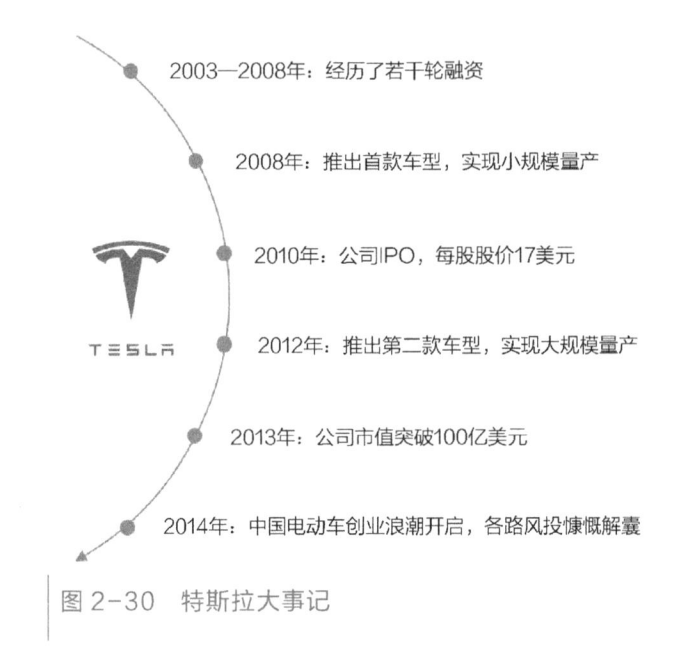

- 2003—2008年：经历了若干轮融资
- 2008年：推出首款车型，实现小规模量产
- 2010年：公司IPO，每股股价17美元
- 2012年：推出第二款车型，实现大规模量产
- 2013年：公司市值突破100亿美元
- 2014年：中国电动车创业浪潮开启，各路风投慷慨解囊

图 2-30 特斯拉大事记

嗅觉最敏感的几家中国新造车公司，不约而同地在特斯拉市值突破百亿美元的随后一年，也就是 2014 年组建了创业公司。这些公司现在成了中国电动车创业浪潮的"带路人"，它们的创始人们几乎都与特斯拉有过或多或少的接触。

李斌创办的蔚来汽车，其强研发、重资产、深度自营的模式、从高端起步的打法，和特斯拉颇为相似；李想是特斯拉粉丝、车主和其商业路线图拥护者；何小鹏说自己对造车感兴趣是在购买了一台特斯拉之后，他们的第一款作品更是在视觉上让人无法不联想到特斯拉的元素。以上三位创业者有一个共同点：都是特斯拉 Model S 车主。郑州和谐汽车的董事长冯长革与马斯克见过面，此后才有了拜腾。流行词汇"PPT造车"的始作俑者游侠汽车，购买并改装了一台特斯拉 Model S 之后，才有了那份 PPT。

不仅是中国的电动车创业者，实际上整个汽车行业都在密切关注这家明星公司，并从中吸取经验和教训。这正是特斯拉带给世界的重要意义之一：重新唤醒了人们对电动车的热情，激励各国政府和资本家在这个方向上投下重注。

蔚来：要做中国特斯拉，却不想止步于此

连续创业者李斌

李斌于2014年11月创办了蔚来公司，进军智能电动车领域。他上一次在汽车行业广为人知的创业经历是创办了"易车"这个汽车网站，并成功在美国上市。

2018年10月，带着对新造车运动的好奇心和"一家中国特斯拉"的浓厚兴趣，我（本书第一作者—苘）加入了刚刚在美国上市一个月的蔚来，担任公共关系总监。虽然在这之前我就一直在观察特斯拉和中国电动车行业，但站在外围毕竟是隔岸观火，观察未必深刻真实。如果有一个机会去参与到电动车浪潮当中，为何不这么做呢？

关于李斌，在网上有一个放牛娃的故事，讲述出身平凡的他如何在就读北京大学期间开启创业之旅，随后成为一名知名的连续创业者。蔚来是李斌送上股票交易所的第三家公司，前两家是易车和易鑫金融。同时，他还是另一个曾经的风口公司摩拜的董事长和关键投资人，并投资了嘀嗒拼车、首汽约车、优信二手车等诸多出行领域的公司。

在这个互联网的时代，人们认识一个公众人物的主要途径是依靠微信公众号和微博的文章，那个互联网上的李斌经常抛出耸人听闻或者难以被大众理解的言论，同时因出色的投融资履历、精干的外表和气场，通常被外界视为一个精于计算的创业者。坦白地说，我也曾经长期带有这样的主观印象。但现实中的李斌与互联网中的他反差很大：他总是能点燃周围人的情绪，即使一个屋子里的人聚在一起开了五个小时的会议，已经疲惫不堪，他也有办法通过讲两句话让每个人的瞳孔重新明亮起来。正是由于这种魔力，他非常擅长招募人才和聚集资本，协助他去实现一个个目标。

我多次劝李斌改变自己在媒体和公众面前的形象，变得"更聪明、更讨巧"，多参考大众的思考和认知方式，少一些自己的独特见解和风格。显然这没有任何效果，后来我也不再废话。我最终认识到，这是创业者特有的基因和宿命，李斌选择坚持和承受。

有备而来的创业

李斌有一台特斯拉 Model S，对物质享受兴趣有限的他选择了入门级的 60 型号，续航不用太高，够用就好。如果你知道作为亿万富翁，李斌从未在北京买房，和家人长期租房住，手机品牌是小米，牛仔裤品牌是真维斯，羽绒服品牌是波司登，蓝色西装万年不变，你就会发现 Model S 的 60 型号已经是他为数不多的奢侈消费了。

李斌并不是因为简单购买了 Model S 就受到鼓舞、一腔热血地想要改变汽车世界的。实际上，李斌从来不是一个汽车控，他通常不会在谈起一台车时眉飞色舞，除非这台车的 Logo 是蔚来。他更倾向于从宏观、深入的商业角度去发掘新的创业机会。特斯拉的横空出世是一个诱因，另一方面作为易车网的老板，与车企、经销商经常打交道的他，相信汽车行业里很多延续百年的老规矩、旧习惯终将被人改变，消费者期待有更好的东西出现，而机遇就在眼前。

2012 年是 Model S 在美国进入市场的年份，同年李斌开始盘算创业造车这件事，他做了很多准备工作：

他考察了美国的新能源车市场，发现和预想的有所不同，不论是昂贵的特斯拉还是中等价位的丰田普锐斯，其用户都是衣食无忧的高收入者。尽管环保主义"放之四海而皆准"，但愿意为环保首先买单的，并不是普通消费者。

经过大量调研，他发现不分中外，人们总是格外关注电动车有限的续航里程，并发明了一个叫"里程焦虑"的词。但电动车车主最在意的往往不是电池续航，而是充电是否方便，尽管那个年代的日产电动车的理论续航里程只有 175km。

他仔细研究了一家美国创业公司——Better Place。这家公司因为创新打造了电动车换电补能解决方案而名噪一时，深受风险投资的青睐，但最终却落得"一地鸡毛"。这让汽车行业对换电技术一片悲观。李斌拜访过好几位这家公司曾经的高管和投资人，搞清楚了其兴衰的本质。

2010年年末，智能手机迎来了重大转折点，iPhone 4S发布了。这款手机引发了难以想象的购买浪潮，也标志着移动互联网时代的来临。深谙投资之道的李斌对商业局势的发展有敏锐的洞察，他看到了移动互联会彻底改变人类的生活方式和许多生意的组织模式。从前，汽车公司把车卖给用户之后，就只在维修和保养时才会和用户发生接触，而且还要通过第三方代理。但新技术的出现会让不一样的做法成为可能。

在蔚来身上可以看到很多李斌对社会发展、商业模式、产品体验的长期思考。当这些思考转向商业实践时，李斌反复要求整个团队和他一样从本质出发去考虑问题，不受行业经典的约束，不受惯例的牵制，这最终让蔚来成了一家看起来与其他中国新造车势力不一样的公司，成了李斌口中的全球首家"用户企业"，紧紧围绕用户全周期的体验来打造产品和服务。

不愿意成为第二个别人

很多人都认为蔚来是中国的特斯拉。蔚来在仅卖出2000台左右电动车时，就在奉行注册制、"让市场说了算"的纽约交易所成功上市。既然当时美国特斯拉的市值已突破500亿美元，一个来自中国的模式继承者达到数十亿美元的估值，岂不是合情合理？就像小米之于苹果、京东之于亚马逊，一个在全球第一经济体成功的模式，往往能在全球第二经济体中找到一个同类，投资人已经看到过很多的先例。

对于投资人来说，将蔚来和特斯拉放在一起"扫描"一番，很难会认为它们缺乏相似之处（见表2-3）。

表 2-3　特斯拉、蔚来与行业主流电动车的业务模式对比

	特斯拉	蔚来	行业主流电动车
品牌定位	高端品牌	高端品牌	大多定位平价品牌
产品特点	主打性能和智能	主打性能和智能	产品定义较为均衡
补能服务	自营超级充电站	自营换电站 + 移动充电车	依靠社会服务
传播核心	马斯克	自营 App 社区 + 李斌	社会媒介
制造方式	自建工厂	第三方代工	自建工厂
研发思路	自研三电、车机系统和自动驾驶	自研三电、车机系统和自动驾驶	主要依靠供应商
销售渠道	完全自营	完全自营	第三方经销商
客户运营	保修和充电等常规服务	除保修和充电等服务之外，通过活动电商、信托等方式长期运营用户社区	保修和充电等常规服务

尽管很多人觉得蔚来是来自中国的特斯拉，并且这也是一顶很体面的帽子，但狮子座的李斌却拒绝顺水推舟地将它戴上。蔚来从未满足于简单复制特斯拉，一旦你深入剖析一下这两家公司，会发现它们之间存在诸多本质上的不同。

特斯拉是在产品规划、渠道模式、市场营销等前端业务上，相对百年工业的传统做法，做出了很大的创新。但对于后端业务，如传统制造业一直坚持的自建工厂，这家硅谷公司也老老实实照做不误。

蔚来在前端业务上做了和特斯拉类似的突破，它还更进一步，提出了做一家用户企业的口号，长期经营自己的用户群，让他们和企业一起，形成一个活跃的社区。这种商业形态让人联想到腾讯和 Wework。蔚来社区的枢纽是它的 App。蔚来 App 与宝马、奔驰、特斯拉的 App 非常不同，它聚合了媒体、社交、电商、服务、管车五大属性于一身，从功能复杂性上堪称一个超级 App。其背后是一个百人的研发和运营团队，体量相当于一家中等规模的互联网公司，在汽车行业实现突破性创新。在蔚来 App 社区和线下直营店里，数万名蔚来的用户、粉丝、关注者、批评者、员工、合作伙伴可以浏览最新的品牌资讯，购买蔚来的产品和服务，还可以发表个人观点，互相交流，变成现实世界的熟人。回首过往，

从来没有一个汽车品牌打造过这样一个平台,高黏性地和自己的用户在一起。这种独特的用户关系运营方式,以及包括李斌在内的大量公司管理层对用户的尊重和亲近,让部分铁杆用户对蔚来有一种超越商业品牌的感情。这种感情非常真实,但难以被旁人理解。也许有人可以相信,有许多蔚来用户积极"传销",为品牌免费获取数十位新用户。但没人愿意相信,会有人自掏腰包,为一家车企刊登商业广告;没人愿意相信,会有用户在凌晨 2 点的东北高速服务区中苦苦等待,只为迎接一家车企的老板的路过。

在后端业务方面,蔚来从一开始就没有建立自己的整车工厂,而是采用了像耐克、苹果一样的代工模式,通过另一家更成熟的中国车企来生产自己的产品。在为用户提供补能服务方面,蔚来也是这个行业的少数派,旗下车型采用了可充电、可换电的兼容设计,并且在全国各地建造直接面对消费者的自动换电站(见图 2-31),这在国内外的电动车行业来说都是独特的。

图 2-31　占据三个车位面积的蔚来换电站

蔚来相信补能体验是电动车成败的关键所在,为此他不仅打造了换电站网络,还推出了一种基于移动互联网思维的加电服务,称为"一键加电",用户只需要在手机 App 上简单操作,即可在线呼叫蔚来的加电服务团队,之后他们会上门为用户的车辆补能,按需采用充电、换电、移动加电等多种做法。这种做法在汽车行业"前无古人",不难看出有 Uber、饿了么这类新兴互联网服务的影子。

以上各个方面的特立独行和开拓创新,让蔚来成为中国新造车队伍中当之无愧的明星公司。在媒体报道数量上,蔚来已比同期所有其他新造车公司的总和还要高数倍,在社交网络上也经常成为大众谈论的焦点。这与早期的特斯拉在美国吸引到了超高公众关注度是非常类似的。伴随超级关注的同时,质疑和批评也从未停歇。事实上,蔚来就像没有背景、突然蹿红的娱乐新星,不乏拥趸更不缺批评者。

创新总是让人充满激情,但其本质其实就是改变,而改变是要冒风险的。改变并不是一个天然的积极词汇,创新从来都是一个高难度的事情,因为这个行业通过前辈的积累,他们约定俗成的行为模式并非没有道理,新的机遇或许已经出现,但是没人实践之前你毕竟不知道结果会如何。你必须比过去的先行者们考虑得更加周全、聪明、大胆,再结合一些勇气才能取得成功。

有人评价蔚来"没有困难,也要制造困难"。这个表达其实很客观,只是语意上有一些消极。若从积极的一面来看,这说明了蔚来敢于去攻克巨大的挑战,敢去做改变行业规则的事情,这也是李斌意志的真实写照。造车比他之前的任何创业赛道都难很多,蔚来前进的道路遇到了很大的阻力,用户和员工都看着李斌以肉眼可见的速度变憔悴,身材也开始走样。但在我十个月的蔚来旅程结束的前夜,我当面问他是否还和一年前一样充满信心,李斌毫不犹豫:"那当然了!这当然很困难,但这样才更有意思。我觉得这是我创业以来最有趣的事情。"

小鹏:年轻人的第一台"特斯拉"

回炉再造的小鹏 1.0

何小鹏最被人熟识的"战绩"是参与创办了 UC 浏览器,获得了千万级的用户,2014 年这个业务被阿里巴巴集团以超过 200 亿元人民币的天价并购,他也成了阿里巴巴集团的一名高管。从身材来看,何小鹏与人高马大的马斯克截然不同，是个精瘦的小个子。你很难从外表看到他在现实世界的能力，直到他开口说话：语速飞快、像连珠炮、几乎不需要停顿。有些话多的人被称为话痨，但何小鹏的语言密度会让你感觉像是走进了他的思维宫殿，兼具层次和深度。

这些感受部分源自2018年夏天，我在北京奥林匹克公园附近对何小鹏的一次采访。当时他的小鹏汽车正处于一个过渡期，在2017年10月就下线了首款作品小鹏1.0（见图2-32），比蔚来更早交出作业。这款车的宣传工作开展得十分低调，没提供给媒体做测评，仅生产了数百台，没有出售给任何普通私人消费者，全部被内部成员和研发部门消化，主要用于研发和测试。

图 2-32　曾被命名为 Beta 版的小鹏 1.0

有人说，造车新势力的第一款作品几乎都会是半成品，因为尝试新东西总是要"交学费"。何小鹏坦然面对了这笔昂贵的学费，把小鹏汽车的第一个"半成品"扼杀在摇篮里，同时回炉再造了另一个"生命"。一年后，这款车经返回设计、工程部门大幅整改之后才正式上市，定名为小鹏G3（见图2-33）。

把一款车推倒重来与把一个手机App进行大改，其工作复杂性完全不同。这一年的时间里，由于重新设计研发、改进问题、调整供应链和制造准备、产能闲置等,至少会让小鹏汽车损失至少数亿元人民币。

图 2-33 小鹏 G3:与小鹏 1.0 相比,包括大灯在内的许多内外饰部件都进行了重新设计或者优化

同时,对于创业来说,这也意味着巨大的时间成本,足以让小鹏汽车从原本的领跑者变成跟随者,无法享受前者的聚光灯和随之而来的流量红利。

时隔一年发布的小鹏 G3,相当于一次对于前作的"全面升级 +Bug 修复"作品。在回顾短命的小鹏 1.0 时,何小鹏说他认为汽车安全至关重要,自己造的车,一定要能放心地让自己家人乘坐。他坦承小鹏 1.0 那批车存在不少问题,出于负责的态度,他绝不会把这台车推向市场。

像马斯克一样:从幕后走向台前

2014 年,何小鹏身上发生了这样三件事情:

一是卖掉 UC,获得数十亿元人民币的财富;

二是特斯拉进入中国,何小鹏成为首批车主之一,买了一台红色的 Model S;

三是为小鹏汽车提供了数百万美元的风险投资，杀入汽车创业的赛道。

事后在谈到改变自己人生轨迹的这次投资时，何小鹏说自己受到了特斯拉的激励，认为智能汽车最终将会取代传统汽车，就像智能手机取代传统手机一样。他认为创业公司早期还是需要由真正懂汽车的人来推动。他在物色初创团队时设置了两个标准：

/ 一定要有"从 0 到 1"造车的经验

根据这个标准，他不会从当时中国最大的车企中找人，如上汽通用或者一汽大众。他需要从自主汽车品牌里找到拥有独立把车造出来的经验的人才。

/ 年纪不要太大，不要太年轻

何小鹏觉得年纪太大的人不太合适下海创业，思维容易固化。太年轻则缺乏足够的经验和能力，汽车毕竟不是互联网软件行业，经验是至关重要的。

按照这两个标准，何小鹏选中了来自广汽（一家总部位于广州的国资车企）的夏珩担任这家新造车公司的掌舵人，那一年的夏珩 31 岁。夏珩毕业于清华大学，喜欢唱卡拉 OK，在广汽工作时积累了从零开始打造新能源车的研发经验。他计划用五年的时间让身为"汽车人"的创始团队接受"互联网思维"改造，把自己变成懂车的互联网人。

但计划赶不上变化快，仅三年后的 2017 年，中国新造车这条赛道已成为广大投资人眼中炙手可热的风口，数十家企业已经成立，所有的 Logo 堆叠在一起时仿佛到了 20 世纪早期百花齐放的底特律。与马斯克在特斯拉的路径类似，何小鹏挥手告别阿里巴巴，全职加入小鹏，从间接管理的董事长变身为 CEO。早就财务自由的何小鹏重新开始创业，这次他踏入了一条比他想象得更困难的陌生河流，尽管他已经做了很多的心理准备。

当互联网人遇到汽车人

我采访了多位小鹏汽车的成员，他们几乎都给予何小鹏这样的评价：非常善于观察和思考，常常表现出比团队更快的学习速度；很有主见，但同时大力提倡复盘和反思，敢于推翻过去的自己；在用人上充分授权，不多干预，但会长期保持观察，不合适就调整。

在北京与何小鹏本人沟通时，他说起了一个非常有趣的故事，或许算是他提倡的"不断复盘、灵活调整"文化的最佳写照：

公司刚启动时，他经常讲要向公司的"汽车人"赋能，植入"互联网思维"；发展了一段时间，他改口提倡，公司内的"汽车人"和"互联网人"要相互学习；又发展了一段时间，说法再次改变，要对百年汽车工业充满敬畏。

新兴行业的人士，或许出于对"新胜过旧，变化优于不变"的信仰，在与传统行业交流时，不免带有优越感，认为自己代表的是更先进的文化和思维。如比特币圈人士称互联网为经典互联网，仿佛区块链思想是更高级的文明；又如互联网人士刚进入汽车行业时——绝非仅限于何小鹏和小鹏汽车——都习惯把"改造""赋能""互联网思维""变革"这些词汇挂在嘴边。

经过一番实践，事实总是证明"网有网的玩法，车有车的规律"，撞倒南墙后蓦然回首：汽车行业毕竟是汽车行业。即使互联网技术再前沿，对于造车这件事来说，毕竟只是辅助而非本质，只是工具而非思维。

真正的完美境界应该是既能洞悉传统的精髓，又善于巧妙植入创新的思维，让两者和谐统一。然而知易行难，出身新兴行业的何小鹏深谙数字世界的魅力，又能迅速加强对汽车传统的认知，但这份认知究竟能否传递到整个企业并形成有效的行动，我们还需要通过企业的最终表现来验证。

又一个 Copy to China 的故事

相比蔚来，小鹏汽车的模式更像一个典型的中国创业故事：

受某项新事物启发，打造出它的低成本版本，形成更广阔的市场规模效应。在西方国家，人们把这种做法称为 CTC（Copy to China）。这样的评价有些刻薄和嘲讽，但从某种程度来看，这背后有它扎实的商业逻辑——当一个发展中国家从发达国家吸收技术溢出效应时，不可能也没有必要原封不动地保留原汁原味。就像小米手机不必成为 iPhone，但小米刚成立时被视为中国的苹果；比亚迪早年的畅销车 F3 逆向开发自丰田的全球畅销车卡罗拉，但只卖后者一半的价格。这些手法都取得了成功。

当小米学习苹果打造新时代的智能手机时，有两个关键点不能被忽视：

一是谷歌提供了免费的开源的安卓系统，这把技术保护伞大幅降低了小米的创业门槛；

二是雷军的动作足够快。当时本土手机品牌中的王者——联想，仍然聚焦于传统功能机业务，小米推出的智能手机从第一天起就有本质上的差异化，从而让新一代的消费者眼前一亮。

对于小鹏汽车来说，进入汽车行业的门槛依然非常高，从供应链到四大工艺，从品牌塑造到销售渠道组建，这些前人做过的功课一科也逃不掉。何小鹏自己在接受媒体采访时也表示，汽车这种实体经济比互联网复杂多了，即使小鹏汽车能筹集足够的资源，逾越这些汽车行业的门槛，也会发现比亚迪、吉利、上海汽车等传统本土车企并不是当年在传统手机领域裹足不前、反应缓慢的联想。这些成熟车企早已推出自己的电动车，核心定价区间在 10 万~20 万元人民币，和小鹏汽车构成直接竞争关系。

截至 2019 年 7 月底，小鹏 G3 销售超过 1 万台。这款车有一些独特的设计和功能，如超大视野的前挡风玻璃、车顶摄像头和大尺寸触控屏，被关注它的消费者视为"特斯拉的平价替代品"，但它只是一个开始。2019 年 4 月，小鹏在上海车展展示了第二款量产车 P7 的原型车，计划于 2020 年开始交付。

从回炉再造的小鹏 1.0 到小试牛刀的小鹏 G3，再到重新打造的

P7，不难看出这些车代表了小鹏汽车的造车水平提升到了另一个水准。从汽车研发的周期来推算，P7 应该是更完整地代表何小鹏本人意愿的作品，但这样一款车身尺寸更大、设计更出色、加速性能更强、搭载了更先进的计算机芯片和自动驾驶能力的车型，很可能把产品售价推高到 30 万元的价格区间，非常接近于 2019 年年底在上海临港生产的特斯拉 Model 3。

摆在何小鹏面前的挑战，将是长期而艰巨的。

理想：与特斯拉一样，有一名网红老板

特立独行的李想

李想不同于一般的商人，他身上有很多独特的标签：高中学历、网络意见领袖、连续创业者。

李想是中国首台特斯拉车主，2014 年，他从来华的伊隆·马斯克手中接过了车钥匙，成为媒体笔下的"中国特斯拉首位车主"。但他最响的名声显然不止于此。李想从高中就开始创业，最初创办了一家名为泡泡网的 IT 网站。后来，他又创办了全球最大的汽车网站——汽车之家，这家公司于 2013 年在美国纽约交易所成功上市，最新市值已突破 100 亿美元。

这位 80 后的创业者有着与成功的商界前辈完全不同的行为气质。他不只是获得了商业上的成功，更成了网络社会的红人。他在微博这样的大型社区和雪球这样的专业投资社区都获得了百万数量级的粉丝，发言相当活跃。与很多因为现实世界的巨大影响力而获得超多粉丝的名人不同，他是真的在"玩"社交网络，与习惯了数字世界的年轻人们打成一片。从这个角度来讲，李想是这一批新造车创业者中最像马斯克的——具备"超级网红"的特质。他很善于经营自己的社交网络，但大多数人并不会觉得他在经营。这恰是其高明之处——让大众觉得他在网络上"真实做自己"。他会晒出自己投资微博股票的傲人战绩和思维逻辑，会写下自己多年创业和人生的灵魂心得，会对不良社会现象

直抒己见，会像谈论自己孩子一样谈论旗下新车的每一个细节。长期跟随李想的网络粉丝一直称他为"想哥"，这是很多娱乐明星都求之不得的粉丝黏性。

李想和李斌的第二回合

李想和李斌的第一回合"拳击赛"发生在汽车网站这条赛道上。他们俩各自打造了一家登上美国资本市场的汽车网站。在长期的较量中，李想发起的汽车之家后来居上。

李斌自称是一个可以和竞争者握手吃饭的人，此言非虚。他在创办蔚来时找到了李想，吸引他成为最早的投资人之一，同时酷爱研究产品的李想也成了初创团队的参与者，为蔚来的产品规划注入了很多自己的想法。

但是，事情迅速起了变化。2015年，李想宣布创办另一家电动车创业公司，这家公司几度变换企业和品牌名称，今天人们叫它理想汽车，显然是谐音了创始人李想的名字。从这一刻起，李想和李斌的"拳击赛"进入第二回合。

李想选择了与其他所有中国造车新势力都不同的前进方向，这种选择充分体现了李想的独特性格和思维模式。

当所有车企都瞄准面向城市家庭用户的中大尺寸SUV时，李想计划首先打造一款比Smart和奇瑞QQ更紧凑的超小型电动车SEV，提供"1+1"前后双人座椅布局。单人乘坐还算舒适，两个人时就略局促。

当所有人都把创业造车和纯电动技术天然画上等号时，李想却说他的第二款产品是一款中大型增程式混合动力SUV，能充电也能烧油。如图2-34所示为理想SEV与SUV对比。

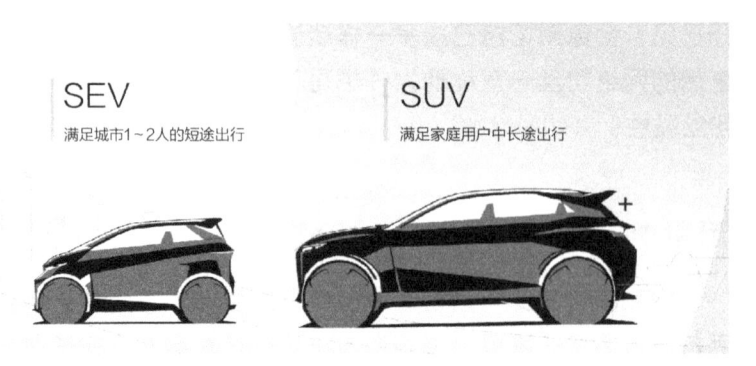

图 2-34 理想 SEV 与 SUV 对比

SEV 输给了现实

理想汽车的首款作品——微型电动车 SEV，于 2017 年 8 月试制下线。SEV 续航里程 100km，最高时速为 45km/ 小时，长 2.5 米左右，宽 1 米左右，配有两块各 10kg 的电池，采用了全铝车身技术（见图 2-35）。SEV 原计划售价为 5 万元人民币左右，依靠独特的产品定位同时进入两个市场：在法国等西欧发达国家的分时租赁市场，成为城市共享出行工具，相当于电动版的四轮摩拜；在国内则瞄准城市内低速通勤及接孩子、买菜的私人需求，与主流汽车产品充分形成差异化。

图 2-35 微型电动车 SEV

这个理想化的项目遭遇了各种现实阻力，其中一点是这款四轮车辆无法达到目前国内法规对于汽车的认定标准，因此，严格来说它将无法获得合法的公路通行权。在欧洲，它会被视同摩托车，不存在法规问题，但中国的法规和市场对摩托的友好程度是相当有限的。另一点是国内已有大量的低速电动车，俗称"老头乐"，严格来说它们都达不到汽车的标准，无法上牌上路，但已经在山东、河北等省份大量存在，常常作为乡镇村民的通勤工具。由于售价只要 2 万多元，无须购买保险、上牌、持驾照驾驶，使用成本低廉，让低速电动车需求火爆，实际年销量在 2017 年已经突破百万辆。这也意味着，那些需要一台容易操控、小巧灵活、解决代步需求、成本低廉电动车的目标用户，可能大部分都会被这些便宜的低速电动车"吸走"，只会留下少量追求品质和体验的用户群供 SEV 争取。但如果这些用户真的追求品质和体验，你又很难想象他为什么不买一台像模像样、可以上高速公路和城市高架、拥有不止 2 个座位的汽车呢？

SEV 有美好的设计初衷、前卫的出行理念，但现实很冰冷，SEV 从未实现量产，项目便被关闭。

增程式混合动力和纯电动的路线之争

理想汽车的第二张"牌"是一款增程式混合动力 SUV，名为理想 One（见图 2-36）。

图 2-36　理想 One

也许是由于 SEV 项目耽误了时间，理想 One 作为李想的第二个项目，在投放节奏上明显晚于蔚来和小鹏汽车，这也给予其更长的时间去打磨产品。从已经披露的信息和媒体反馈来看，理想 One 拥有宽大的空间、大气的造型、出众的四屏交互体验。但最让这款车区别于其他初创公司产品的，是它搭载的增程式混合动力系统，这套系统既有发动机和油箱，也有电机和电池，设计较为复杂。它可以为用户带来类似纯电动车的平滑加速体验和类似燃油车的长续航里程与补能便利性。

从李想过去接受的媒体采访中，我们可以理解他的独特战略是基于对中国社会的独立洞察。他不依赖著名咨询公司和对城市规划的普遍预测——电动车会迅速在中国规模化。他判断中国电动车的基础设施并不会如规划那样十分理想地迅速落地，而且这些无人监管的基础设施也未必会始终状态良好。就像摩拜在北京投放的单车，车况总是以惊人的速度衰老。而受限于居住环境的现状，大多数国人的家里无法像欧美那样安装私人充电桩。缺乏充电支持的电动车就像缺了水的鱼，注定发育不良。

因此，李想认为适合纯电车型的市场不会那么快到来，他决定首先推出不依赖公共充电设施的产品。他所规划的两款车，无论是超小型的双座电动车，还是增程式混合动力 SUV，都有比一般纯电动车更好的补能可行性。前者的电池足够小，可以人力取出带回家里充电；后者则可通过加油站补能。

不可否认，李想的这些思考很有深度也很脚踏实地，电动车在今日的社会里确实不是一个成熟产品，而是相对脆弱的新生事物，它适合的是一部分人而非所有人，即使是特斯拉也不得不面对这样的现实。

但理想 One 也有一些引发质疑的地方：从商业的角度来说，初创公司最重要的不是占据市场，而是找到自己的清晰定位。试图兼顾两端的折中型产品，虽然会具备比较全面的能力，但也往往存在特点不够突出的问题。可以与纯电动车比续航，但与燃油车就没法比了。可以与燃油车比加速平顺，但与纯电动车相比，动力则处于劣势。两套动力系统整合在一起固然带来双重优势，但成本就会大幅提升。如果我们回顾一下特斯拉当年为何彻底放弃内燃机、选择纯电动，会发现一个关键的地方就在于，对于新创公司来说，很难在内燃机的研发制造上追赶传统车企，这个领域不会是新人的优势区域。

从全球来看，除了传统的燃油车之外，绝大多数厂家选择了纯电动车方向，从本质来看，这是一种彻底的创新。如通用、日产、理想都推出了少量增程式混合动力车型，这是一种渐进式创新。这样多头尝试的做法也符合历史规律——每当人类遇到问题的时候，总有不同的人用不同的方式尝试解题。

拜腾：源于和马斯克的一次见面

创业从见面开始

1992 年，邓公到南方视察。冯长革当年从中南财经政法大学毕业，在一段体制内工作经历之后，下海经商。

2014 年 3 月，冯长革和马斯克见了一面。

这是一次商业会面：这一年特斯拉正式进入中国市场，开始销售当时的网红车型 Model S。服务渠道在短期内难以搭建成熟，需要找本地商家提供维修保养的服务。而冯长革旗下的和谐汽车是一家专注于高端和超高端品牌的大型汽车经销商集团，旗下拥有包括劳斯莱斯、法拉利、宝马、路虎等众多 4S 店业务。对于和谐汽车来说，特斯拉是他们首次为纯电动车品牌提供代理售后服务。

双方一拍即合。除了谈合作之外，马斯克的感染力十分惊人，让冯长革意识到全球汽车行业即将迎来历史性变革——电动化和智能化将是大势所趋，他随即萌发了创业造车的想法。

冯长革陆续拜访了两位顶级企业家——腾讯的马化腾和富士康的郭台铭。三人的合影随后见报，一家名叫 FMC（Future Mobility Corp.）的三方合资公司于 2016 年 3 月宣布成立。这家公司就是拜腾汽车的前身。

最国际化的中国新造车

舆论和风投公司对于 FMC 抱有极大的好奇和期待，首先是股东背景。

腾讯是中国互联网"江湖霸主"之一，富士康则是世界闻名的制造巨人，和谐汽车的名气没那么大，但至少拥有丰富的高端车零售和服务经验，也算互补。

其次是华丽的国际化高管团队。

2016 年 4 月，德国著名媒体《焦点》报道，有一家中国创业公司"挖角"了宝马的 4 位成员。他们分别是宝马 i 系列研发总工程师毕富康（Carsten Breitfeld）、总设计师本瓦·雅克布（Benoit Jacob）、电机系统研发工程师德克·阿本德罗特（Dirk Abendroth）和产品管理经理亨里克·文德斯（Henrik Wenders）——宝马最前沿的电动车业务核心团队相当于被"一锅端"了。曾在宝马集团担任全球副总裁的毕富康随后出任了拜腾的 CEO，与他搭档的是前英菲尼迪中国总经理、前华晨宝马市场营销副总裁戴雷，后者作为一名从南京大学毕业的"中国通"，对中国汽车行业和市场有丰富的经验。

最后是突破性的产品设计。

2018 年 1 月，拜腾在拉斯维加斯举办的 CES 消费电子展上完成了产品首秀，展出了首款车型的概念原型 M-Byte，据说其外观和内饰已经接近最终量产。这款车造型出众，但真正让你无法忽视的是它内饰中接近 50 英寸的超大尺寸屏幕（见图 2-37）。这让马斯克的特斯拉所保持的 17 英寸车内屏幕的纪录被足足提高了两倍，一时间成为全行业的热议焦点。由于汽车零部件面临的考验比消费电子严酷得多，很多专业人士不敢相信如此大的屏幕最终可以量产。

图 2-37　拜腾 M-Byte 的最大卖点：48 英寸超大屏幕

创业路上没有一帆风顺

拜腾是在首款车型推出前发展极为坎坷的新造车企业。

/明星股东层地震

2016 年中，原本股东阵容极为豪华的拜腾汽车，逐渐陷入资金泥沼，公司一度大幅削减了高管的薪水。缘由在 2016 年年底揭晓：腾讯和富士康两大明星股东选择从公司撤资，拜腾艰难地完成了 A 轮融资，获得了 4714 万美元的支持，得以继续创业。在这次融资过程中，为了表达破釜沉舟、与公司共进退的创业决心，包括戴雷在内的许多最高管理层人员，自掏腰包加入了股份认购。尽管如此，这次融资的规模偏低，时间也比较晚，最终还是影响了拜腾的创业进度，让它的量产计划明显地落后于蔚来、小鹏汽车等竞争对手。

/明星管理层地震

2018 年 1 月的拉斯维加斯 CES，拜腾概念车 M-Byte 完成首秀。我在现场分别采访了毕富康和戴雷。

毕富康充满德国专家的气质，作为管控过宝马i系列项目大局的"管家"，回答任何问题都带着清晰的数字、百分比和日程。对于拜腾汽车需要多少资金建厂、量产首款车型投产计划、盈亏平衡的预计规模和时间、产品定价策略和毛利率，他全都言简意赅但铿锵有力。

戴雷作为在中国生活了20年的"中国通"，对中国汽车市场和消费者有着深入理解。他特别强调拜腾不应该成为一个万人迷品牌，作为一个新品牌，它应该去讨好一群人而非所有人。让一群人爱你十分胜过让所有人爱你六分。

当时，包括我在内的很多人相信，这两位专业背景不同、十分互补的德国高管，会是拜腾这家公司的一大看点。

然而次年4月的上海车展上，人们突然发现毕富康出现在了另一家名叫艾康尼克的创业车企展台，以新任CEO的身份高调发言。随即，拜腾才仓促地对媒体正式确认此事。

在戴雷独自带队前进的几个月后，我问拜腾的一位中层员工，这家企业是否打上了明显的戴雷烙印？答案是并没有。这家公司的管理风格更像一家国际公司，它有创业公司的灵活一面，也有相对于其他初创公司更清晰的分工和集体决策的机制，但戴雷并不扮演那个锋芒毕露的领袖人物，不像李斌、李想、何小鹏一样，会把自己的个人魅力和特点文入这个企业的每寸皮肤。

携手共和国的长子

总部位于长春的中国第一汽车集团，在民间有"共和国长子"的称号。这家公司在20世纪50年代率先推出了解放牌卡车，为我国终结了不能造车的历史。它旗下的知名品牌红旗汽车，是中国汽车工业的一面旗帜。

改革开放之后，红旗品牌开始向市场进军。然而，对于汽车工业发展步伐落后于德国、美国、日本的中国来说，要打造一个家用高端汽车品牌是极其困难的挑战。红旗在市场化的道路上发起了很多轮的冲锋，但至今仍未达到理想状态。

2018年，一汽宣布以2.6亿美元战略投资拜腾汽车，随后还把旗下子公司的汽车生产资质转让给了拜腾汽车（汽车生产资质是珍贵和稀缺的许可，有了它才能合法造车）。

不难判断，作为央企的一汽，不会只是扮演简单的财务投资人，会做这件事情一定是有战略考量的。

根据知情人士的透露，其实在一汽做出这次投资之时，已经与拜腾就红旗未来的新能源产品规划和制造进行了探讨。或许有一天，我们会在拜腾的南京工厂生产线，看到两个不同Logo、造型各异的新能源SUV混合生产。拜腾可以借助"巨人"一汽的资金和供应链，更好地完成自己的创业梦想；而一汽则可以借助拜腾，更灵活有效地打造出自己的智能电动车。

这是一个有智慧的商业计划，但需要步步为营去执行，央企和创业公司的文化完全不同，就像当年特斯拉和丰田合作过一款电动RAV4 SUV，由于一家是硅谷初创企业，另一家是日本巨型家族集团，合作过程和结果都磕磕绊绊。新锐但苗条的拜腾和成熟且庞大的一汽，如何在协同中保持各自价值的发挥，将是一个巨大的考验。如图2-38所示为首台在南京工厂下线的拜腾M-Byte。

图2-38 首台在南京工厂下线的拜腾M-Byte

为何造车这条赛道格外凶险

互联网崇拜和资本狂欢

威马汽车的产品规划总经理林仕翰向我发过这样的感慨:"在中国,造一台电动车很容易,这里有全球最发达的汽车供应链。你手里有几十亿元就能把车造出来。但造一台能卖出去、让企业能赚钱的电动车,很难。"他说这句大实话的时候已经是 2018 年的冬天。

如果把时间线再往回拉四年,世人的想法会很不一样。那时正是阿里巴巴、腾讯、乐视、小米"风华正茂"的时候,华为、大疆、吉利这样的公司还没有今日这般风光。无论是江湖里的投融资公司,还是看客们,普遍认为互联网思维可以点石成金、改变一切。小米高管黎万强执笔的作品《参与感》,因介绍了小米内部的营销方法论而受到追捧,成了畅销书,人们相信这家横空出世的公司与以往的公司拥有本质的区别——这是一家有互联网思维的公司。

简单来说,那个时候的人们相信互联网思维"包治百病"。2015 年,我在知乎上收到了一封私信,是一位某互联网搜索公司的陌生朋友找我聊汽车产业的前景。他觉得,如果用互联网思维来改造汽车行业,可能会有奇妙的事情发生。不管我怎么提醒他汽车行业的自身规律,他始终对用小米式的爆款思维和互联网营销打造售价 10 万元的适合中国年轻人的电动车,念念不忘。当时最畅销的车型是大众品牌的朗逸,每个月能销售 3 万台,但他似乎认为这个数字远远没有触达一款互联网爆品的极限。很快我发现他不是个例。同年,一个叫游侠汽车的公司在北京举办了一场带有互联网思维的新车发布会,发布会里的主角居然是特斯拉的 Model S,虽然工程师对它进行了轻微"整容",但车的尺寸和独特气质却无法证明这是一款全新开发的车型。

除了各路互联网创业公司的成功激励了世人,2015—2017 年的另一个时代特征是异常充裕的风投资金。投资人到处寻找好的项目,希望达成投资协议。即使项目不是那么好,也可以投,反正市场足够好,下一轮融资时还有新的投资人愿意接盘。在此期间,电动车逐步成为公认的"风口"。许多投资人和创业者都相信，互联网软件业的黄金时代已经接近尾声，以小米和大疆为先锋的智能硬件浪潮开始掀起，智能电动车行业将是另一条又宽又长的赛道，于是蔚来、小鹏、理想、拜腾、威马等数十家创业公司陆续成立。几乎每个月都有陌生的投资行业朋友通过知乎社区或者朋友介绍找到我，咨询我对电动车创业机遇的看法，这种现象让我感到非常好奇：汽车行业原本是风投毫无兴趣（投资难度太大，高回报率可能很低）的领域，但突然成了众人眼中的焦点。这些找上门来的投资人难掩兴奋和冲动，但更明显地是，他们中的大多数人对汽车行业的艰苦和复杂还缺乏清醒的认知。其中一位投资人恰好是我多年不曾联系的高中同学，对于她选中的国产电动超跑项目，我毫不客气地给出了"劝退"的建议，但她依然反复强调，项目方的管理层拥有研发基因，战略打法和特斯拉非常相似，产品定位差异化特别鲜明。这家公司的超级跑车推向市场后，我有幸驾驶过一回，感受是其操控感平平。

通常来说，创业这件事情兵贵神速，窗口期转瞬即逝。当蔚来、小鹏汽车等陆续推出自己的产品，当比亚迪和上汽等传统车企已经积累了数十万名电动车客户，当特斯拉已经在上海临港制造 Model 3，依然有"新人"杀入这个领域，仿佛电影放到了下半场，还有观众进场。如来自房地产行业的恒大和来自保险行业的宝能，这些大型资本公司一贯擅长的是整合资源和资本杠杆，一贯经营的是毛利率偏高的产业，但在技术密集、竞争饱和、市场化程度极高、投资资产重、利润率低的汽车工业，真的能搞定明天的创新吗？

危险游戏

最近几年，一个问题被反反复复抛起：关于这一轮浩浩荡荡的新造车运动，将会如何结局。对于这个问题，每个人的看法不同，但总体来讲和提问的时间先后很有关系。如果是 2017 年，大多数人会说，"虽然创业造车的公司有数十、上百家之多，我认为真正能活下来的只会有五家左右"。如果是 2018 年，这个数字会变成三家。而如果是 2019 年，情况就会更严谨一些。

很多国人不看好电动车创业浪潮，但如果我们把对电动车创业浪潮的观察，从中国提升到全球，可能会有更客观的判断。2005年前后，美国就发生过一轮类似的创业冲动。先后涌现的数十家电动车初创公司几乎"全军覆没"，唯一活下来的是特斯拉（见图2-39）。

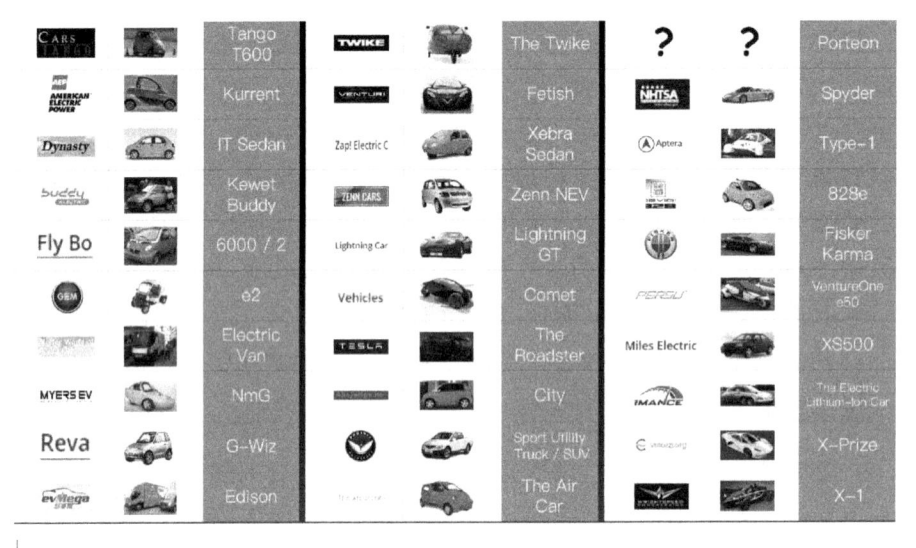

图2-39　2005年前后，北美先后涌现的30家电动车初创公司

无论在中国还是全世界的其他地方，创业造车就是一种危险游戏。美国新造车只剩唯一的"独苗"，中国新造车正面临集体大考。而在全球其他经济体，这件事情甚至没有创业者敢尝试，德国、日本、韩国、法国、意大利、瑞典这些传统汽车工业的沃土上，没有孵化出任何电动车创业公司。唯一有勇气入场的戴森来自英国——一家以设计和制造高端电动家电而闻名的公司，在耗去2.5亿英镑后，留给电动车世界的只是一张假想的效果图（见图2-40）。

当中国制造遇到汽车工业

近年来，中国经济腾飞的结果之一就是，本土品牌越来越从"合影的边缘转移到C位"。年长一些的人往往格外青睐国际品牌，即使消费本土品牌商品也不过是受平价的吸引。但对于一位1995年后出生的中国年轻人来说，在他长大的环境里，中国品牌已经不弱了。他掏出手机，极有可能是小米或者华为；他上网购物，大概率进入天猫或者京东；打车和叫外卖时，多半是滴滴和美团；存钱就用支付宝，出门就用高德地图，大疆无人机引领全球消费级无人机市场，国产高铁行驶里程数超过了全世界其他国家数目的总和，电视、冰箱、洗衣机领域的外资品牌的份额就像"边角料"。这位年轻人很难想象一位比他出生早15年的国人，对国际品牌的高度崇拜和对本土企业的信任缺乏，差别源于人在成长时不同的经济环境。

图 2-40　由 Autoexpress 根据戴森电动车的外观专利文件加工的效果图

虽然本土品牌已经开始主导中国大部分消费领域，但如果我们把目光投向汽车工业，就会发现情况极为不同：

与智能手机、无人机和白色家电不同，时至今日，本土汽车品牌仅占据了三分之一的市场份额；

这三分之一市场份额的本土汽车，平均单价不到10万元，不足另外占三分之二的国际品牌的一半；

从整车品牌来看是三分之一的市场份额，但如果看核心零部件，情况就更加严峻，大多数依然被博世、采埃孚、大陆、麦格纳、电装、法雷奥等国际巨头垄断。

结论很清晰了，汽车工业就是民用消费品的皇冠。中国已经是全球制造业规模上的第一名，但还远远不是含金量上的第一名。对于任何一家来自中国的初创车企来说，汽车工业是一个无比可怕的挑战。即使对于来自美国、英国这些工业发达国家的创业公司来说，汽车创业也不是可以轻易考虑的。

一高一慢

那么为何汽车工业这么特殊呢？可以主要归纳为两个方面。一个是高，另一个是慢。

/门槛高

李斌说过，没有200亿元人民币的融资能力，不要碰汽车创业。何小鹏一开始不信，进来以后才信。截至2019年10月，全球新造车的开拓者特斯拉累计融资已经超过了180亿美元，毫无疑问是整个赛道的吸金冠军；蔚来位居第二，凭借中国庞大的市场潜力和"中国特斯拉"的定位，累计融资超过30亿美元；第三名是在2019年异军突起的美国新星Rivian，这家公司先后接收了福特、亚马逊等巨头的大笔资助，累计融资已突破20亿美元；再接下来，小鹏、理想、拜腾、威马等累计融资均在百亿元人民币上下。对于造车来说，这个数量级的金额，算是起步价。英国的戴森还没开启公开融资就退出了。

很多其他领域的创业者无法理解为何造车需要准备这么多钱？我们可以简单地算一笔账。

创业造车肯定需要一家新工厂，不管是自己投资，还是请代工方投资，总要有人投资。以上汽通用2016年在上海浦东金桥竣工的凯迪拉克新工厂为例，设计产能16万辆，投资80亿元人民币。当然，如果产能数字低一些，制造标准低一些，创业公司的投资效率高一些，这个数字可能可以打个折，那也需要好几十亿元人民币。

工厂有了，你还要研发一款有竞争力的车型。这方面的花费因人而异，有可能低于10亿元人民币，也有可能高于10亿美元。这取决于你是想要做一份青椒肉丝，还是山珍海味；你是要原创一份山珍海味，还是打算按菜谱做；你是打算做一款美国、欧洲国家、中国都能适应的全球菜品，还是只考虑中国本土口味。但总体来说，如果你想打造一款还不错的车型，即使只是在中国销售，也请准备10亿元人民币数量级的投资金。

在智能机器人普及之前，厂房自己是不会造车的，怎么也要招来数百上千名产业工人吧？再考虑到总部办公室里基本的行政、采购、人事、服务、营销、销售团队等需求，总人数就很可观了。一家有前景、有营收的初创媒体公司员工可能只有一个人，但一家尚未具备竞争力、零营收的初创车企员工可能会突破一千人。你要养这么一批人至少3年，才有可能等到第一台量产车下线，这要发多少钱的工资、租多大的办公楼呢？

为了把车卖到全国各地并持续提供售后服务，你还需要一个庞大的零售服务渠道。如果你选择自营渠道，这也意味着一大批人员和巨额投资。

最后，作为一家车企，你肯定不能一辈子只卖一款车吧？第一款车还没有走向市场，第二款车的研发工作就需要启动，你仿佛看到钞票在火焰中飘舞。

将以上事项做个加法，百亿元人民币投入是客观需要的。所以我们其实应该理解，谁不想按照自己的想法造车呢？这首先不是技术问题，而是经济问题。

创业造车的难点，不光是钱，还有人的因素。中国有全世界规模最庞大的汽车产业，至少有30～50家规模化的车企，带动了无数设计师、工程师、产业工人、营销服务人员的就业。表面看起来人力资源供应不是问题。

与很多行业一样，战略、设计和研发是一切后续链条的源头。中国汽车工业也确实有许多这方面的人才，但问题在于大多数关键技术岗位的人才并没有真正经历过"从0到1"，不具备完整的原创能力。因为整个国内汽车市场的接近七成实际上是被合资和进口车企占据的。这些公司的技术、管理、产品基因是从海外总部"拷贝"的，在本地主要是做适配性质的支持工作，如同富士康已经帮苹果在中国造了这么多年手机，效率高超、质量卓越，但是郭台铭不会成为乔布斯，富士康也无法自己设计出苹果产品；国内汽车市场剩下的三成多份额属于本土车企，这里也有大概一年近千万辆车的惊人体量，按说足以孵化出有竞争力的本土巨头，但可惜的是，其行业集中度相比日本、韩国的要低很多，年销量突破百万辆的只有吉利、五菱和长城三家，这些本土车企中的领先者已经具备了相当强的本土研发能力，但目前依然主要集中于中低价位的经济型产品，在中低价位车市场打得外资车企节节败退，但也局限于此。汽车零部件行业的情况与整车厂是类似的，博世和法雷奥在中国都有研发团队，但总部的研发是 How to Design（如何设计），海外区的研发是 How to Apply（如何应用），一个是"从 0 到 1"，另一个是"从 1 到 N"。

一位国际大型车企的资深营销人告诉我，据他们统计，以汽车为主要创作对象的新媒体账号已经突破 1 万个，接近 2 万个。由此我们可以粗略估计，包括传统媒体、新媒体、自媒体在内的汽车从业者规模在万人以上，这个规模在美国和欧洲是难以想象的。中国的超级市场孵化出了汽车之家这样百亿美元市值的大型汽车网站，全球绝无仅有。我们有上万人可以在汽车领域指点江山、激扬文字，但我们到底有多少真正具备自主研发能力的汽车设计师、产品经理、整车集成专家、关键技术工程师呢？

招募足够多的优质人才，筹集足够多的资金，不仅对于初创车企来说是巨大的挑战，即使对于已经成长为本土巨型车企的吉利，也有相当大的难度。几乎与国内电动车创业浪潮同步，2014 年，吉利内部开始孕育"领克"计划。这是一个由吉利和沃尔沃联手合作的新品牌，为了能让它具备比吉利品牌高一档的竞争力，吉利在瑞典哥德堡创新港新建了一座研发中心和一座设计中心，逐步招募到了 2000 人的工程师团队和 500 人的设计师团队，这才为领克的研发和设计工作准备了足够的"粮草"。我曾经有幸参观领克在哥德堡的各个机构，印象中这是一支大约由 30 多个不同国籍的人组成的混合"部队"，大部分人才来自原萨博、沃尔沃及其他欧洲公司，也有一些由吉利派去的中国面孔。即使有这样的资源做保障，领克在国内也并没有一飞冲天，虽然它已经代表了中国汽车的突破，开始与本田、大众这样的品牌正面竞争，但无论是市场销量还是盈利能力，领克还有漫长的道路要走。

/节奏慢

如果你问创业最重要的因素，很多创业者会提到速度这个词。"兵贵神速、攻其不备"，创业者如果没有足够的速度，赶在传统巨头反应过来之前建立足够的先发优势，很容易被后者利用资源优势碾压。在信息传递越来越快、学习模仿的周期越来越短的今天，如果慢慢吞吞地打造自己的创业作品，通常等到产品完善的那天，阿里巴巴和腾讯就已经推出了与你类似的产品。在特斯拉、蔚来这些国内外车企推出新车时，传统汽车巨头们实际上都会第一时间买来研究。我个人就曾收到过某家国际车企的需求，打听如何低调地购买一台蔚来 ES8 并运往北美地区。对于新来的挑战者，他们会保持敏锐的观察，一旦决定认真出手，他们并不希望看到竞争，而是直接超越。

所以，创业者肯定需要与时间赛跑。但是求快这件事情，对于天生缓慢的汽车工业来说，本身就是巨大的矛盾。雄心壮志的创业者骑着风火轮杀入这里，以为自己将开启一场风驰电掣的革命，却发现自己陷入了泥潭和沼泽。

App 这样的软件产品，每周甚至每天迭代一个版本，取决于产品经理的要求；手机这样的复杂智能电子设备，每 8 个月至 1 年会被重新设计一次；耐克、阿迪达斯的球星签名鞋几乎一年换一代。而很多人所不了解的是，汽车产品的换代周期居然长达 5 ~ 7 年，这比很多现代人换工作的周期还要长，一位汽车产品经理和工程师经常在一家车企的工作期内，看不到自己参与的新车研发项目落地。

按说在商品经济发达、供给过剩的今天，所有的商家都千方百计地推陈出新，不断刺激消费者的需求，为何汽车厂家裹足不前？这是由汽车行业的特殊性决定的。

上文已经介绍了，一款新车的开发投入太大，动辄十亿元甚至数十亿元人民币，因此不可能频繁更新产品。另外，即使有一家创业公司融资能力超强，志向远大，蒙眼狂奔，不惜代价打造极致的产品，它也很难随心所欲地突破行业的固有规律。因为对于有上万个零部件的汽车而言，整车厂需要依靠广大零部件供应链的整合来组装自己的汽车。就算你想创新，想要采用最新的黑科技和先锋设计，还要问供应链是否答应、是否准备好了。自媒体创业可以依赖个人天赋独自打造"10万+"的爆款文章；电子烟创业只需要做好市场营销和外观设计，毫无技术研发门槛，代工厂排成队让你选，但汽车不是任何一个公司靠自己就能造出来的。对于一位电动车创业者，如果你想要续航数据好一点，你要去找宁德时代或者松下给你供货；如果你想要刮水器带自动加热及除冰的功能，你要去敲法雷奥的门；如果你想要隔音与透光度都完美、面积巨大、贯穿前后的一体化玻璃，别忘记联系曹德旺，但他大概率会拒绝你，因为这种创新玻璃现在还停留在 PPT 阶段。如果他们选择卖货给你，当然也不会拒绝丰田和奥迪，你很难要求供应商开发出独一无二的东西并专门提供给你。在大多数情况下，一个新品牌和其他车型的主要区别仅仅是 Logo 和发布会而已，这个行业极少出现没人见过的黑科技。如果把汽车比喻为一项体育运动，它不是发挥个人天赋的拳击，不是需要团队配合的足球，而是大型万人广场舞，这里流行的不是由个体去改变集体的规则和文化，而是统筹大局。

如果时间能够重来

总而言之，撼山易，造车难。对于全球任何地方的创业者来说，汽车创业要求的门槛太高、行业链条和周期太长，任何一个小小的创业公司，就像一小滴雨水，很难在大海中掀起波浪。

创业的本质是企业家通过创新的方式，重新组合资源、改变原有产业链的运转方式。但没人能未卜先知，断定自己一定正确。创新天然就是一个高风险、痛苦不堪的试错之旅。失败是绝大多数初创公司的宿命，它们牺牲自己，为整个行业探路。但极少数经历过最残酷的考验之后依然顽强生存的企业，将在相当一段时间内引领行业的新风潮。

我与一位投资了某家知名创业车企的投资人 Y 先生不时会交流我们对电动车行业的看法。2019 年年初，他在与我的一次通话时对自己的投资决策做了深刻回顾，"我们进入很早，现在看起来账面是赚了。但如果时间能够重来，我肯定不会进入电动车这条赛道，风险实在太高。为什么呢？这条赛道的创业者大多数缺乏'从 0 到 1'的创业经验，主要是大公司的背景，这是一个问题。但不能说这条赛道的创业者不行，他们与其他领域的创业者相比，综合水平绝对不差。核心是这条赛道的问题，汽车这个东西太难了。这已经不是在比拼创业者的实力，不是在比拼一个团队的实力，是在比拼一个国家的工业实力和人才基础。汽车创业牵扯太广，对于产业链上下游、人才储备和政策法规这么多的复杂的问题，是一家初创团队很难面对的。"

对于 Y 先生所说的，我唯有点头。

Chapter 3 本该注册在火星的公司

在技术含量极高、壁垒深厚的航天领域，一位靠互联网发家的外行老板开了一家初创公司，他想做什么？

SpaceX 的成功到底是谁的功劳，它是被美国政府机构一手扶持并带大的孩子吗？

太空探索曾经是五十年前的社会热点，但今天大多数人类已经不关心太空了，为什么会这样呢？

1. SpaceX 有何与众不同

如果你年纪轻轻就手握一亿美元现金，你会怎么花呢？

买下 NBA 的休斯顿火箭队？似乎不太够，这支球队上次被交易的价格是 22 亿美元。

进军中国房地产业？北京、上海、广州、深圳的房价在过去 20 年内的涨幅超过 10 倍，回报率突出。但是一亿美元，好像没法在以上城市拍下任何一块土地。

如果你是一个对新事物敏锐的人，可能会创办一家互联网公司：瞄准新兴领域的商业机会，物色一个靠谱的核心团队，再雇几个得力的程序员就可以开工了。说不定下一个 Facebook 或者 Paypal 在等着你。

又或许你觉得人生苦短，只想把钱交给私募基金打理，自己去享受"面朝大海，春暖花开"。

有一个人，在 2002 年就用行动做出了回答。他用一亿美元成立了一家名为 SpaceX 的公司，他说这家公司会帮助人类登上火星。

女士们先生们，请允许我再次向大家隆重介绍他：IQ 超高、结巴但不严重、思维异于普通人、财富积累高于 99.99% 的人但真正让他与众不同的地方在于独特的花钱方式，他就是伊隆·马斯克！

有人说：通常一个句子包含"火星"二字，那不是在讲深奥的天文学，就是科幻小说。所以当马斯克在十几年前就抛出"移民火星""太空飞船"这些词汇来描述 SpaceX 的商业愿景时,人们会当作故事来听。马斯克是硅谷的创业新星,有物理学和商学的专业背景,成功创办过两家互联网公司并顺利退出获利,但关于航天行业,他从未踏足一步,对于太空探索这个领域,他是一位彻头彻尾的门外汉。退回 2002 年,也就是 SpaceX 成立的那一年,看客们极有可能认为:这是一个亿万富豪想要实现不切实际的童年梦想。

发射火箭有多难

火箭工程是人类的尖端学科,对于一家初创公司来说,想从零开始把火箭送上天,面临着巨大挑战。

火箭原理极其简单、火箭工程极其深奥

人类在地球上生活了成千上万年,但主要集中在地面活动。我们有灿烂、伟大、快速变化的文明,但基本上都是属于地表面的文明。我们目前没有能力对海底施加显著的影响,也无法长期停留在大气层内的空中。在绝大多数情况下,太空在以往是人类文明的"禁飞区"。

目前人类最常见的太空行为是发射运载火箭,这毫无疑问是这个地球上最困难的极少数工程之一。火箭发射的目标只有一个——把人造物体送入太空,这里的人造物体的专用术语叫"有效载荷"。初中物理里介绍过的牛顿万有引力定律和牛顿运动定律告诉我们,只要让载荷在太空中维持一定的高度和速度,就能长久地运转下去,载荷的运行轨迹即太空轨道。由此可见,火箭发射的原理并不深奥:给有效载荷提供巨大的推力,帮它克服重力突围地球大气层,以恰如其分的速度送入预定轨道,然后就不用操心了,它会自己绕着地球转圈,就像月亮一样。

日常乘坐的民航客机的巡航高度一般是 10km,美国先进的军用侦察机 U-2 的巡航高度是 20km,而航天飞行器稳定运行的最低高度至少是 300km(高度再低容易受到大气层摩擦的影响而导致速度降低甚至坠向地面),与我们日常生活最息息相关的通信卫星更是需要

36000km 的轨道高度。与飞机相比，航天飞行器不光在运行高度上要高一个数量级，速度差距更大！

地球上的万物受到重力的影响牢牢地压在地面上，要摆脱地球引力就需要足够的速度，用牛顿万有引力定律公式计算得出的地球逃逸速度，也就是第一宇宙速度，为每秒 7.9km。以这个速度，北京到上海只需 165 秒。

那么火箭是如何把几吨甚至几十吨重的载荷加速到如此高的速度并送入太空呢？

以 SpaceX 目前发射最多的猎鹰 9 号为例，火箭分为两级——1 级和 2 级（见图 3-1）。

1 级火箭底部搭载了 9 台梅林发动机，提供巨大的推力，帮助火箭摆脱浓稠的底层大气，赋予火箭绝大部分的动能。工作 162 秒之后，1 级火箭的使命阶段性完成，会自动脱离，帮助降低整个系统的总负重。

2 级火箭搭载了 1 台梅林发动机，它会接过使命继续带着载荷向太空进发，在把载荷送到预定轨道之后，2 级火箭自动脱离，默默返回地球大气层。

需要额外说明的一点是，火箭发射是笔直朝向太空的，

图 3-1 猎鹰 9 号示意图
（来源：The Annual Compendium of Commercial Space Transportation, 2018）

在升空后就会逐渐转向，最终飞出一条漂亮的弧线，只有这样才能把载荷准确送入预定轨道。火箭发射的过程犹如大力士投掷，劲儿要大得恰到好处，太大则飞到外太空，不够就坠回地面（见图3-2）。

不光是力气的大小要控制精准，对方向的把握也十分重要。鸟儿在空中飞翔的时候并不会觉得空气是一种阻碍，但如果你把摩托车开到100km/h以上就会深刻理解什么是空气阻力，而超高速运动的火箭在摆脱重力拖拽上升的过程中，需要克服的阻力更是难以想象的。

因此，航天工业有句话："火箭原理极其简单，火箭工程极为深奥。"

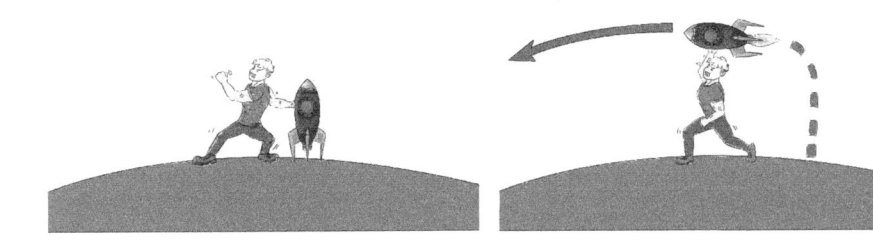

图 3-2　火箭发射示意图

化学火箭工程已触达人类科技极限

在人类擅长的诸多工程领域，并不需要竭尽全力，车辆工程、食品工程、建筑工程一般都不会挑战科学的极限，工程师会在成本、效率和性能上做好平衡取舍。但对于火箭工程来说，人类几乎不会有任何保留，起步就需要有 All-in（"全押"）的心态。

因为想要把一些东西发射到地球轨道上，让它的速度达到第一宇宙速度即 7.9km/s，这需要消耗极高的能量——根据物理公式的计算，1kg 投入轨道的有效载荷需要约 35MJ（兆焦耳）的能量。在大气和太空中运动的火箭与一般的运动物体不同，它几乎无法在途中补充能量，同时燃料本身需要克服重力从而被加速到极高的速度，这为选择燃料带来了极大的困难。化学火箭工程需要能量密度足够高的燃料，根据目前的人类科技，能够作为选择的仅有如表 3-1 所示的四种。

表 3-1　火箭燃料对比

	偏二甲肼	煤油	甲烷	液氢
燃料特性	常温、剧毒、易保存	低温、密度大	成本低、易获得	比冲高、昂贵、易泄漏
比冲表现	280s ~ 300s	300s ~ 350s	350s ~ 400s	400s ~ 500s

（比冲：航天学物理量，表示让 1kg 的某种燃料产生 1kg 力的推力所持续的时间，数值越高代表性能越好）

除非人类发明了下一种突破型技术，如核聚变动力火箭，或者"三体星人降临地球"带给人类一些没有见过的物理学公式，才有可能让人类对航天器的动力控制站在更高的台阶上，更从容地开展太空探索。但这些似乎还太遥远，暂时只能在科幻小说里发生。任何一家有志于火箭发射的公司，在现实世界里，技术方面的想象空间其实非常有限。

试错成本极高

2017 年年底，苹果 iPhoneX 刚上市，因其早期制造的良品率较低，遇到了产能不足、交付迟缓的麻烦。这款十周年版的 iPhone 是当时技术最先进的手机，其工程难度肯定不低，如把人脸识别的传感器布置在屏幕的上方，是行业内的首创。但对于手机行业来说，一款手机可以多批次试做，不断调整改进，最终把生产效率和制造质量都优化到理想的水平。不只是手机，食品、家具、汽车都可以如此操作，通过小样本的尝试逐渐解决问题及积累经验，最终实现高标准的规模化量产。

但是火箭是个例外。首先，试制一只火箭的成本就已经很高了，中型火箭的制造成本在千万美元数额级。其次，要检验一只试制火箭的水平只能靠一次试射，而试射是有去无回的。最后，火箭不像汽车，无法获得规模化、持续的订单，无法组织大批量生产。

总体来说，火箭的试错成本极高。一次火箭试射一旦失败，就意味着数千万美元"打了水漂"。2004 年，马斯克融资获得的 1 亿美元，仅仅够给 SpaceX 充值"三条命"。这在一定程度上解释了为何在 SpaceX 之前，从来没有商业航天公司进入火箭发射市场。航天行业有一块隐形的牌匾，写着"闲人免入"。这一直是一个被国家机构和少数大型公司天然垄断的行业——宣布登月计划的新闻发言人不是任何大型公司的 CEO，而是 1961 年的美国总统肯迪尼。

信息高度闭塞

火箭研发还不仅是钱的问题。

首先，它是顶尖的工程技术，投资风险极高，因此需要巨大的资金支持和顶尖的人才。其次，它是一种战略级技术，无论在商业上还是军事上。如果火箭上方的载荷从卫星替换成爆炸物，它就立刻变成了威力巨大的弹道导弹。换言之，火箭和导弹是同一种技术的两种用途而已。

马斯克在创办 SpaceX 的早期，就考虑过"走捷径"，不从零开始制造火箭，而是试图购买 2 枚导弹，改造成运载火箭。当然，最终并未如愿。2016 年，马斯克在国际宇航大会的演讲中提到，由于美国政府将火箭技术认定为"先进武器科技"，SpaceX 难以雇用非美国人为员工。

总之，与电视、手机、汽车这些创业赛道不同，想要借用高度成熟并开放的全球供应链和行业经验造火箭，是不可能的。马斯克以"小白"状态杀入这样的行业，就像纵身跃入一个伸手不见五指的黑洞。

一切为了降低成本

从零开始打造一家发射火箭的创业公司，是非常难的事情。更难的是还不能照搬之前传统航天机构的做法，因为你并不具备他们所拥有的良好基础。

因此，SpaceX 必须走一条新路，别无选择！硅谷天才们一直强调通过技术变革的破坏性效应来取得竞争优势，但 SpaceX 的战略方向似乎有违硅谷精神，反倒与无数中国企业家的思路不谋而合：别谈论"高大上"的技术创新了，我们还是研究一下怎么降低成本，打价格战吧！

有必要说明一点，不少 SpaceX 和马斯克的狂热支持者，将

SpaceX的技术创新说得过于夸张了。很多专业领域的受访者都表示：在火箭工程这件事上，技术创新是极其困难的，不但因为研发太烧钱，还因为风险巨大。创新的本质就是使用未经验证的东西，而任何一个细微环节的差错，都可能导致项目功亏一篑。这就是为什么有些新的航天飞行器依然采用了旧技术，如2011年去往火星的"好奇号"探测车，它的引擎基于1975年着陆火星的"海盗号"探测车。大家如果认为SpaceX是靠发明了某种黑科技起家，那可能是被媒体误导了。在当今的太空行业中，大量的技术创新都是渐进式小步向前。SpaceX的突破主要在于通过多种方式成功降低了成本，让创新直接为降低成本服务，是手段而非目的。这里更多的是思维与管理上的创新，进一步挖掘了产品方案设计、研发、制造和供应链层面的效率。SpaceX并没有革新技术，没有别的航天机构无法追赶的黑科技。

2018年2月，SpaceX重型猎鹰火箭成功发射并回收了两枚助推器。我国的火箭行业权威专家龙乐豪院士在接受《环球时报》媒体采访时表示，猎鹰重型火箭的最大意义在于推动大型运载火箭向低成本发展迈出重要一步，也开辟了运载火箭不同于航天飞机的重复使用新途径。此前的航天飞机与苏联的能源号都是可重复利用的，但它们都太"高大上"，没有更多地考虑经济成本。"猎鹰重型更加接地气，兼具可靠性和性价比，其开辟的这一道路是值得称赞的。"[1]

要丰田，不要法拉利

航天工业本身确实与国防、军事有较强的相关性，导致航天的研发思路与军工类似。一言以蔽之，即性能可以过剩，成本不必在意，只为达成目标。以美国B2军用轰炸机为例，单台研发和制造成本高达21亿美元，从经济角度来看，似乎很不划算，但它的存在确保了在这个领域的优势，这种优势是无价的。美国GPS全球卫星定位系统，从20世纪70年代开始研制，于1994年全面建成，包括24颗卫星，在免费向全球提供民用服务之外，一个重要的使命是提供精准的信息，如在战斗过

---

1. https://baijiahao.baidu.com/s?id=1591759464813032463&wfr=spider&for=pc.

程中为美军的飞机和导航提供精准的导航信息，同时屏蔽对手的武器需要的 GPS 信号。

在 SpaceX 这样的新兴私营航天公司崛起之前，美国航天发射市场一度被联合发射联盟（ULA）垄断，后者素来"价高"，一次火箭发射的报价在 2 亿~4 亿美元。在一名传统机构的航天工程师看来，成本只是用来实现极致目标的资源，任何优先考虑节约费用的思想都会制约技术潜力的充分发挥。毕竟，这不是在造静止不动的电视、不是在造最高时速仅 250km/h 的保时捷，而是在造宇宙速度级别的航天飞行器。传统航天巨头长期垄断了这个市场，他们有强大的游说能力，向国会、空军、国家侦查局、NASA 等机构施加影响力，在整个链条中，各级机构和承包商都无须承担风险，最终埋单的是美国纳税人。

马斯克的思路则是要尽量降低成本。航天工业确实既尖端又复杂，但由于前辈们的成本意识淡薄，使其中存在大量的设计冗余和成本浪费。如果用普通人更熟悉的汽车打个比方，ULA 这样的传统航天企业追求的是造一台完美的汽车，从车身到座椅、从安全气囊到导航、从灯具到轮胎，统统只选最好的，组合起来，自然是一台非常好的车。ULA 的 Atlas V 火箭自 2002 年首射以来的 70 多次发射任务全部成功，这一数据确实体现了 ULA 过硬的产品实力。而 SpaceX 的思路完全不同，它是一家私营创业公司，它要求工程师不断追求极限，寻找安全可靠与成本效率之间的最佳平衡。可以这样比喻：他们追求的是造一台这样的车——既在一些核心领域有打动人心的亮点，如拥有超强加速、低油耗和流线型的漂亮外观，又在许多地方斤斤计较，不多花一分不必要的钱，没有真皮座椅，没有大天窗，力图把车价控制在用户愿意接受的范围内。

正因为如此，SpaceX 在供应链的选择上，与传统航天机构很不一样。后者的供应链是长期稳定（僵化）的，许多承包商习惯了"用牛刀杀鸡"、报价高昂。SpaceX 的工程师大胆地打破了这个封闭的链条，积极引入非传统航天业供应商，如与汽车行业、消费电子行业的大批量成熟零部件承包商合作，替代部分传统航天业供应商。每当类似的改变发生，局部的成本下降可能高达一个数量级。实际上，一些火箭工程的传统供应商的零部件未必比汽车行业供应商的更好。前者是一个相对封闭、规模化有限、竞争不充分的产业，而后者则是开放、全球化、规模化极高、竞争充分的产业。航天工业的航天器从来不需要在设计上要求经历十年以上的风吹日晒和数以万计的反复使用次数，火箭和飞船等航天器的使用次数从来都是相对有限的。汽车产业则恰好相反，许多零部件在工程设计之初就需要它能经得起千锤百炼。一些航天技术专家也表达了这样的观点：从某种程度上说，与人们的认知常识不同，火箭制造对供应链的要求其实比汽车制造的还要低一些。

假如以 100% 为理论的安全边界，像 ULA 这样的传统大型航天企业会以 150% 的标准来定义火箭各个方面的设计冗余，从而为自己留下足够的安全保障。而 SpaceX 的思路完全不同，在很多非核心的区域的设计冗余够用即可，比如 110%（这里的 150% 和 110% 仅仅是比喻，并非严格的定量描述）。

该如何接近类似 110% 这样的最佳效率点呢？ SpaceX 靠的不是耐心的理论研究模拟，更多的是大胆尝试和反复调整。如在设计龙号飞船的安全带时，传统公司自然会造出宇航员级别的专用安全带，逻辑是因为这种发射加速度不是任何一种人类地球运动可以相比的。但 SpaceX 的工程师的选择是找个现成的民用赛车安全带先试一下，试之前其实谁也不能 100% 确定民用赛车的安全带能否匹配航天器的需求，毕竟赛车和航天器的速度不是一个数量级。但测试之后发现还挺合适的，那就用吧。

垂直整合

对于航天巨头来说，火箭制造过程中通常存在大量的外包业务，有时候连核心技术也不例外。他们习惯于这样一种工作方式：一级承包商甩给次级承包商，次级承包商再外包给三级承包商等。马斯克说，你必须顺着楼梯，往下走四层到五层，才能找到一个真正干活的人。不仅每一层都要付费，而且每一层与相邻层之间的沟通会花掉大量的时间，这极大地影响项目推进的效率。

供应商有它存在的价值。航天器的零部件数目是数万个甚至百万个的，一家企业想掌握并占据整条产业链十分困难。但马斯克依然搬出了他个人素来偏爱的垂直整合打法（在特斯拉，他也是这样做的）——自建工厂，把大部分的制造环节尤其是核心技术掌握在自己手里。包括发动机、传感器、飞行计算机和太阳能电池板等在内，整个火箭的80%都是SpaceX自己制造的。相关知情者告诉我们，因为大部分业务链条都架构在公司内部，发生任何问题，往往可以快速定位到相关负责人，迅速搜集信息、解决问题。你不用发一封措辞严厉的邮件给供应商，然后等他第二天早上9点半喝完咖啡正式开始工作后，再慢慢讨论对策。

对于大型成熟公司来说，过于垂直整合的模式经常会让组织变得过于庞大冗余，丧失进化的灵活性和竞争活力。很多公司在成长为巨头后，反而会把自己的部分内部业务剥离，让其独立运营，就是害怕陷入垂直整合的弊端。但对于某个新兴领域，情况有所不同，垂直整合有可能被转化为一种优势。新兴领域的发展趋势是不明朗的，新技术和产品原型是没有被验证过的，市场规模效应没有充分形成，在这种情况下供应链本身也不成熟，如果作为创业者的一方还按部就班地指望与供应链合作，那注定无法取得与传统对手不同的差异化优势。

当然，自力更生、平地起高楼的难度会非常大，但这就是SpaceX的选择，也是马斯克的一贯风格。

简单的就是最好的

发动机的技术选择是SpaceX研发思想的典型体现之一。公司启动之初，选择研发航天发动机时，并没有盲目追求超高技术含量、超大推力的复杂设计。这种挑战尖端的项目能满足工程师的"炫技"需求，但实际上未必是创业公司的最佳选择。梅林发动机在设计上相当克制，技术简单成熟，这样更便于制造和控制成本。在控制成本的同时也没有耽误性能。单个发动机虽然推力一般，但体积十分紧凑，这为多发动机并联创造了基础，在猎鹰9号直径为3.66米的壳体中就能塞进9台发动机，动力十分充足，即使飞行过程中有1台梅林发动机临时罢工，剩余的8台都有能力继续完成任务。

我们采访到的航天专家们一致认同 SpaceX 产品的成功之处，不是多么精妙复杂，而是极为简单，没有冗余。也许是成本控制的意识比较淡薄，同时技术积累深厚，波音和洛克希德·马丁的工程师相对偏爱采用复杂的、高度集成化的设计方案来解决问题，对于航天爱好者来讲，这是高科技行为。相比之下，SpaceX 的工程师更愿意将多个简单直接的设计组合在一起来解决问题，看起来不酷，但有效。归根到底，商业火箭不是时装行业，是一门 B2B 的生意，能可靠地完成目标就好。SpaceX 的工程师之所以能做到简单二字，与垂直整合的模式密不可分：因为整个火箭的关键部分都由 SpaceX 自主研发制造，因此在设计上完全不必受供应链所限，可以更精准地按照自己的需求去设计一套恰好匹配的集成方案。很多火箭公司的工程师都没有这样的空间，因为他们需要依赖第三方的零部件，而这些零部件最初并不是为了他们的新产品定制出来的。

这些正是 SpaceX 不追求产品技术过剩，追求标准化和量产规模的思路体现。

用创新降低成本

除了在产品策略和管理思想上做文章，突破式创新的产品设计也是 SpaceX 控制成本的重要方法，最典型的例子就是率先实现了可回收火箭的研发，这让大幅降低单次火箭发射的制造成本成了可能。

产品标准化的意义

隔行如隔山。

火箭制造与一般的制造业有着巨大的区别。在篮球鞋、手机、汽车领域，产品标准化和流水线生产早就是老生常谈的事情了，这将带来更优的产品质量、更低的制造成本。但对于航天工业来说，这种方式从未被应用过。人类对太空的涉足频率和程度远不如我们在陆地、海洋和低空领域所做的，当你有可能好几个月才制造出一枚火箭时，何谈流水线生产？当你面对完全不同的需求场景（运载一颗较轻或者较重的卫星；送到近轨道或者远轨道），又要确保极高的可靠性时，最可能想到的办法是做针对性的开发。

但是,马斯克显然在尝试把许多的汽车、消费电子等领域的经验"拷贝"到了航天火箭当中。

SpaceX 火箭产品的迭代思路

/第一阶段 Falcon 1

目标:实现一次成功的发射,获得航天领域"入场券"。
产品:选择了迷你尺寸箭体和单个梅林发动机的组合。
技术:自研箭体和发动机,掌握发射能力。

/第二阶段 Falcon 9 v1.0

目标:进入主流的商业发射市场。
产品:采用了彻底重新设计的箭体,比第一阶段的产品尺寸大10倍;没有选择重新设计更大马力的发动机,而是用9个梅林发动机协同驱动。
技术:掌握发动机矩阵控制能力。

/第三阶段 Falcon 9 v1.1—Block5

目标:大幅降低火箭发射成本,获得在商业发射市场的价格优势。
产品:箭体和梅林发动机持续进行小幅迭代,增加了降落架。
技术:掌握硬件垂直回收和重复利用技术。

/第四阶段 Falcon Heavy

目标:进入更高端的商业发射市场,具备发射更重载荷、送入更远轨道的能力。
产品:不需重新设计任何箭体或者发动机。把3个Falcon 9(猎鹰9号)捆绑在一起,共含3个箭体和27个梅林发动机,打造出现役运力最强的火箭。
技术:更复杂的三火箭矩阵控制和垂直回收。

从如图 3-3 所示的 Falcon（猎鹰）系列火箭产品迭代图中，可以看到马斯克对产品通用化、标准化的不懈追求。从头到尾，箭体只重新设计过一次，对梅林发动机则一直敏捷开发、小步快跑，而不是彻底推翻。

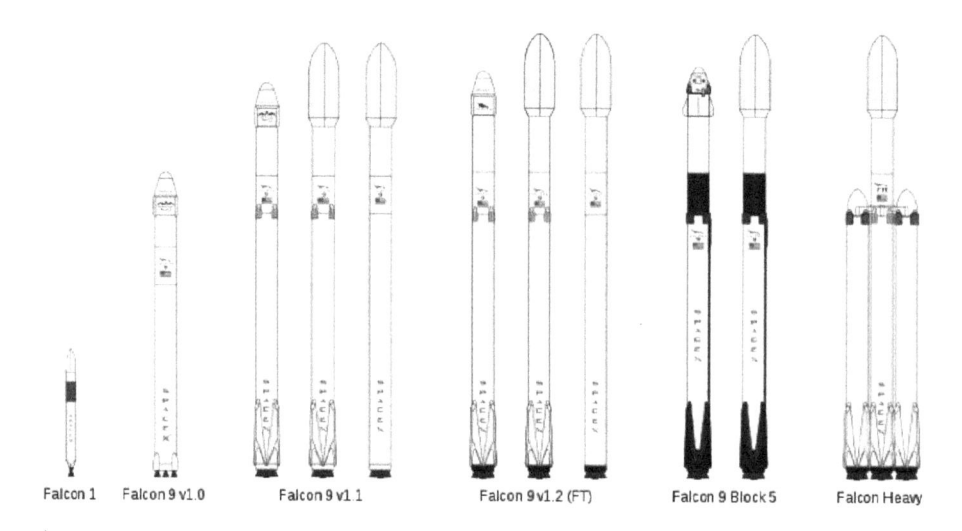

图 3-3　从 2006 年到 2019 年 SpaceX 的产品迭代

图 3-4　苏联 N-1 火箭

传统美国航天工业在火箭发动机方面，习惯于用超大推力的发动机解决问题。只要推力够大，3 ~ 5 个发动机就足以把火箭和有效载荷送上天。而马斯克却果断采用了发动机模块化的思路，类似消费电子行业的多核处理器，如猎鹰 9 号就采用了 9 台梅林发动机协同提供推力。如果客户要求发射更重的载荷，马斯克的做法就更直接了：一套猎鹰 9 号不够，那就三套一起上，用 27 个发动机一起解决问题。

最初很多人质疑 SpaceX 这种"搭乐高积木"的做法，一些专家和航天爱好者会搬出苏联 N-1 火箭（见图 3-4）

的失败教训。当年这款志在登月的超重型运载火箭在第一级就搭载了 30 台发动机，推力惊人。不幸的是，其在 1969 年到 1972 年的四次发射全部失败。但马斯克相信可以通过计算机控制解决 27 台发动机协调配合的问题。

产品标准化的规模效应

由于产品设计的标准化可以形成一定的规模效应，为流水线制造打下基础。虽然无法与汽车这样的大规模量产工业相比，但 SpaceX 的生产方式比起航天业同行，可以算是初阶的流水线了，前者拥有更高的产量和更高的生产频率。

自始至终只需要专注生产和研发一款梅林发动机（当然，在不同时期，这款发动机是保持迭代的）；每个猎鹰 9 号火箭配备 9 个梅林发动机，推高了发动机的需求规模；用低成本的 SpaceX 火箭争取大量商业发射订单。这三个因素合在一起，就让 SpaceX 在制造规模上拥有了明显的优势。

标准化和流水线让 SpaceX 还具备了一种在低价之外的竞争优势——快速响应。今天的 SpaceX 已经可以做到在接受客户的需求之后的三个月内完成火箭的设计、制造、发射。客户只需要告知有效载荷的重量、尺寸和目标轨道等信息，SpaceX 就会从自家的标准产品库里选择最合适的方案提供给客户，而非根据客户需求重新定制研发，徒增研发和制造成本。

从太空归来的火箭

在猎鹰 9 号的垂直回收技术问世之前，在现实中要回收航天器是极其困难的。马斯克屡次公开表示，根据第一性原理，要让太空旅行普及化就必须指数级降低太空运输的成本，因此实现航天器的可回收技术至关重要。以猎鹰 9 号为例，一次标准发射报价为 6200 万美元，但使用的液氧和煤油燃料不过价值 20 多万美元而已，主要的成本来自一次性航天器的制造，包括发动机和箭体等，这些昂贵物质在火箭发射后就报废了。如果能实现航天器回收和复用，太空发射的成本就有可能大幅降低，这就意味着巨大的利润空间和太空物流行业的空前发展。

崇拜马斯克的粉丝觉得他何以思路如此脱俗，实际上这样的思路一点也不新鲜，前人早就看到了太空发射的成本和航天器回收技术的巨大经济潜力。如果一台汽车开一次就报废，就很难走进千家万户，这个道理不难明白。事实上，前人不仅想到了这个办法，还做了大量实践。

航天器回收的难点

航天器回收包括但不限于以下难点。

/额外的燃料和负重

回收过程中，为了让航天器不要过快地坠向地球，需要额外的能量去减速，避免坠落过快在大气层中烧毁或者在地面摔碎。这需要预留宝贵的燃料，这部分燃料将无法用于发射过程，等于徒增重量。发射航天器本身就是人类最尖端的工程技术，这就像是在奥运会游泳决赛中，你需要在腿上捆一个小铅块和最高水平的对手比赛。

/回收的二手航天器需要复用

如果航天器回收后不能再次使用，这个回收就毫无经济意义。而在航天器的发射过程中，航天器要以极高的速度冲出大气层，返回的过程中还要再来一遍。经历了这样的折磨后，航天器是否还能保持足够的"健康"，可否再次复用，修复成本会有多高，最初是没人知道的，但挑战肯定很大。在日常生活中，我们把二手空调拆下来换个地方安装，都可能导致性能和可靠性大幅下滑，别说从宇宙中返回的火箭了。

/系统复杂性提升

确保准确发射已经殊为不易，还要精准地让航天器按预定计划返回指定地点，并以良好的姿态完美着陆，这会让整个航天器的软硬件构成更加复杂。比如，为了克服风力等干扰实现平稳、精准落地，需要加装可折叠着陆缓冲装置，设置为在着陆前展开。

人类可回收航天器之路

面对巨大的未知和困难，一代又一代的航天工程师并没有轻言放弃。

/NASA 航天飞机

航天飞机（Space Shuttle）项目由 NASA 主持，集美国的航天工业体系之合力打造而成。它是人类历史上第一个可重复使用的太空航天器，项目起源于 1969 年，先后制造了 5 架，从 1981 年到 2011 共执行了 135 次飞行任务（见图 3-5）。

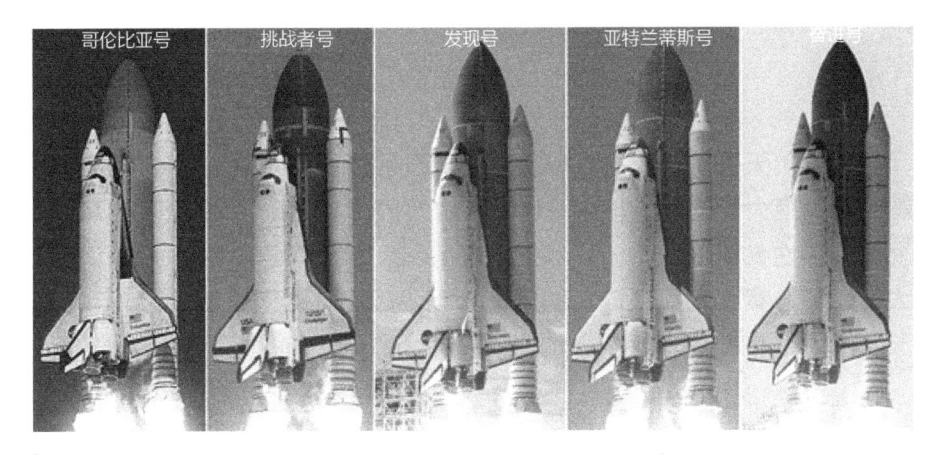

图 3-5　NASA 的 5 架航天飞机

这款可载人的大型航天器的研发工程是人类航天历史上迄今为止最复杂、最尖端的项目，因为航天飞机的本质不仅是一个超级庞大、动力超强的火箭，还需要考虑载人、载物、实现 50 次以上的高度可回收复用等设计目标。单台零部件数量超过 250 万个，相当于大概 200 台汽车的零部件数量之和。就算你完成了航天飞机的制造，即使仅仅是发射和运输航天飞机，也可能让你气馁。你需要 XXXL 号的发射基地、XXXL 号的地面运输车辆和空中运输机，仅仅是运输航天飞机这样又大又重的航天器都是个难题（见图 3-6）。

图 3-6　航天飞机被背在大型运输机身上：因为太大，无法放进大型运输机的"肚子"里

由于航天飞机造价高，单次回收再发射的费用也很高（每次回收后都需要更换大量的隔热材料，这让单次发射成本达到了 6 亿美元，远比发射一次性火箭更贵），可靠性不高（5 架中就有 2 架失事），可替代太空运输方案（如更低成本的火箭）等原因，美国最终在 2011 年为航天飞机项目彻底画上句号。

航天飞机建造了国际空间站，发射了哈勃望远镜和大量卫星，它是人类航天史上的伟大成就。但从某种角度来看，航天飞机有些像巨大的恐龙，虽然无比强壮，却输给了进化论，生存下来的是体积小、灵活敏捷的"哺乳动物"。

/ 苏联暴风雪号

20 世纪 70 年代早期，苏联和美国的技术专家都把航天飞机作为可回收的航天器的解决方案。这种庞然大物的技术目标是能同时载有多名人类宇航员和较重载荷进入太空，还能重返地球并重复利用。

苏联打造的航天飞机被命名为暴风雪号，在 1988 年 11 月 15 日完成了第一次（也是唯一一次）太空轨道试飞。由于是首次试飞，出于安全考虑没有宇航员在内,在无人驾驶的情况下试飞执行顺利,暴风雪号成功重返地球。

暴风雪号长 30 米,高 16 米,翼展 24 米,机身直径 5.6 米(见图 3-7)。其计划容纳 10 名宇航员,并能把 30 万吨的载荷送入太空,还可以将 20 万吨的载荷从太空带回地球,可以说是一架超级太空运输机。但它最关键的设计指标还是"可回收",设计寿命是重复使用 100 次。

图 3-7　暴风雪号
(图片来源:《苏联"死星"沉浮录》,美国《国家利益》双月刊网站)

然而,让所有航天迷遗憾的是,暴风雪号"出师未捷身先死",由于苏联在 1991 年解体,暴风雪号项目受到经费困难的影响,并没有坚持下去。

唯一一次的无人试飞成了它的太空绝唱。

/洛克希德·马丁的 X-33 原型机

冒险之星是 1996 年洛克希德·马丁提出的可回收的无人驾驶单级火箭设计概念。设计初衷是希望替代成本高昂的航天飞机,将单次发射成本降低到航天飞机成本的十分之一(见图 3-8)。

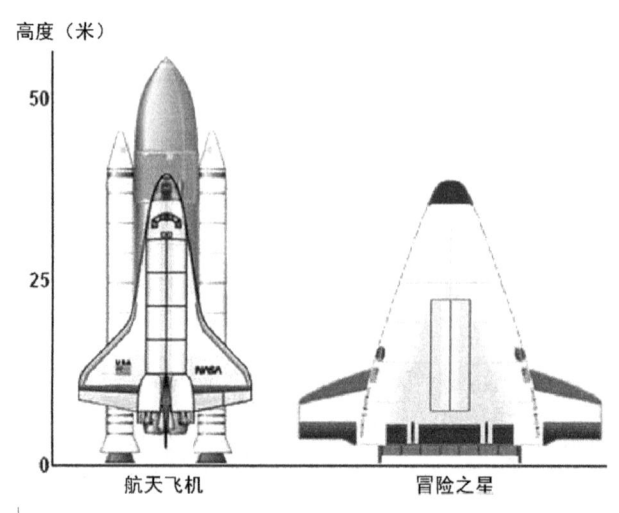

图 3-8 航天飞机与冒险之星对比示意图
（数据来源：维基百科）

正如冒险之星的命名，设计师的思路十分冒险：它像一般的火箭一样垂直升空，无须其他火箭配合助推，在着陆时则像运输机一样平行滑落；不仅计划成为 NASA 航天飞机的低成本替代品，解决太空运输的问题，还可以发展为民用客机，像协和飞机一样服务高端的洲际航空旅客。

X-33 是冒险之星的 1/2 原型机，搭载了一款由波音公司特别开发的 J2S 火箭发动机，拥有诸多创新科技。X-33 原本计划在 2000 年进行首次试飞，NASA 和航天迷都对 X-33 和冒险之星寄予厚望。但在项目进度不断拖延、先后消耗了 13 亿美元依然无望接近收官的情况下，NASA 忍痛于 2001 年砍掉了这个项目。两台大部分零部件已经准备完毕的 X-33 原型机甚至未能迎来自己的第一次试飞。

阻碍该项目进一步推进的关键，就是若干创新尖端技术的研发工作进展不顺，包括"复合材料的液氢燃料槽""金属隔热外覆""线性气塞式发动机"等。可如果改用已经成熟的技术，虽能成功试飞，但无法达到可回收复用的设计初衷，这会让整个冒险之星项目丧失意义。由此也可看出，"可回收"对于航天飞行器来说是一种牵一发而动全身的突破性技术，只要某个方面的工作没有到位，就可能让整个系统的努力失去意义。

虽千万人，吾往矣

由于历史上屡次无功而返或者成功的代价过于高昂，到了 21 世纪初的时候，航天器的可回收技术已经不是一个被重视的方向了。主流的态度是这样的：理论上这个技术是有很大价值的，有一天肯定能突破，但现在时机还不成熟，还是研究别的吧。

在这样的大背景下，一位靠互联网数字经济致富的年轻亿万富翁突然在 2005 年公开做出承诺，要打造可回收和重复利用的火箭，将太空发射的成本降至目前的十分之一，大家会做何感想呢？补充一个背景，当年这家公司成立刚刚三年。

对于绝大多数人，当然是选择不相信。

曾经为 NASA 担任承包商，活跃于火星协会（美国一个热衷航天人士的非营利组织，马斯克刚对航天工业感兴趣时，第一步就是加入这个协会）的 John F.MacGowan 博士曾公开表达了对 SpaceX 这类私营初创企业进军航天行业的不信任。他的观点在一定程度上代表了当时不少美国航天工业专业人士的态度。MacGowan 博士认为高科技的重大突破需要花很多钱、大量的时间，进行无数次痛苦艰难的尝试、冒极大的风险，所以它不适合追逐短期盈利的私营组织，更适合由愿意进行长远价值投资的国家和政府来资助完成。

在质疑一家初创公司的宏大的航天愿景方面，中国和美国的航天迷的观点近乎一致。

2010 年 6 月，猎鹰 9 号首次成功发射。有人这样评论 SpaceX 的表现：SpaceX 成功证明自己做到了 NASA 在 50 年前做到的事情，把东西发射到了近地轨道。

一名非常专业的航天迷，在 2010 年 7 月的一篇公开发布的航天文章中提到自己参观 SpaceX 工厂的经历，当时他们正在制造猎鹰 1 号。他被 SpaceX 的管理和生产标准震惊了：火箭装配的区域实际上紧紧挨着厨房，也就是说当你在造航天飞机的时候，隔壁在生产盒饭和苏打水。他认为 SpaceX 的现场管理远不如 NASA 等传统航天机构：后者有严格的登记、检查和管理，而这些都是在 SpaceX 看不到的，你可以随意走到任何地方，无须检查和防护装备。

"航天航空港"是国内知名的航天迷聚集地，关于 SpaceX 尝试发展可回收技术的帖子是社区里的热点话题之一。

一位 ID 为"东山再起"的朋友在 2012 年年底表达了对猎鹰 9 号技术路线的质疑，他更欣赏洛克希德·马丁的设计方案：还是垂直起飞、水平降落比较靠谱吧，怀念 X-33。另一位 ID 为"hkhtg090201"的朋友不看好 SpaceX 的经济效益，他认为发动机回收对成本效益贡献最大，但假设发动机成功回收，可靠性依然值得担忧。

总结一下，对于马斯克喊出的可回收复用火箭口号，外界普遍抱有各种消极的看法。主要可归纳为以下三点：

一是私营初创公司的能力：财力有限、经验有限的初创团队是否有能力研发出连 NASA、波音和洛克希德·马丁都没能实现的黑科技？

二是可回收技术的成本效率：假如研发成功，经济代价会不会很高，回收后的发动机等部件是否需要大幅修理或更换，该技术大幅降低太空发射成本的初衷能否实现？

三是火箭发射的潜在市场：即使技术目标完全实现了，是否能产生足够的商业价值？太空发射成本降低后，能刺激足够多的太空发射需求吗？

从 SpaceX 于 2005 年提出进军可回收火箭到 2017 年真正实现这一目标，质疑从未中断。仅仅为了实现第一次小型猎鹰 1 号火箭的发射，公司就遭受过三次惨痛失败，这让马斯克就像个还没学会走路就开始大谈赛跑的孩子。早期的质疑言论更多地集中在"一个初创公司怎么可能做到这些事情"，随着各项试验工作层层推进和披露，后期则转为"就算做到了，你能否真正降低成本，找到足够多的客户？"在此期间，坚定支持 SpaceX、对马斯克团队抱有信心的人，我们几乎不曾看到。

而 SpaceX 的态度很简单：虽千万人，吾往矣。

循序渐进，小步快跑

可回收火箭的研制十分困难。SpaceX 的做法是先设置一个小目标，在解决小目标的过程中积累经验和教训，再前往下一个小目标，从易到难。

/"蚱蜢"火箭，先低后高

蚱蜢是一种弹跳力很强的昆虫，SpaceX 的工程师用它来命名测试可回收技术的小型火箭。如果要想从太空中回收火箭，首先需要证明自己能在天空中做到这一点。从 2012 年 9 月到 2013 年 10 月，工程师用"蚱蜢"火箭做了 8 轮测试，飞行高度逐步加高：第一次只上升了 2 米高、过程不过 3 秒钟；最后一次它到达了 744 米的高度，历时约 80 秒。每次测试前，工程师都会对火箭和场景做不同的改动，以此验证技术方案，如更换新的导航传感器、专门选择大风天发射、让"蚱蜢"在垂直升空之外再做一些横移。

/先回收，后复用

用"蚱蜢"积累了足够经验之后，工程师开始打造猎鹰 9 号的可回收版本。

经过数次的尝试、失败、迭代，2015 年 12 月 21 日，猎鹰 9 号的第 20 次发射终于成功实现了陆地回收。这次发射并不是一次专门的可回收测试，在成功运送 11 颗卫星后，猎鹰 9 号的 1 级火箭在卡纳维拉尔角空军基地第一着陆场成功着陆。

SpaceX 同时也在尝试让火箭降落在大海的驳船上。在大海上回收与陆地回收相比各有利弊。海洋的风浪导致驳船的稳定性不如陆地回收的场地，这会让航天器在着陆环节更难控制。但火箭从陆地发射后，除了向上之外还有向前的速度，如果需要火箭扭头返回陆地基地，需要消耗额外的燃料去让火箭转身向回飞，海洋回收则无须如此，从而可以节省燃料。此外，在远离人烟的大海上回收一个庞然大物，失败的话也不会造成太大的损失。在海洋回收连续失败四次之后，2016 年 4 月 8 日，猎鹰 9 号的第 22 次发射——在为国际空间站进行充气式太空舱试验及货物运输补给的任务后，其 1 级火箭终于成功着陆在大西洋的驳船上。

至此，SpaceX 可以说是全面掌握了陆地和海洋两大场景的 1 级火箭回收能力。再下一步则是测试回收的 1 级火箭能否重复投入工作当中。2017 年 3 月 30 日，曾经执行 CRS-8 任务的这枚猎鹰 9 号的 1 级火箭被再次发射，并又一次成功回收。这实现了人类历史上的首次回收火箭复用。

/ **不断迭代**

起初，可以回收复用的只是猎鹰 9 号的 1 级火箭；后来，重型猎鹰火箭的三个助推器（类似于三个猎鹰九号的 1 级火箭）实现了同时回收；再后来，火箭顶部用来保护载荷的整流罩也可以在张开巨网的海上驳船配合下实现回收。仅整流罩的硬件价值就达 600 万美元，能进一步提升火箭总价值中的复用比例。至此，除 2 级火箭之外的其他结构都实现了硬件回收。

刚实现回收的 1 级火箭需要经过历时几个月的检修、整备，才能再次发射复用。而 2019 年的信息显示，SpaceX 已经能在四周内完成这一过程。SpaceX 正朝着一个新目标迈进，计划让火箭在回收后的 24 小时之内再次发射，这简直是以翻新手机一样的速度来翻新火箭。

回收的火箭并不直接投入下一次发射。但在 2019 年 11 月 11 日，"四手"猎鹰 9 号发射并回收成功，再次刷新了人类单个火箭的利用次数记录。据 SpaceX 工程师表示，火箭的复用次数预计可以达到十次之多。到那时，可回收复用技术才会使猎鹰 9 号成为真正的低成本火箭。

目标是星辰大海

商业火箭发射全球领导者

目前，一次 SpaceX 猎鹰重型火箭的发射标准报价为 9000 万美元起，如果对这个报价没有概念的话，我们可以首先与此前的美国同行的报价进行比较。ULA 联合发射联盟在 SpaceX 崛起前是美国唯一的本土火箭发射供应商，它们家的德尔塔 4 重型火箭的科技含量和可靠性都不错，但总推力比猎鹰重型要低不少。即使如此，德尔塔 4 平均一次发射的实际售价至少在 2 亿美元以上（参照 2014 年美国空军对 ULA 的一组发射订单）。如果你是想要送一颗卫星上天的商家，虽然你听说 ULA 的火箭发动机科技含量很不错但猎鹰重型也完全没问题，双方的发射命中率都足够高，那么你会选谁呢？看在 1 亿多美元的差价的份上，并不难做出选择，除非你不在意价格，那另当别论。

事实上，美国航天发射的报价长期处于国际同行的高位。但这张美国联邦航空管理局的统计数据表明：猎鹰 9 号已经在全球主流火箭中处于具备价格竞争力的领先地位（见图 3-9）。

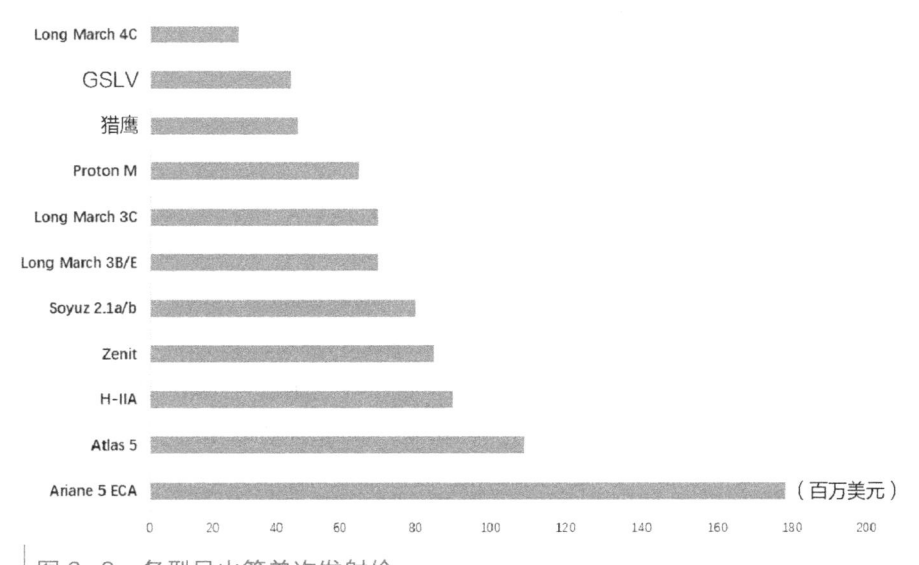

图 3-9　各型号火箭单次发射价

（数据来源：The Annual Compendium of Commercial Space Transportation, 2018）

SpaceX 还暂时难以与 ULA 这样的传统巨头竞争。后者曾经垄断美国空军的太空发射生意长达十年以上，SpaceX 直到 2016 年才从美国空军分到一些小型订单。但在国际商业航天发射市场上，低成本就是竞争力。2019 年 2 月 21 日，马斯克在推特上发布了一张 NASA 对国际商业航天发射的统计，显示了SpaceX从2010年到2018年，市场份额从0%提升到了65%。马斯克同时在推特中评论了由波音和洛克希德·马丁合资的ULA，说他们拿了大笔的政府补贴，但依然无法堂堂正正地与SpaceX竞争。

由于SpaceX的平价策略，已经使美国、欧洲国家和俄罗斯的其他火箭发射供应商逐渐调低各自的报价，而SpaceX的目标远不止于此。如今，SpaceX正在越来越熟练地运用可回收技术，通过对这一技术潜力不断挖掘，让火箭硬件重复利用次数不断提升，成本有望继续下降。根据SpaceX披露的公司中期目标，将通过火箭的重复使用将猎鹰9号的发射报价降低为600万～700万美元，约为现有发射价格的十分之一。如果这样的颠覆性价格策略得以实现，将对全球航天发射市场构成空前的影响，将极大地激活太空探索的应用市场，让人类的太空活动进入全新的周期。

Starlink（星链）

今天我们最常用的通信工具是手机。手机通过附近的地面基站可以进行无线通信，而基站再连入通过有线方式贯通全球的传输网络。如果要打一个比方的话，主要依靠光纤通信的传输网络就像宽阔的高速公路，基站就像无数个的进出匝道，前者负责高速、海量的数据传输，后者负责与外界的终端交互。截至2018年，仅仅中国移动一家就布局了超过240万个4G基站，按照行政村的颗粒度，网络覆盖率高达97%以上。

华为的一位通信技术专家告诉我，目前中国在通信领域的基础设施建设从全球范围来看也是非常先进的，不仅面积覆盖率高，而且迭代非常快、不断使用更新的技术。在很多发达的国家和地区如美国和欧洲，出于土地和产权法规、建设成本、人口密度和分布差异、私营通信公司的投资回报考量等因素，它们的基站覆盖密度其实不及中国。而在一些欠发达的第三世界国家、人烟稀少的海岛和高山，也由于经济实力和规模效应等方面原因无法获得良好的互联网通信覆盖。截至2018年年底，全球互联网用户为43亿人次，约占全球人口的57%。实际上还有30亿以上的人口尚未接入互联网。这当中有一些是对上网缺乏兴趣的老人，但还有很多人缺乏基础设施条件，如何把后者带入互联网将是一门很大的生意。

这可能是马斯克抛出这个大胆计划的原因：将多达 1.2 万颗通信卫星发射到地球轨道上，提供遍布全球的互联网连接服务。据他估计，这个项目的设计、制造和部署需要花费十年时间及大约 100 亿美元。理论上，这样的网络可以为地球表面和低地空间上的通信终端提供卫星通信服务，相当于开辟了与地面基站不同的另一种基础设施。

除了覆盖现有地面通信网络设施的民用市场缺位，Starlink 这样的卫星网络还有一个额外价值：为军事等特殊需求提供覆盖全球和近地宇宙空间的战略通信资源。

想要这么做的不只是马斯克，以拥有与 Starlink 类似商业计划的初创公司 Oneweb 为例，这家于 2012 年才成立的公司已经先后融资 35 亿美元，得到了软银、高通、空客、可口可乐等的大力支持，旨在瞄准被认为潜力可能高达千亿美元级别的卫星通信服务市场。

与此同时，Starlink 还能与 SpaceX 目前的业务产生协同效应。2018 年后者的全球航天发射次数为 114 次，其中商业航天只有几十次，即使保持增长，这也不过是一个每年百亿美元的市场规模，难以满足 SpaceX 快速扩大航天业务、做大规模、降低成本的目标。因此，马斯克很可能需要通过 Starlink 这样的新业务来主动创造太空活动的需求。假如平均每次发射 60 颗通信卫星（2019 年 5 月，SpaceX 一次为 Starlink 发射了 60 颗通信卫星），Starlink 1.2 万颗的总发射量可以创造出 200 次火箭发射需求。这意味着未来十年中平均每年新增 20 次发射量，这有利于让 SpaceX 把火箭量产节奏进一步提升，同时更好地发挥可回收火箭复用的优势。

当然，Starlink 这个计划的前景未必如想象中的那么美好，摆在面前的艰难困苦其实是很多的。根据物理学规律，在遥远的地球轨道上布置通信卫星，与地面通信网络相比，主要有两个难以克服的问题。

一个问题是成本高，如同开在泰山山顶的餐厅和山脚下的餐厅，经营成本显然不一样；另一个问题是远距离无线传输的带宽、损耗和覆盖率。虽然它在深山、海岛、海洋和天空会有一定的覆盖优势，但对于人口密集的城市、建筑物内部的穿透力不足（见图 3-10）。摩托罗拉曾经在 1998 年完成了"铱星计划"，布局 66 个覆盖全球的近地通信卫星，但很快输给了当时开始普及的传统手机网络，使摩托罗拉元气大伤。相信马斯克不会忽略这个教训。

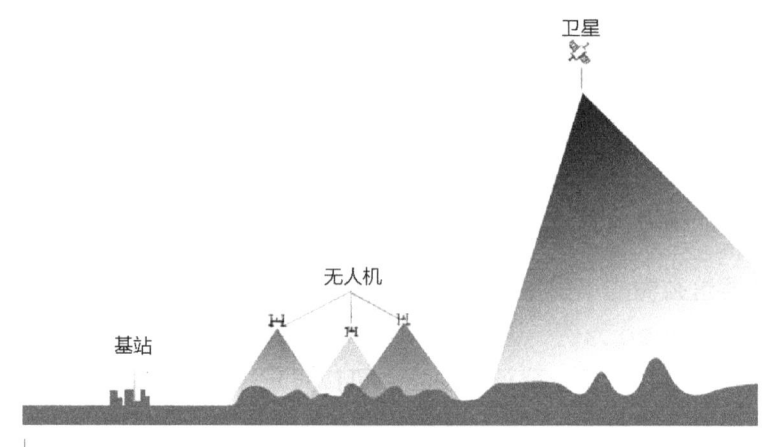

图 3-10　基站、无人机与卫星通信范围对比

相比过于超前的摩托罗拉，时机和趋势对 Starlink 比较有利。人类在天空中的活动能力已大幅领先于 1998 年，2018 年全球民用航空旅客出行达到了 44 亿人次，约是 20 年前的三倍（见图 3-11）。

人们对互联网的需求更是 20 年前的人类无法想象的，就像马斯克所说的，实时接入互联网的智能手机已经在事实上成为现代人类身体的一部分，把这部分拿走，你就会浑身不舒服。2019 年，还只有很少的人可以在飞机上登录互联网，但数年以后这个技术就会普及（下次坐飞机的时候请加倍珍惜没有信号的时光）。除了天空之外，随着太空中的航天器越来越多，人们的太空活动越来越频繁，如何在太空中更好地提供通信服务将成为一个方向。开辟类似这样的新兴市场机遇，将会是 Starlink 这样的公司的目标。

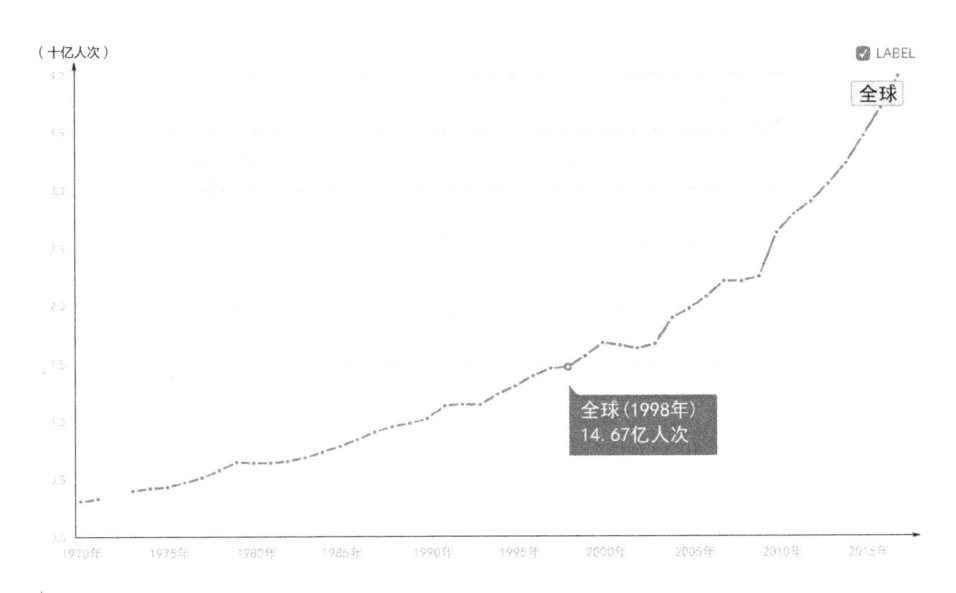

图 3-11　世界银行数据：全球每年民用航空旅客数量

Starship（星舰）

　　猎鹰 9 号和基于猎鹰 9 号打造的重型猎鹰已经是非常具有商业价值和技术实力的明星火箭，但马斯克并没有停下他的脚步。为了实现让人类进入跨星际文明的梦想，仅仅挖掘猎鹰系列的技术潜力已经无法带来质的改变。于是，马斯克率领 SpaceX 的研发团队，投入到了公司第二阶段的产品研发工作中：这款新型火箭最初被命名为 BFR（大猎鹰火箭），后来又更名为 Starship（星舰，见图 3-12）。考虑到它采用了比猎鹰系列更强大的猛禽发动机和庞大的箭体，确实值得启用一个全新的产品命名。

　　几十年来，曾经帮助人类实现登月壮举的超级火箭"土星五号"长期保持着最强火箭的称号。现在，这一纪录很可能被 Starship 刷新。这座高 118 米的庞然大物，仅仅在火箭的 1 级就搭载了 37 台猛禽发动机，单台推力高达 200 吨，数倍于梅林发动机。它可以向月球/火星运送高达 100 吨的有效载荷（土星五号是 45 吨），携带百人进行长时间太空旅行，被视为马斯克太空移民计划的实施关键。

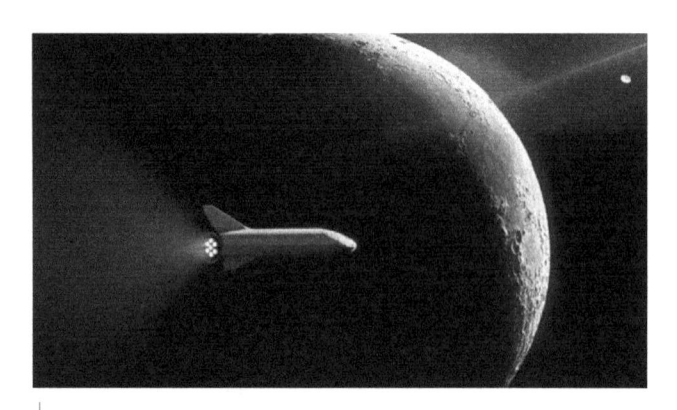

图 3-12　Starship 航行示意图

虽然 Starship 还没有研发完成，但马斯克已经把首次私人包机进行了预售：日本亿万富翁前泽友作出资 2.5 亿美元，预约了 Starship 在 2023 年的绕月飞行之旅。除了他本人亲自前往，还会邀请 6～8 名艺术家同行。他希望通过这次靠近月球的航行，激发艺术家们的创作灵感，为世界带来新的作品。这次活动被命名为"亲爱的月球"。

2. 没有 NASA 就没有 SpaceX，是这样的吗

在 SpaceX 成功发射火箭之前，舆论对它有很多怀疑：人们不相信一家初创的私营企业真能切入航天工业。

当 SpaceX 发射成功甚至成功回收火箭，反复证明自己之后，另一种质疑声音扶摇直上：SpaceX 的成功主要是靠 NASA 扶持，如果没有 NASA 就没有 SpaceX。这种说法在互联网上很有市场。但事实果真如此吗？

航天工业与国家大计

孟子云："生于忧患，死于安乐。"这句话很适合形容 NASA。

星球大战，比分 12 : 0

1957 年，苏联发射了人类第一颗人造卫星"伴侣号"（Sputnik），把地球文明的触手及影响力投射到宇宙当中。

这让美国"坐不住"了。

飞机、坦克、航母、潜艇，当时已经有很多了，但一个能绕着地球兜圈、具备大范围监测和通信能力、永不坠落的人造卫星可是头一个。即使卫星的能力暂时是有限的，但可以让人产生无尽的联想。

于是，美国 NASA 在 8 个月后正式成立。它肩负着使命：比苏联发射更多的卫星，更早地把人类送入宇宙，更早地把人类送上月球。

以"阿波罗"登月计划为例，美国政府耗费了超过 200 亿美元（当年造一艘尼米兹级核动力航母只需要 7.25 亿美元），历时 12 年，动员了 40 多万人，2 万余家公司和研究机构，以及 120 多所大学。

人们为当时的美苏在太空领域的争霸，起了一个很诗意的名字：星球大战。结局格外清晰：从 1969 年至 1972 年，NASA 先后把 12 名

美国宇航员送上月球；苏联 0 人。

美国知名宇航员 Chris Hadfield 曾说过：有时正是历史上一些偶然重大事件的组合，飞速推进了航天业。如果没有历史背景、没有颇受爱戴的总统肯尼迪并大力支持"阿波罗"登月计划，美国可能不会把人送上月球。

Hadfield 同时认为，SpaceX 的立足也是由一系列"偶然前提"的组合所致，包括 NASA 财政紧张、互联网浪潮让马斯克发了一笔横财等。

飞鸟尽，良弓藏

"星球大战"以美国占上风而告终，"强极则辱，情深不寿"，迎接 NASA 的结局反而是鸟尽弓藏。

很快，美国政府不再把纳税人的钱疯狂投向航天工业。毕竟，火箭、卫星、登月飞船既不能吃也不能喝。NASA 的经费被大幅削减（见图 3-13），本来占美国国会预算超过 4% 的航天预算，锐减至不到 0.5%（以 2020 年美国财政预算为例，NASA 仅占 0.48%，而教育占 5%，健康与公众服务占 7%）。

飞鸟尽，用来凝聚共识的太空竞赛的意义被大幅削弱了。美国的普通纳税人更希望能开上漂亮的凯迪拉克、享受全民医保、大口喝酒、海边度假。NASA 兴起于太空竞赛的忧患时刻，临危受命、力挽狂澜，却"衰落"于之后的安乐梦乡。

特朗普高调进军太空

和龟兔赛跑时兔子的心态类似，当一个实力强劲的选手一骑绝尘的时候，不免总有一些松懈。但美国总统特朗普自 2017 年上任以来，表现出了浓厚的太空兴趣。2017 年 6 月，特朗普下令重新组建美国国家太空委员会，随后他还要求 NASA 带美国宇航员重返月球、载人登陆火星，要求改革美国商业航天的监管规则，从而确保美国在这一领域的领

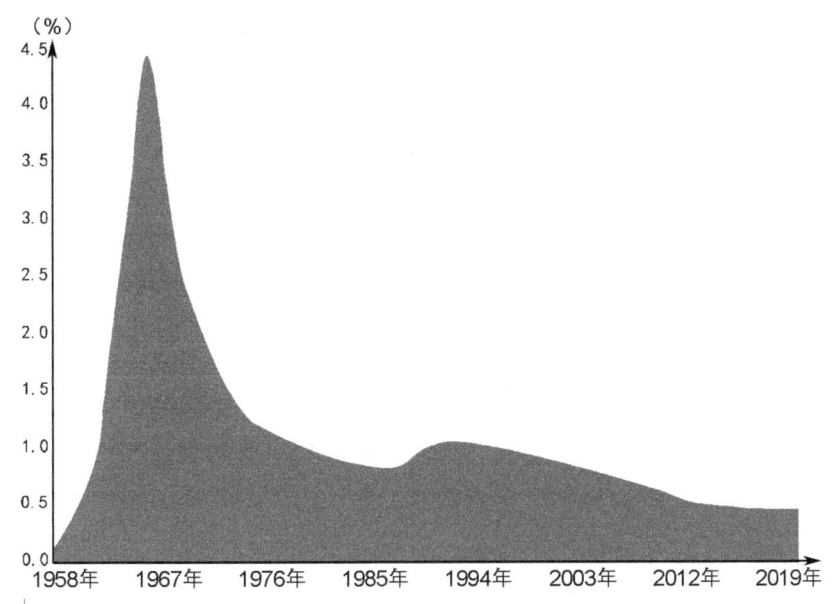

图 3-13　NASA 占美国财政预算比例
（来源：维基百科）

先优势。在特朗普诸多的举措当中，最显眼的一个就是在 2019 年 2 月抛出了"太空军"这个新概念，并正式开始筹建这一独立于空军的新型部队，它将成为美国继陆军、海军、海军陆战队、空军、海岸警卫队之后的第六军种。尽管联合国的《外层空间条约》禁止在太空部署大规模杀伤性武器，而且到目前为止尚未有任何一个国家率先"染指"太空这片相对神秘、纯净的空间。但从人类的历史规律来看，在太空进行一场军备竞赛恐怕只是时间问题。有消息称，美国已经考虑布局"基于太空的导弹防御系统"，结合重返月球和登陆火星等强势计划，这可能导致第二次"星球大战"。

回顾历史，人类很早就在陆地和海洋上有积极、频繁的活动。我们不难发现一个规律，每当人类有一项重大的发明能扩大人类的活动半径，这一技术终究会与军事产生关联。如飞机的发明改善了人类的交通与运输，但随即天空也成为重要的军事阵地，现代化的国家几乎都会组建自己的空军。又如网络数字技术的飞速发展让"黑客部队"成为一种客观的需要，至少要组织自己的防卫力量。太空也无法免俗，对地球外宇宙空间的探索，最终也会让人类的竞争空间从海、陆、空扩展到"太空"。

美国航天的变革

NASA 的养狼计划

前文已经说明，航天工业极少被商业投资涉足。首先，这个领域的研发难度太大，几个国家凭举国之力才能获得这一领域的"入场券"；其次，这一领域素来不"欢迎"商业资本和背景复杂的外人，因为航天涉及顶尖技术、国家安全等重大敏感问题。由于这些原因，在美国的航天工业领域，长期以来就是政府、军方、NASA 与波音、洛克希德·马丁等几个"老资历"在一起做生意，形成了牢固的关系。当竞争者很少时，后者很容易达成默契，报出很高的价格，让 NASA 这样的项目发起方也无可奈何。

在这个背景下，美国政府在 21 世纪初推出了一系列政策，对商业航天松绑。许多类似 SpaceX 的私营商业公司因看到了机遇而纷纷成立，与此同时，NASA 有意重塑这个产业链的格局：在社会中发掘、扶持一些航天新锐，让波音和洛克希德·马丁不能再"高枕无忧"。在市场经济中，引入竞争是降低成本的不二法则。培养供应商固然是个辛苦、漫长的事情，但从长远来说，可能意味着每年为 NASA 节约数十亿美元的经费。

2005 年，NASA 发起了一次 COTS（商业轨道运输服务）项目招标，意在寻找合格的承包商，开发出能够载物到国际空间站的飞行器。首轮共有二十多家公司参与竞标，从资历显赫的 ULA，再到初出茅庐的 SpaceX 等众多初创商业公司，仅仅从名单来看，竞争就已经十分激烈。

首轮竞标，ULA 延续了他们的传统作风，报了个高价，结果直接被淘汰出局。借此，NASA 向其他所有参与竞标的公司发出了一个强烈的信号：要变革，我们不是闹着玩的！入围第二轮竞标的 6 家全是初创公司：SpaceX /Andrews Space/ RpK / SpaceDev / SpaceHab /

Transformational Space。

NASA 对这 6 家公司分别做了详细的调查，考察各家公司的管理团队能力、技术团队能力及非常重要的融资能力。这里必须说明，NASA 确实会为选拔出来的公司提供资金支持，但这笔资金只是造出火箭的部分成本，大部分资金依然需要中标公司自筹。更残酷的是，NASA 定下规矩：预算可以先按规划给你，但你要自己融资、自己动手、按时造出达标的火箭，才能拿钱。如果你真的是一个只会做 PPT 的皮包公司，就无法从 NASA 手里拿走一分钱。

在这 6 家初创公司中，SpaceX 可谓不折不扣的"学霸"，当之无愧地赢得了 NASA 的合同。据 NASA 当时的评审意见显示：SpaceX 无论在技术还是商业方面，都是众多竞标公司中的领跑者，他们的猎鹰火箭和龙号飞船的技术优势突出，公司的财务状况稳定，拟定的发射市场开拓计划也极具远见。另一家惊险入围的初创公司，名叫 Rocketplane Kistler Limited Inc（RpK）。NASA 在第二轮考察中对他们的融资能力表示顾虑，但当时并无更好的选择。后来这家公司果然因为财务问题中止了项目，NASA 用轨道科学公司代替了它（见图 3-14）。

COTS 项目

图 3-14　NASA 为入围 COTS 项目的公司设定的日程

从 SpaceX 与 NASA 的初次合作就可以看出，那种说"SpaceX 能成功，是因为他是 NASA 的宠儿"的言论有多荒唐。SpaceX 并非因为是 NASA 的"宠儿"而受到青睐，而是因为在与其他 20 多家竞标公司的公平竞争中确实展现了优秀的实力。

最终，SpaceX 履行了 COTS 项目合同的约定，从而赢得信任和尊重，以及与 NASA 续约的机会。

在整个项目的流程中，NASA 始终坚持选择两家公司同时合作，并非把全部资源都"押宝"在综合能力更出色的 SpaceX 一家身上。这更说明从一开始，NASA 就无意愿全力支持 SpaceX。它希望培养出不止一家新供应商，分散项目风险，同时避免任何人一家"独大"从而坐地起价。

传统体制的惯性

NASA、波音、洛克希德·马丁是美国航天传统体制的典型代表。NASA 隶属美国政府部门，很长一段时间以来，NASA 较少介入具体制造，主要从事顶层技术研发、规划和政策制定等工作。当 NASA 想要发射一支火箭时，通常会发起公开招标，请波音、洛克希德·马丁等一级承包商来竞标。

上文已经提到，自 20 世纪 80 年代后，NASA 的预算日趋紧张；波音、洛克希德·马丁这些一级承包商经过竞争、重组后，逐步消灭了弱小的竞争对手；别国的航天服务由于国家安全等原因无法有效进入美国航天市场。这几个因素合在一起，让波音、洛克希德·马丁在竞标报价时越来越有恃无恐，这两家还合资成立了联合发射同盟（ULA，2006 年），让竞争"最小化"。2012 年，ULA 曾经报出一个 4 次发射共 17.4 亿美元的天价，单次火箭发射的成本超过了 4 亿美元，是俄罗斯、中国同类火箭发射服务价格的数倍。

垄断市场者往往会陷入垄断利益带来的陷阱。我采访了零壹航天总裁马超、Ariane Space 成员、微博 KOL（关键意见领袖）电池王等多位航天领域专业人士，大家在这方面的观点是一致的：ULA 这样的美国传统航天巨头，在技术实力和经验积累上其实是明显比 SpaceX 更强的。SpaceX 之所以率先完成可回收复用火箭的应用，其本质原因就是传统航天产业的体制惯性：

火箭发射这样的业务只占波音、洛克希德·马丁收入的一小部分。他们还有许多更庞大的生意，如民航和军机，没有CEO会格外在乎一个占比不高的业务线；

航天业务现状挺不错，来自美国军方和NASA的大量订单的利润率都很高，干嘛要改变？如果火箭真的可以大量复用了，可能会导致产量下降，利润下滑；

这套机制已经运转了很多年了，如果要像SpaceX那样推动变革，需要做内部改革、重整供应链，冒着应用新技术的风险，对于职业经理人来说，这实在是吃力不讨好的；

航天工业大部分订单原本是由政府和军方主导的，这些客户的成本敏感度不高。

传统大型航天机构拥有更多资金、更多技术、更多人才，但是缺乏"破釜沉舟地让技术从实验室走向商业应用"的决心，这是与自负盈亏、随时有可能关门破产的创业公司之间的本质区别。我们在欧洲的受访对象举了一个例子，假如Ariane Space（法国的一家私营航天公司）研发的一款新型火箭失败了，很可能要等一两年甚至更长的时间才能再度发射。这不仅是因为他们重新制造、组装一枚新火箭的速度不及SpaceX，而是因为背后的机制问题。政府机构主导的优势在于有政府拨款，不用私人掏腰包，但劣势也在于此：尖端复杂的航天器可能研发失败，投入的钱可能有去无回。如果你想要做一些与前人不一样的事情，总会有很多解释说明的工作要做，很多时候你花在解释和证明上的时间会超过具体的研发和制造的时间。而且，当成功的收益与管理层的相关度不够高的时候，每个人都是"风险厌恶者"，不出事比做错事更有利。

知名微博KOL电池王的点评和欧洲专家的观点互相验证："SpaceX实现可回收火箭的关键原因，不在技术，在于勇气。"SpaceX并没有发明出让NASA和ULA叹为观止的黑科技，实际上可回收复用技术早就在航天飞机上应用过了，相关的技术资源在美国航天界是有积累的，只是没有人愿意冒险在这条道路上继续前行。零壹空间的总裁马超反复向我表达一个观点："SpaceX并没有全新的技术研究创新，而是在应用实践层面做出了突破。"

马斯克本人曾多次批评美国传统航天工业的定价传统，同时借此展现 SpaceX 这样的私营初创公司对美国纳税人和客户的价值：长期以来，NASA 和类似 ULA 这样的公司签订的都是一种"成本 + 利润"合同。也就是说 ULA 花在研发、制造、发射上的每一分钱，NASA 都提供报销，还在此基础上给予一定比例的利润。这种合同机制实际上导致了 ULA 缺乏控制成本的动力，其本质还是由于有能力的供应商数量太少，近乎垄断。

SpaceX 在 2017 年的一份国会证词中说明了它对 NASA 控制成本的巨大帮助。该证词提到：根据 NASA 独立核实的数据，SpaceX 开发猎鹰 1 号和猎鹰 9 号火箭的成本共计约 3.9 亿美元。而由国家主导（像过去一样与 ULA 这样的大公司进行合作）开发类似的发射系统需花费约 40 亿美元，SpaceX 的成本仅为前者的十分之一。

NASA 与 SpaceX：教练和球员

马斯克本人多次在公开场合表示：没有 NASA，就没有 SpaceX 的今天。这句话说明，NASA 确实为 SpaceX 提供过不少的帮助。

与之对应，成长起来的 SpaceX 用技术创新和成本控制促成 NASA 有效地降低了成本，为原本相对沉寂的美国航天工业再次点燃了革新的火炬，带动了整个产业的活力和进步。

/给人给技术

坊间有一种传闻：NASA 转移了毕生积累的核心技术，包括"阿波罗登月"的尖端技术都给了 SpaceX，帮助它开发出各种航天器。

NASA 确实在技术上支持了 SpaceX，但方式和程度与上面描述得很不一样。作为美国航天科学的殿堂级机构，NASA 有大批资深专家和丰富的航天经验，无论是成功的经验还是失败的经验。当 SpaceX 推进与 NASA 合作项目的过程中，前者确实从 NASA 获得了专利技术授权和顾问专家的支持。SpaceX 的工程师和 NASA 顾问团会时不时进行交流，但后者并非一直紧盯 SpaceX 的具体工作进展，手把手教你先做什么后做什么，而是在关键节点帮助评估风险、找出问题，同时答疑解惑。

比如，SpaceX 在龙号飞船的试飞准备阶段，工程师遇到了数据采集能力有限的问题。特别是当飞船在太空返回、重新进入大气层时，会处于"数据终端"状态，得不到任何遥测数据，万一失事，很难判断失事原因。于是他们找 NASA 的顾问团队进行咨询，前辈们建议 SpaceX 尝试 NASA 航天飞机上用过的一套雷达系统——2003 年，哥伦比亚号航天飞机失事后，NASA 在所有航天飞机上都嵌入碎片雷达，以即时发现航天飞机在上升期间散落的泡沫塑料，预知再入大气层时可能出现的意外。

在 NASA 的建议下，SpaceX 在猎鹰 9 号火箭上安装了同款雷达。这样一来，万一龙号飞船出现事故，SpaceX 至少有机会搞清楚原因，从而为成功铺垫基础。

NASA 以前的经验和教训都成了 SpaceX 的教科书。正如 NASA 项目总监 Mike Horkachuck 所言：SpaceX 是一家初创企业，没有历史包袱，也没有繁文缛节，所以他们才有可能精益高效、全方位创新。结合 NASA 过往的经验和一些建议，SpaceX 有机会走得很远。我们采访的一位 SpaceX 工程师介绍说：刚开始和 NASA 合作时，SpaceX 的工程师把 NASA 看作一个"高高在上的监工"，NASA 则把 SpaceX 看作专门做一些基础工作的外部供应商。但随着大家一起钻进战壕，挽起袖子辛苦工作，就慢慢融合成一个团队了。如今，SpaceX 员工把很多 NASA 的顾问视作 SpaceX 团队的同事。

/ 给钱给项目

2006 年 8 月，经过上文提及的招标后，NASA 与 SpaceX 正式签署 COTS 项目合同。在这次合作中，NASA 为 SpaceX 安排了合计 3.96 亿美元的预算支持，而 SpaceX 需要自筹 4.54 亿美元。这笔支持有些像一个风险投资基金与初创公司之间的对赌协议。NASA

在技术和财务层面，共设定了40多个详细的KPI，SpaceX必须完成各种技术研发、拿到融资，NASA才会作为支持方"跟投"。虽然有诸多约束，这笔钱对SpaceX依然是意义重大的。成功获得NASA的财务支持，让SpaceX得以开启了一个大型研发项目——开发猎鹰9号火箭和龙号飞船。更重要的是，NASA的合同就像是一张跻身美国航天工业的"入场券"，这让SpaceX开始被认可。

2008年圣诞节前，SpaceX陷入财务困难之际，NASA把COTS之后的另一个招标项目——CRS项目合同签给了SpaceX，可谓是雪中送炭。

COTS和CRS有些像NASA的"两部曲"。通俗地说，前者是要你造出一台货车（也就是火箭和飞船），后者是让你开着这台货车去国际空间站送货。CRS项目约定了先后12次太空物流服务，使SpaceX从NASA获得16亿美元，双方由此建立了良好的长期合作关系。

从2006年起的十多年来，NASA向SpaceX付出的采购金额超过50亿美元，堪称后者最重要的金主。但如果你被这50多亿美元的"天文数字"震惊到的话，可能说明你并不足够了解美国航天工业。我想引用知乎航天话题大V"太空精酿"的一句精辟总结："美国航天资源分配的节奏是这样子的：NASA吃菲力牛排，洛克希德·马丁和波音吃肉，SpaceX和一些公司吃点渣滓。"

得到NASA支持的绝非SpaceX一家，蓝色起源、内华达山脉、轨道科学、波音、洛克希德·马丁等新老航天公司都获得了NASA的财务支持。但是从结果来看，SpaceX只有一个。NASA确实在技术上、资金上和产业资源上帮助了SpaceX，但它愿意如此大力度、大范围扶持新公司的根本原因，是基于自身的利益：作为拥有无数经验和研发实力的官方机构，NASA需要有又聪明又勤快的"小兄弟"，制衡传统航天公司的傲慢报价，通过竞争刺激美国商业航天科技以更快的速度发展。从结果来看，多快好省的SpaceX毫无疑问是NASA拥有过的最佳搭档之一。NASA向SpaceX陆续支付了超过50亿美元的工程款，确实不是小数目，但如果没有SpaceX，同样的事情交给ULA这样的传统公司去做，可能要花去 200 亿美元。

荣誉归属于谁

巨人肩膀上的现象

SpaceX 是全球航天工业的现象。除了马斯克作为引领人物的贡献，除了 SpaceX 团队的杰出努力，除了 NASA 的支持，一个关键的基础条件还是美国航天工业这片土地足够肥沃。

/美国航天工业的深厚底蕴

美国规模庞大的航天工业的上游，三大项目方分别是 NASA、美国空军和国家侦查局，业务范围涵盖卫星制造、航天发射、空间站维护及军用导弹研发等领域。

美国航天工业有上千家供应链配套企业，近百万数量的从业人口，其中近四分之一集中在加州地区。这也是为何马斯克会把 SpaceX 总部设在这里：方便他本人快速接近这个行业的专业人士，方便公司的人事部门就地揽才。事实上，SpaceX 目前使用的总装厂房就曾是波音的一个旧飞机制造厂，被马斯克低价收购。

美国航天工业多年以来的积累，以及庞大的从业人口，为 SpaceX 招募高水平人才提供了可能性。三军易得，一将难求。马斯克第一次招揽的对象，就是后来担任公司副总裁、动力部门首席技术官的汤姆·米勒（Tom Mueller），他曾经在美国 TRW 公司担任推进与燃烧部门负责人，从事了 15 年的液体火箭发动机研发工作。

米勒为 SpaceX 带来了针栓式喷注器火箭发动机，由此衍生出了全系列梅林火箭发动机。正是梅林系列可靠、低成本的优秀商业表现奠定了 SpaceX 目前在商业发射领域近乎垄断的技术基础。

除了和米勒一起从 TRW 公司跟来的团队，SpaceX 在早期还网罗了来自波音和 NASA 喷气推进实验室的顶尖人才。值得一提的是，这些人才不仅为公司创造了大量的科研成果，还能运用各自在行业里扎根多年的人脉积累，比如在 SpaceX 最困难的时候，说服当时的 NASA 局长格里芬给 SpaceX 参加竞标的机会，并最终如愿取得了空间站补给合同（包括 COTS 和 CRS 项目）。

/开放的产业政策和法规

除了设施和人才的供给，机制上的优势更是 SpaceX 得以成立并快速发展所依托的隐形台阶。

在全球各个航天大国，由于该领域对尖端技术的需求及高度敏感的特性，所有的信息、人才、技术、资源都几乎被政府相关部门垄断，形成一道密不透风的高墙。

但美国的航天产业政策一直是相对进步和开放的，这背后与美国商业卫星和卫星数据应用等火箭相关产业的领先优势有密切关系。SpaceX 这一批新兴商业航天公司，就是乘了美国工业进一步开放的变革之风。2000 年后，小布什政府及奥巴马政府颁布了《国家航天运输政策》及《美国国家航天政策》等一系列法案，一方面是对波音、洛克希德·马丁等传统利益集团进行压制，另一方面是受太空经济的快速发展的驱动。

这些法案带来的转折性意义，就是 NASA 开始转变成一家重视科学研究和前沿技术探索的机构，把太空活动的执行交给下游的企业。同时，利润丰厚的近地空间业务允许私营商业航天公司进入。

无论是马斯克的 SpaceX 还是贝佐斯的蓝色起源，纷纷在 21 世纪初创立，不仅仅源于这些硅谷顶级创业者的理想和热血，本质原因是美国官方选择把航天这块技术高精尖、市场潜力无穷的超级蛋糕进一步向民间开放。不管你是"国家队"、传统巨头还是初创公司，法律允许你参与 NASA 和美国空军等航天项目方的合同竞争。

◎ NASA

刚成立 4 年、仅仅发射过一次小火箭、完全没有太空运输实战经验，甚至火箭和飞船都还在 PPT 阶段的 SpaceX，通过公开竞标赢得了 NASA 的 COTS 项目。

◎ 美国空军

2014 年，SpaceX 起诉美国空军，质疑其采购流程构成了不公平竞争。后者与 ULA 签订了价值数十亿美元的 36 次太空发射合同。马斯克公开表示 SpaceX 的收费更低，能帮纳税人节省大笔开支。

美国空军起初辩解称，他们在意的是发射的可靠性，希望使用久经考验的承包商，对价格并不太敏感。但后来双方达成了和解，SpaceX 撤诉，并从次年起开始成为美国空军的承包商。

◎ 国家侦查局

2017 年，SpaceX 执行了一次绝密发射任务，代号为 NROL-76。除代号之外，没有任何信息对外披露。外界唯一知道的就是该任务由美国国家侦查局（NRO）发包，而美国国家侦查局发包的卫星造价通常高达二三十亿美元，是执行这次任务的猎鹰 9 号造价的 30 倍以上。如此敏感、昂贵的卫星，用一家纯商业私营公司来执行发射，在美国也是头一遭，如果背后没有国会法案的许可，SpaceX 根本没机会拿到订单。

从以上案例中我们可以看到，NASA、美国空军和国家侦查局都在与 SpaceX 开展商业合作。其中当然有 SpaceX 自己敢打敢拼的主观因素，但客观前提是美国相关法规的制度保障。

/发达的创投市场

除了政府法规的开放性，美国成熟的创投市场有效助推了 SpaceX。

航天工业需要极大的早期投入沉淀，这是一个"先播种后收获"、风险极高的行业。当 2002 年马斯克成立 SpaceX 时，他自贴 1 亿美元，这已经是他当时过半的身家了。但马斯克的财力是完全无法独立支撑这家公司的发展的。事实上，截至 2019 年，SpaceX 已经累计融资 32 亿美元。

SpaceX 能有今天，从投资的角度来看，是创投市场为这种高风险、回报周期长的高科技公司提供了足够的"粮草"。如果没有懂得创新价值、善于为风险和机遇量化、有长周期价值投资意识的美国创投市场，像 SpaceX、特斯拉这样的公司就很难发展到今天他们现实中的样子。

马斯克与工程师团队

在互联网问答社区知乎上有一个有趣的问题：为什么 SpaceX 的成就大都被舆论归为马斯克的个人成果而不是 SpaceX 全体工程师的成就？

这确实是一个有趣的现象。显然，从严格意义上讲，SpaceX 的成就当然归属于包括马斯克在内的全体 SpaceX 公司成员、NASA 在内的外部客户和合作伙伴及冒险支持它的投资机构等。

舆论聚焦在马斯克个人身上，是因为公众习惯用标签化、符号化的方式来更简单地认知世界：把苹果手机的惊艳创新与乔布斯牢牢捆绑在一起；奥巴马政府医疗改革的成与败，就是奥巴马个人的功与过；一家大公司业绩不佳，公众只会逼 CEO "下课"。从这个角度来看，围绕 SpaceX 主题的聚光灯如今被马斯克一人占据，是符合社会传播规律的（其实，这里也有马斯克有意为之的成分）。

那么，公众这种认知到底是否公平呢？我认为非常公平。

SpaceX 这个主意是谁出的？

长期以来，全球仅有少数国家具备火箭发射能力。有几个人想过，这可以是一门私营生意？

是谁在绝大多数人都不看好，甚至不知道火箭初创公司到底是什么的情况下，坚决投入了 1 亿美金，用过半的身家财富开启这场冒险的？

在 SpaceX 里，像 Tom Mueller、Shotwell、Koenigsmann 这样的人才不少，是谁出面聚集了他们，并确保他们携手合作，朝着一个方向努力？

这家初创公司只有三次试射的机会，因为预算有限。当 SpaceX 的第一次、第二次、第三次试射连续失败，团队斗志燃烧殆尽，账上也确实没钱时，是谁站出来对沉痛的失败轻描淡写、积极总结过去、带领大家向前看？是谁在"连输三局"后依然拿到了融资，坚决地开始下一次试射？

如果 SpaceX 这家初创公司破产了，每个工程师都能在公司破产前的每一个月拿足薪水，但是谁会被媒体称作"21 世纪最夸张的自大狂"？谁会被后人贴上"一个明明年轻有为但不好好做正经生意，非要进入航天领域的破产亿万富翁"的标签？

现实是 SpaceX 活下来了，火箭发射成功了，回收也成功了，太空发射订单源源不断，过上了好日子。

现在要讨论功劳了？

是的，每个人都有个功劳。但是有多少人会一一记住与哥伦布一起发现了美洲新大陆的近 90 名船员呢？

大航海的计划是哥伦布发起的，远航的资金是他筹集的，整船的人是他召集的，在茫茫大海中持续几个月的航行是他坚持的。今天的历史书上如果不记载 Cristoforo Colombo 这个名字，还能记载谁呢？

3. 地球上的问题还有很多，为何要想着火星

有人不理解，为何人类要费那么多资源、冒那么大风险，去探索太空。国际空间站花费了上千亿美元，好像对日常生活也没有多大的影响，还不如发现下一个油田来得实惠，至少能够开采一大堆石油。质疑太空探索意义的人很容易找到足够的理由：地球上的问题还有很多，为何要去太空？地球已经足够广袤富饶了，人类为什么不能专注在地球上，何必吃着碗里瞧着锅里？

坐拥浩瀚地球，何必星辰大海

地球文明的备胎

假如你的资料非常珍贵，那就应该有个备份，这是常识。

那么地球是全人类的温暖的家，你不觉得它也需要有一个备份，以防万一吗？在成立 SpaceX 时，马斯克直接抛出了人类移民火星计划。毕竟全人类目前都在地球上，一旦地球遇到问题后果不堪设想。

你可能会想，地球怎么会有问题呢？人类文明正处于如此繁荣的状态中，这不是杞人忧天吗？这取决于我们把视野的焦点设定在哪里。如果以常人习惯的地球时间丈量单位（年、月、日）来看，地球和人类文明大概率是高枕无忧的，但如果我们跳出惯式，把"焦距"拉得足够远，从整个宇宙的历史角度来观察，这种担心就不无道理了。

当我们把 6 亿年的动物史，以及发生的大规模灭绝事件放同一个时间轴上，会是如图 3-15 所示的。

图 3-15 大灭绝时间线
（图片来源：waitbutwhy.com）

个体的生老病死，总是在地球上循环往复，连绵不息。但真正导致大规模文明灾难的，并不是均匀发生的，可能 99.99% 的时间里都平安无事，但瞬间的小概率事件可能就会终结整个文明，如曾经的恐龙时代。在我们的太阳系中，直径大于 1 千米的小行星数量可达 190 万颗，它们散落各地、四处漫游。这些小行星在太空中几乎是不可见的，太空研究机构专门会追踪一些有潜在威胁的小行星，但多数情况下，小行星从太空中翻滚而下之前，我们其实根本无法知道它是否会撞击地球，因此也很难提前防备。

既然危机始终存在，那么马斯克所说的火星移民，就相当于为地球找一个"备胎"，为人类文明做一个"备份"。

为什么是火星？

对于整个宇宙来说，太阳系只是沙滩上一颗细微的沙粒，然而这颗沙粒已经是目前人类文明可能触及的全部（见图 3-16）。1977 年 9 月 5 日发射升空的旅行者 1 号探测器，经历了 35 年才飞出太阳系。太阳系如此之大，以至于我们的探测器要花费三分之一个世纪才能飞出太阳圈，进入外太空。人类文明在一代人甚至几代人的时间跨度内，都很难亲自踏足太阳系以外的宇宙空间。

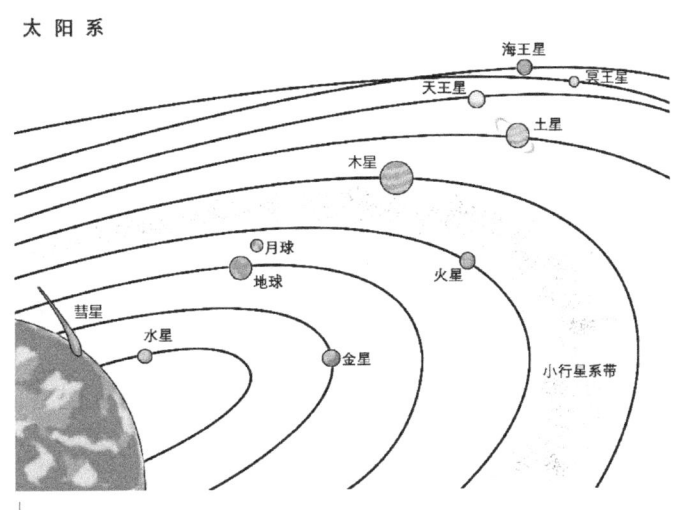

图 3-16　太阳系示意图

因此，当我们寻求地球以外的居住空间时，太阳系内的这些星球自然成了首要考虑对象。

从最靠近太阳的一侧数起，地球处在第三个太阳系行星轨道上，来自中年期太阳的温暖既不会把地球烤干，也不至于太冷，恰到好处。

在地球轨道内侧的两颗星球：水星和金星，像两个大火炉，太阳给予了它们太多的温暖，以至于生命完全不能生存。位于太阳系外侧的几个行星：木星、土星、天王星和海王星，虽身形巨大，但主要组成部分是气体，只有被开采的价值。

假以时日，当人类具备先进的宇宙开采技术之后，这些行星上的资源或许会为人类社会提供大量的资源。但是移民？肯定不合适。经过一番排除法下来，除地球外，太阳系行星中适宜人类拓展居住的星球就只剩下火星了。

火星只有地球 15% 的体积、10% 的重量，引力则是后者的三分之一（见图 3-17）。它有稳定的大气层，但其成分和地球相去甚远：96% 的二氧化碳及少量的氩气、水汽和甲烷，如果不做改造的话，这样的大气层无法让人类直接呼吸，但已经可以抵御大部分来自宇宙的射线和流星侵袭，不至于像月球一样满地坑坑洼洼。

自 1962 年苏联发射的火星 1 号探测器开始，人类已经向这颗铁红色星球送去了大大小小几十个探测器，积累了大量的火星构造、物质成分、地表环境的数据。把人类安全送上火星并返回，在理论上已经不是天方夜谭。更何况探测结果告诉我们，火星蕴藏了很多的矿物资源，开采难度与地球接近，一旦人类在火星扎下根来，仅是采矿一项收益足以抹平开发火星的成本开支。在浩瀚的宇宙里，变数是无穷的，能找到这样一个与地球相似度较高的星球，相对适合人类移民，而且距离我们并不算遥远——从宇宙级别的视野来看，我们已经非常幸运了。

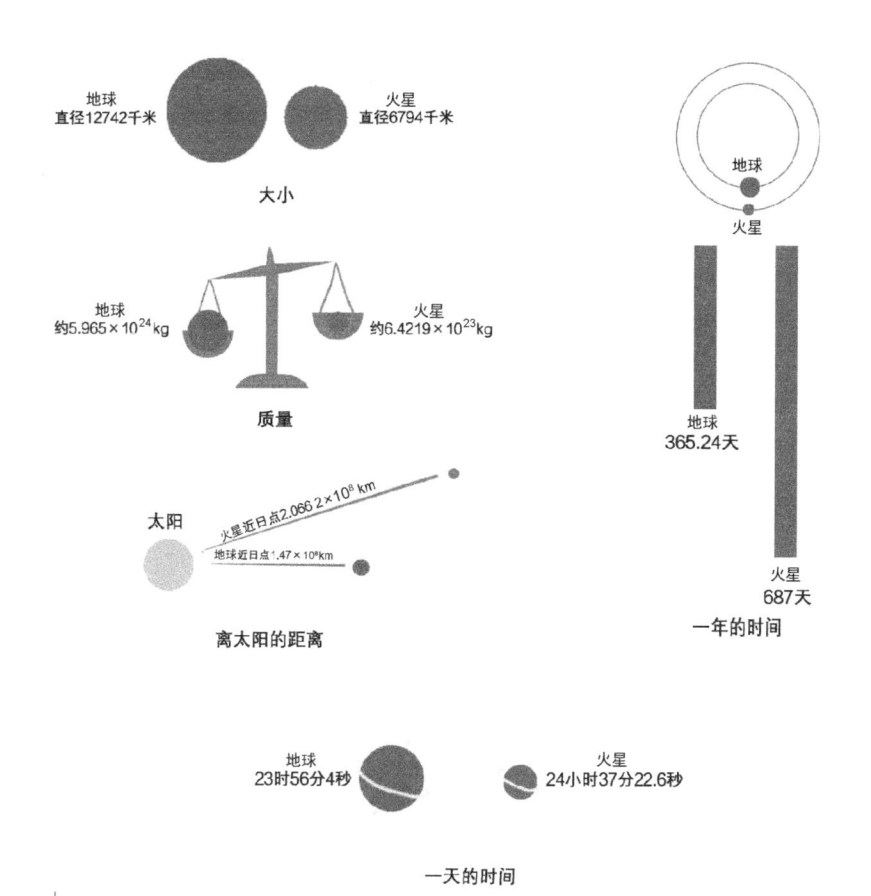

图 3-17　火星与地球对比

（信息和图片创意来源：美国 NASA 官网）

文明的扩张天性

在《三体》中，刘慈欣借小说中的人物讲出了两个宇宙社会学基本公理。

公理一：生存是文明的第一需要；

公理二：文明不断增长和扩张，但宇宙中的物质总量基本保持不变。

虽然这是科幻小说中的理论，但放在现实中来看，其实也是成立的。每一种生物无论在数量上还是影响力上，都在试图持续扩张。在过去的一百年中，地球上有一种生物成功驱逐或者边缘化了其他物种，大量繁衍后代，占据广阔的陆地，制造了大量的建筑和工具，开采和消耗了海量的能源（见图 3-18）。

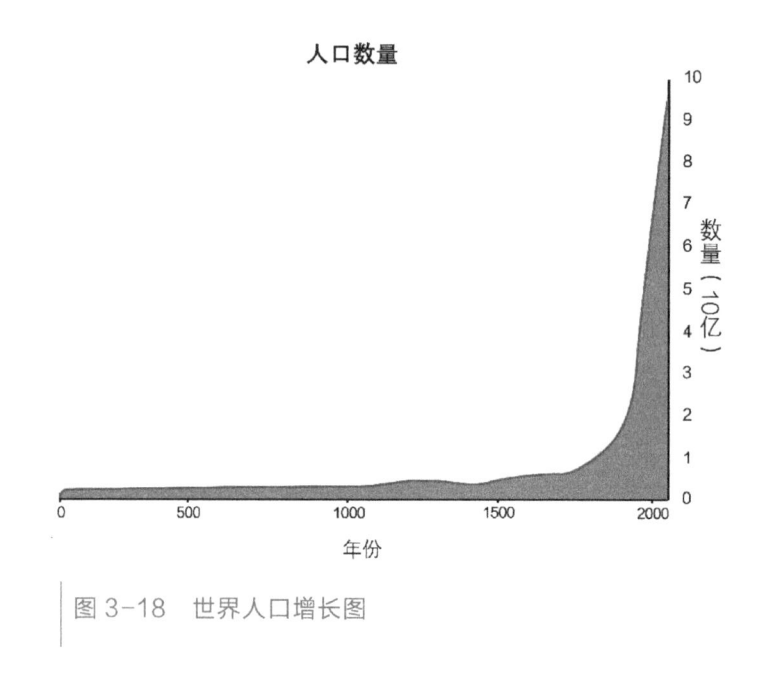

图 3-18　世界人口增长图

人类影响力的扩大不仅发生在陆地上，我们还开始频繁地飞上天空云海、深入江河湖海，通过卫星和飞船让人类文明投射到宇宙。人类的移动能力也达到了空前的水平。100 年前，人们要花几个月时间，冒着巨大风险才能穿越海洋。如今，24 小时内我们可以到达地球的任何角落。

从这个趋势中我们不难看出，当陆地空间被透支，人类的选择还剩下两个：向下是深海和地下空间，向上则是太空宇宙。显然，太空是拥有无限想象力的一个选择。

发生在 1969—1972 年的人类登月活动，尽管只有 12 个人亲身抵达月球表面，但在某种程度上，每一位地球人，哪怕当年不曾出生的地球人，都像是"去"过了月球，整个人类文明集体分享了那段伟大的探险和记忆。

如果不是继承了这样的"集体记忆",马斯克或许对移民火星连想都不敢想。任何伟大的人类壮举,不过是站在伟大前人的肩膀上,新完成的一个小目标。

个人的自我实现

普通成年人的自我实现,可能是百万年薪或者周游世界。但如果你已经到了马斯克的境界,寻常的挑战和冒险可能很难满足过高的刺激阈值。

跨国科技行业的领袖人物的公司业务覆盖全球,手执大量的资金、技术和资源。出于现代人类的价值观和企业经济利益考量,他们愿意用一种不同以往的方式去实现发展。

这就不难解释,除了伊隆·马斯克,微软的保罗·艾伦、谷歌的拉里·佩奇、亚马逊的杰夫·贝佐斯、维珍集团的理查德·布兰森,全都加入了探索太空的行列。2020年3月2日,媒体披露了吉利也进军卫星发射的消息。

以上的商界人士,几乎都出生在太空探索鼎盛时期前后,是深受星球大战影响、看着科幻小说长大的一代人。马斯克本人曾多次提到小时候对他影响最大的一本书——著名科幻小说《银河系漫游指南》,讲一个地球人如何在太空漫游,度过各种危险,游历新奇之事。国外有心理学家曾这样调侃:小时候我们都有太空梦,都想象过荒唐疯狂的事情,但绝大多数人都长大了、成熟了。从某种角度来看,这帮科技大佬有点像不会老的大男孩(见表3-2)。

表3-2 一些航天创业公司的创始人

名字	出生年份	职业成就	创立的太空公司	太空野心
保罗·艾伦	1953	微软联合创始人	Vulcan Aerospace	让私人太空旅行更普及、价格更亲民
拉里·佩奇	1973	谷歌联合创始人	Planetary Resources	登陆、探索各类小行星,并在那里开采各种稀有资源

续表

名字	出生年份	职业成就	创立的太空公司	太空野心
杰夫·贝索斯	1964	亚马逊创始人	Blue Origin	降低太空旅行价格,让更多人有机会探索外太空
伊隆·马斯克	1971	PayPal、特斯拉联合创始人	SpaceX	提高太空旅行效率、实现火星移民
理查德·布兰森	1950	维珍集团创始人	Virgin Galactic	成立私营太空旅行公司,使私人太空旅行成为可能

想要一辆可以飞的汽车

人类历史上的第一次航天热

在 1903 年之前,人类如果想要脱离地面几秒钟,主要取决于个人肉身的弹跳天赋。这一年的 12 月 17 日,飞机问世:莱特兄弟首次驾驶一台自驱动的飞机,像鸟一样飞上天空。

1961 年 4 月 12 号,人类首次离开地球进入太空:苏联宇航员尤里·加加林乘坐东方号飞船进入了人造地球卫星轨道。

1969 年 7 月 16 日,阿姆斯特朗登陆月球:这位走出宇宙飞船的美国宇航员,在双脚踏上月球表面后,留下一句名言——"对一个人来说这是一小步,但对人类来说却是一个飞跃!"

登月标志着人类历史上第一次航天热的顶点。如果我们在 1972 年的美国做一份问卷调查,考虑到他们在三年之内先后把 12 名宇航员送上月球,大概多数美国民众都会觉得:人类登陆火星指日可待,也许就在十年之后。他们理应有这样的自信,不光是航天领域,20 世纪的 40 至 70 年代是人类科技的黄金时代:计算机、人造卫星、炼钢技术等先后诞生,人类的生活方式日新月异。那一代人有足够的理由去乐观地憧憬未来。

然而现实很残酷。正如硅谷的顶级风险投资人、马斯克在 Paypal 时期的合伙人彼得·蒂尔那句著名的感慨：我们想要一辆可以飞的汽车，得到的却是 140 个字符（暗指没什么技术含量的推特）。从 1972 年到今天，人类再也没有踏上过月球表面一次，更别说火星了。

在这里要说明一下 1969 年人类登月的技术背景。用于登月计划的计算机，内存仅 64kByte，运算频率只有 0.043MHz（见图 3-19）。今天早已过时的 iPhone6 的运算频率为 1.4GHz，比当时最强大的登月计划使用的计算机要快 1 亿倍以上。在如此的技术条件下，登月难度可想而知。

图 3-19　当时 NASA 工程师使用的古董级"高级计算机"

是时候再次出发

用着古董级的简陋计算机，人类完成了登月壮举；如今我们的计算机芯片和数字技术飞速进步，但 21 世纪初的人类却不再热衷太空飞行了。20 世纪 60 年代，宇航员成了美国的国家英雄和世俗偶像，年轻的小孩子梦想着长大以后成为宇航员。好莱坞拍了不少类似《星际迷航》系列的科幻电影，这从侧面反映了太空思潮的兴盛。然而其后，一切陷入了沉寂。对于普通的 80 后、90 后来说，太空探索是顶尖科学家的领域，与正常人的生活毫无关系。现在的年轻人更希望成为下一个勒布朗·詹姆斯、泰勒·斯威夫特或在谷歌开发人工智能的高薪程序员。

马斯克对此深感遗憾，在他的价值观里，更愿意看到科技滚滚向前，而不是随波逐流。他说过：很多人错误地认为，高新技术一定会逐年提高。但其实上，只有当很多人付出巨大努力时，一项技术才能得以发展，如果没人为一项技术继续努力，它就会倒退甚至消失。

历史确实如此，有很多辉煌过的东西因为没有持续被关注和发展，最终退化甚至消亡了。古埃及人曾造出胡夫大金字塔，但现在人们并不知道这个堆积了 230 万块巨石的惊人工程在当时是怎么完成的。郑和下西洋时，曾经用木质结构造出世界领先的巨大宝船，但随着当时的古代朝廷启动海禁政策，造船业逐渐没落，这种技术随之失传了。

停滞不前的另一面，恰好是航天工业的潜在商机。从 20 世纪 60 年代到 21 世纪初，计算机科学、通信技术、企业管理思维、制造工艺、新型材料、能源研究、金融机制，这些太空探索所需要的基础要素中，哪一项没有取得进步？

如果航天工业一直没有突破甚至倒退，那天花板肯定不是基础要素的制约，而是战略决策问题，是不肯投资、不肯下苦功夫、没有勇气冒险革新。既然是人的问题，就有可能因人而异。这个行业的长期缓慢发展，对于航天爱好者来说是一种遗憾，但对于潜在的创业者来说，反而是不断累积的机遇。

马斯克想要做的，就是重新激发美国乃至世界的航天热情，延续 20 世纪 60 年代的星球梦想，去往比月球更遥远的地方。

生于忧患，困于安乐

为什么航天工业失去了"雄心壮志"呢？这种不思进取只是一种偶然现象吗？我们唯有跳出航天这个领域，带入更大的视野，才有可能找到更清晰的答案。

刘慈欣在著名科幻小说《三体》中揭示了这样一种社会现象：人类是一种群体动物，他们可以在困难艰苦的日子里奋起，爆发出超水平的决心和力量，实现巨大的突破，却总在和平温柔的时代里，变得贪婪短视、腐朽愚昧。近代史印证了这一点，大部分最具突破的新科技，几乎都是在战争与抗衡时期发展的。

大型战争当然是人类的灾难。到了和平时期，人们重视物质感受，不愿意做吃力不讨好、风险极大的事情，这对赚钱、生活质量的提高都没什么好处，还不如发展一些有趣的新技术，让我们购物更方便，聊天更简单，看视频节目更容易。站在 21 世纪初，足球比赛、娱乐明星、新款手机，这些话题远比航天科技更加流行。

马斯克明白，如果他想要在航天领域有所作为，不能靠单枪匹马，他需要赋予一大群人共同的驱动力。既然人们容易在温柔乡里沉醉，那他就选择讲述一个能打动人心的故事，从而最大限度地吸引支持者。

这个故事发生在火星。

人类迎来第二轮航天热

从 2002 年成立到 2019 年这短短的 17 年时间里，SpaceX 实现了各种目标：

2008 年，其设计、制造并发射了世界上首个由私人投资的轨道级液体燃料火箭——猎鹰 1 号；

2010 年，首次成功将飞船送入低地球轨道并回收；

2012 年，SpaceX 开始使用龙号飞船为国际空间站运送货物；

2015 年，SpaceX 成功发射火箭并对 1 级火箭实现垂直回收，改写了航天历史；

2019 年，SpaceX 发射了重型猎鹰运载火箭，这是土星五号自 20 世纪 70 年代退役后，当今现役最大推力的运载火箭。

一家经验不多、财力单薄、人力有限的初创公司，尚且能够在航天行业有这样的作为，这对全球航天工业甚至全人类的航天观都是强烈的刺激。

一个明显的现象是，无论美国还是中国的航天科研，无论是传统大型航天机构还是新兴的初创商业公司，更多的力量开始积极投身到航天事业当中，月球、火星、重型火箭这些字眼频频出现。在沉寂了三四十年后，人类正在迎来第二轮航天热。

如果可以不用辛勤工作，很多人都会说他们喜欢旅行，想去走遍世界，在不同的地方见识不同的自然和人文。个人如此，整体亦然。人类经过数千年的文明发展和自然进化，已今非昔比，但人类文明几乎始终停留在地球表面和大气层内，从某个角度来讲，这也是"停留在原地兜兜转转"。陌生而宏大的世界就在外面。发生在 20 世纪的登月行动，是人类穷尽自身想象力、意志力、科技、财力的一搏，让人类第一次亲自踏上地球之外的陆地，这也意味着人类不再局限于地球文明。可惜，当时的人类实力不允许我们持续这样的太空活动。但几十年过去了，人类已经准备好再次敲门。

美国：相约月球

/ ULA

由波音和洛克希德·马丁合资成立的 ULA 原本觉察不到太多竞争者的存在，由于美国法律和国家安全的挡箭牌把来自欧洲、俄罗斯和中国对手牢牢挡在外面，所以在 2016 年前，他们一直是美国军方的独家太空发射供应商。他们发射的阿特拉斯 V 型火箭和德尔塔 IV 型火箭的性能和可靠性都非常好，但平均价格在 2 亿～ 4 亿美元，堪称全球最贵。随着 SpaceX 打造出又好用又便宜的猎鹰系列火箭，连媒体都开始指责，为何美国政府的太空行动花费总是比商业航天公司的贵一倍都不止。

为了更好地与 SpaceX 等后起之秀竞争，ULA 开启了自己的变革计划，他们一边调低现役火箭报价，一边开始打造属于自己的"猎鹰火箭"。他们把这款研发中的可回收复用重型运载火箭命名为 Vulcan。这款火箭的性能比德尔塔 VI 更强，但价格仅为后者的三成，起步价将低于 1 亿美元，堪称来自老派王牌火箭公司的"大反击"！

当然，Vulcan 预计最早将于 2021 年 4 月进行试射。我们无法估计的是，到了这款火箭实际投入运营的那一天，ULA 能否履行上述定价。

/ NASA

多年以来，NASA 一直在努力打造一款巨型火箭，它被称为 SLS（太空发射系统），由波音公司承担其主要部件的制造。SLS 是人类历史上迄今为止尺寸仅次于土星五号的巨型火箭（但比 SpaceX 在研的 Starship 要小一些），高度达 97 米。这一计划始于 2010 年奥巴马执政时期，实际上它是对乔治·布什政府主导的"星座计划"项目的一种变革和替代。

SLS 项目总预算为 180 亿美元，原本计划在 2017 年执行非载人的环绕月球任务。但预算和项目进度看起来明显与最初的计划有了很大的偏差。在多次推迟后，其首次发射尝试将不会早于 2020 年。NASA 表示，计划最早于 2024 年用 SLS 把美国宇航员送上月球表面。截至 2019 年，在尚未首次试飞的情况下，该项目累计投入已经超过了 100 亿美元。而且据 NASA 局长吉姆·布里登斯汀公开透露，即使在批量采购火箭的情况下，平均每次发射也至少需要花费 8 亿美元。考虑到此前的"星座计划"在烧了一大堆钱后无疾而终，再考虑到以 SpaceX 为首的美国私营商业航天公司蓬勃发展（马斯克研发重型猎鹰火箭只花了 5 亿美元，发射报价只有 9 千万美元），外界不免有许多批评和顾虑：到底是否还需要由 NASA 继续推进类似土星五号、航天飞机、SLS 这样的大型航天项目？还是应该更依赖私营商业航天公司来把宇航员送上月球和火星？

虽然有不同的声音存在，但 SLS 毫无疑问是美国航天工业水平和雄心的代表作品，它的存在象征着这个时代的人类重新燃起了探索其他星球的热情。一旦它按计划起飞，将代表一个全新航天时代的来临。

/ 蓝色起源

和 SpaceX 一样，蓝色起源（Blue Origin）也是一家私营商业航天公司。实际上它比 SpaceX 还要大两岁，于 2000 年由亚马逊创始人杰夫·贝佐斯创办。这家公司虽然成立较早，但动作比起 SpaceX 要缓慢不少，至今尚未取得过出色的成就，但它的太空规划并未受挫。

蓝色起源从 2012 年起开始秘密研发一款名为新格伦的火箭，该项目直到 2016 年才公布于众，也许是因为猎鹰 9 号的可回收技术成为现实之后，继续保密的意义就不大了。新格伦是一款近地轨道运载能力为 45 吨的重型火箭，运载能力介于猎鹰 9 号和重型猎鹰之间，设计目标包括对 1 级火箭进行海上回收并重复使用 100 次。

2019 年 5 月，杰夫·贝佐斯发布了蓝月亮登月着陆器。他说这一次人类不仅要重返月球，还要留在那里。他愿意和 NASA 合作推进登月项目，但如果 NASA 不参与，蓝色起源也将独立前进。他本人会每年卖出 10 亿美元的亚马逊股票，持续支持太空事业。

中国：奋勇攻坚，百花齐放

航天热不仅出现在美国，作为目前全球 GDP 排名第二的中国没有错过航天科技的新浪潮。在中国，大量的资金和人才开始聚集到商业航天公司，截至 2019 年，已经有包括零壹空间、蓝箭航天在内的上百家航天公司陆续成立，这在中国航天史上是破天荒的。创业维艰，不可能所有的太空飞船都能抵达终点、所有的初创公司都能实现目标，但可以期待的是，随着资金、人才的空前热情，运营机制的空前灵活，中国航天将进入一个繁荣的全新阶段。

/ 火星探测计划

以目前人类的技术，要前往或者探测遥远的火星依然十分困难。在 2007 年之前，人类对火星的数十次探索行动只有少数取得了成功或者部分成功。由于火星每 26 个月才靠近地球一次，各国的火星探测行动都会选择这个两年一遇的最佳窗口期进行尝试。

中国和俄罗斯曾经在 2011 年联合执行了一次火星探测行动，当时双方各发射了一颗探测卫星，中方的叫"萤火一号"，俄方的叫"福布斯－土壤"。遗憾的是，该项目未能成功实现目标。

2016年1月11日，中国火星探测任务宣布立项，旨在尝试寻找火星表面的生命迹象。2019年1月14日，国家航天局副局长、探月工程副总指挥吴艳华在发布会上披露，首次火星探测任务将于2020年前后实施。

/长征九号运载火箭

龙乐豪院士曾在接受采访时表示，其实近地轨道载荷60多吨的重型猎鹰还算不上真正的重型火箭。在他眼中，重型火箭需要像美国过去的土星五号一样拥有百万吨级别的近地轨道有效载荷能力。目前我们的长征9号重型火箭预研工作已有初步进展，在等待正式立项。他提到："以现有技术，立项后10年之内研制成功是完全可能的。"[1]

根据目前已经披露的信息，长征9号最大直径为10米，总长约百米，近地轨道运载能力140吨将是目前重型猎鹰的两倍以上，也超过了NASA正在研制的太空发射系统（SLS）运载火箭（近地轨道有效载荷最大130吨）。这一级别的大型运载火箭将更好地满足未来载人月球探测、火星取样返回、太阳系行星探测等多种深孔探测任务，将对宇宙的探索迈向更高的高度。

/零壹空间

零壹空间成立于2015年8月，是中国第一家在营业执照上写着"运载火箭及其他航天器"的民营企业。2018年5月17日，零壹空间的OS-X火箭——"重庆两江之星"成功发射，这也是中国首枚"民营自研商用亚轨道火箭"。

在国内，一些已经相对成熟的领域，如中小型火箭的近地轨道活动，已可以开放给商业公司。同时，在航天产业链上的市场化突破，也会吸引许多新的创业者和资金进入，提升产业的活力和效率。

2019年12月某个周日的晚上，我在北京亦庄见到了零壹空间的总裁马超，他刚结束一天的工作。马超毕业于北京航空航天大学，曾在中国运载火箭技术研究院某所工作，他坦言SpaceX的创新和成功激励了

---

1. http://www.elecfans.com/application/Military_avionics/2018/0809/725196.html.

零壹空间这样的新公司成立，同时他也看到了中国作为一个超大的太空科技应用市场的潜力和深厚的火箭人才基础。

马超相信，小型化的低轨道卫星在未来会有很大的市场需求，因此零壹空间希望有针对性地研制小型化、发射准备时间短、成本低的火箭，满足市场的需求。同时，由于中国航天对于中大型火箭拥有深厚强大的技术积累，这样做也可以让自己在市场上找到更精准的差异化定位。

/ 蓝箭航天

蓝箭航天成立于2015年，是一家专注研制液氧甲烷发动机和火箭的民营航天企业，目标市场是商业运载火箭。目前，他们已经研制了朱雀一号和朱雀二号两款火箭。前者是一款尺寸精巧的固体火箭，长19米、直径为1.35米，近地轨道（LEO）运载能力为300千克，可用于卫星快速组网和补网，满足民用小卫星发射和突发应急发射需求，是中国第一枚民营运载火箭；后者是一款低成本的中型液体火箭，长48米、直径为3.35米，采用液氧、甲烷作为推进剂，于2019年完成地面试验，2020年首次发射。

像零壹空间和蓝箭航天这样的公司近年来涌现了不少，目前大多仍处于起步和投入阶段。与很多创业新赛道一样，早期的过度分散和一定的资本泡沫是一种阶段性现象，后续就看谁能靠自己的实力脱颖而出。

有意思地是，许多相关公司在进行媒体传播时，或多或少会被打上"中国版SpaceX"的标签。有时候这是企业主动引导，有时候这是外界为了提高沟通的效率而为之。

从基本面来分析，中国是全球极少数拥有足够航天工业禀赋的国家：我们有相对独立且庞大的航天应用市场，有许多聪明和勤奋的工程师，有相对齐全的配套供应链，有悠久的导弹和火箭研发历史。

我衷心地希望，在这一条充满挑战的赛道上会诞生我们自己的SpaceX。

Chapter 4 马斯克的创业密码

要从零开始组建并管理好一家数千人的航天公司与一家数万人的电动车公司，同时还有一堆其他的生意需要处理。马斯克莫非有三头六臂？他有什么独特的思考和工作方式？

一位受访者告诉我，他离开特斯拉的原因是无法忍受马斯克的企业文化，在这里工作就要付"马斯克税"。看了这一章，也许你会理解，"马斯克税"到底是什么。

1. 敢为天下先

愿景极为宏大

只干有难度的大事

我们复习一下马斯克的不完全创业经历：

1995 年，成立 Zip2：当时美国还没有这种类似于"大众点评＋百度地图"的地图导航服务；

1999 年，成立 X.com（后来与 Paypal 合并）：互联网金融当时还是一个人们没听过的时髦词汇；

2002 年，成立 SpaceX：当时还没有任何私营公司在太空探索领域取得名声；

2003 年，成立特斯拉：在特斯拉入局电动车之前，社会对这个品类的印象就是动作慢吞吞、续航里程很短、与智能毫无联系的平价货；

2006 年，提出 Solarcity 太阳能公司的概念，当时美国太阳能发电市场还未被完全发掘；

2015 年，参与成立 OpenAI：人工智能在此时此刻还是稀罕词汇；

2016 年，成立 Boring 挖掘公司：又是一个暂时没人能看懂的新概念；

2016年，联合创办Neuralink神经科技公司：那时的人脑与机器交互的概念还仅存在于科幻小说中。

所有曾经和现在与马斯克深度关联的公司，有一个共同特点，几乎都提出了非常宏大的命题（见图4-1）。

如何改变各自领域

公司	愿景
SPACEX	大幅降低太空旅行成本及人造卫星的发射成本 利用太空卫星，提供低价位的全球通信服务
TESLA	打造性能更好、价格更低的纯电动车 借助自动驾驶，打造共享出行车队 通过改变太阳能收集、储存技术，提高能源利用率
THE BORING COMPANY / HYPERLOOP	打造全新交通出行方式，扩大人类居住半径
OpenAI	预防人工智能产生灾难性 影响人工智能技术应用
NEURALINK	大幅提高人机交互水平 通过脑机接口的植入解决一系列疑难疾病

图 4-1　与马斯克深度关联的公司及愿景

这个人似乎从不考虑开个网店卖书、卖衣服这样的生意。这些生意有可能更赚钱，有更高的估值，覆盖更多的用户，但它们似乎还不够困难。试想一下，如果马斯克突然投身到了一个网上卖货、发发自拍照片的生意，可能"硅谷钢铁侠"这个名号就要动摇了。

无视边界

集中资源，在熟悉、有优势的领域下注，这是朴素的商业哲理。许多创业者选定赛道之后，往往会专注在这一领域或者只在与之相关的区域内延伸，这样会有更高的商业成功可能：阿里巴巴从未离开电商交易领域，金融支付和云计算都与之相关；腾讯的发展则由社交业务充当灵魂，游戏、音乐和视频都离不开其社交根基。

所以，当马斯克先后卖掉 Zip2 和 Paypal 的股份，获得全球互联网行业第一次重要红利之后，最明智的路径应该是延续自身的优势，继续挖掘互联网软件行业的商机，发展为"滚雪球效应"。从这个角度来看，进军太空和汽车工业，对于 2002—2003 年的马斯克，并不是明智的商业选择。虽然今天的 SpaceX 和特斯拉各自成了价值数百亿美元的公司，但以马斯克的才华、勤奋和当年的财富积累，如果他在 2002 年卖出 Paypal 股份后，不把精力献给火箭、电动车和太阳能，而是选择持续扎根互联网软件业，说不定他会建立更庞大的商业帝国。

让我们回顾一下当时的情况：PC 互联网仍然有很多机遇，移动互联网甚至还不曾起步。Facebook 是 2004 年成立的，Youtube 在 2005 年，推特在 2006 年，Uber 和 Whats App 则是在 2009 年。比起火箭和电动车，这些蛋糕要大得多，技术难度和投资风险也更可控。对于马斯克本人来说，航天、汽车都是陌生地带，互联网经济才是他的舒适区，他已经连续两次在互联网领域创业成功，却毅然选择向陌生领域进军。这让他看起来不太像一个完全商业利益导向、每天带着计算机考虑一切问题的商人，更像是抱着某种情怀和使命感的创业者。

另一个可能性是马斯克的极度自信——作为新时代的明星创业者，他展现了与比尔·盖茨、乔布斯等前辈不同的风格，他无视边界，似乎并不认为频繁、大幅度地变更赛道，甚至在缺乏相关性的多条赛道上同时奔跑，会是一种障碍。马斯克曾经公开表示"股神"巴菲特推崇的"护城河"理论已经过时了，他相信技术和创新可以让新企业跨越赛道，攻陷别人的主场；巴菲特则觉得马斯克是一个"过度信仰技术的年轻孩子"，还不懂得商业世界的复杂。

马斯克这样做的底气之一，可能是他快速学习的能力。比如，当马斯克开始盘算如何在航天领域创业时，他首先把家搬到了洛杉矶——美国石油化工、海洋、航天工业和物流重镇，便于接触航天业的人士和产业资源。他加入了"火星协会"——一个航天界的民间组织，还积极向业界专家咨询请教。早期的"偷师对象"之一，就是上文提到的火箭专家 Jim Cantrell。马斯克从 Cantrell 那里借走了各种关于火箭推进的大学课本（见图 4-2）。

图 4-2 马斯克阅读的关于火箭推进的大学课本

这些书可不是引人入胜的侦探小说，而是厚达数百页、图少字多、枯燥乏味的经典航天领域著作。Jim Cantrell 说：马斯克大概花了一年时间，阅读并消化其中的知识。他曾经这样回顾当时的情形："马斯克可以一字不差地引用那些书里的概念。一年后，他和我们讨论起问题来已有模有样，俨然像个火箭材料方面的专家了。" Jim Cantrell 高度评价马斯克的学习能力："他是我见过的最聪明的人。不只是过目不忘那么简单，他能真正做到融会贯通。他通过提问题，从身边的专业人士那里汲取他们脑袋里 80% ~ 90% 的知识和经验。"

2015 年在清华大学举行的一次商业主题论坛上，我在现场聆听马斯克与清华师生交流自己的学习方法，完全可以验证 Cantrell 所述。马斯克说，在学校里听老师授课是一种效率低下的方式，他会从看书自学入手，遇到问题再找到业内专家请教探讨，或者做一些实验，试图理解事物背后的本质规律，逐步为自己搭建完整的知识体系。

在本书的撰写过程中，我们采访了多位与马斯克深入交流过的航天和汽车领域专家，他们来自特斯拉、SpaceX、Ariane Space、火星协会等。受访人普遍认为： 马斯克很专业，完全清楚 SpaceX 和特斯拉的各项技术工作到底意味着什么。也许是因为马斯克从小就有 DIY 和广泛阅读的习惯，加上其理工科背景与连续创业经历，让他成了少数敢于横跨不同领域的创业者，同时在日常管理中表现出高频介入工程师具体研发设计的工作习惯。

敢为天下先

纵观马斯克的创业之路，一言可蔽之——敢为天下先。

他不喜欢向格局已经有三分明晰的市场进军，而是勇于在杂草丛生的荒地上开拓新路。有人说，人类总是对即将来到的新事物预期过于悲观，而对遥远的未来过于乐观。马斯克非常善于捕捉一个庞大产业的拐点出现的前夜，他会早早"背着干粮"，在众人怀疑的目光下，披星戴月，提前出发。每当马斯克杀入一个领域之前，极少有人认为那是一个暗藏金矿的大市场，更普遍的观点是这样的：那里或许存在机会，但目前时机极不成熟。而在马斯克杀入并做出一番成就以后，你最终发现——这真的是一门超级生意啊，而且一切似乎就在眼前。

典型的市场逻辑是这样的：

对于绝大多数人来说，出于对现实困难的畏惧或对未来的短视，根本注意不到一些潜在的机遇其实即将到来（在2002年，大多数人根本无法想象民营公司能成功发射火箭，性能和波音产品相当，成本能比中国长征系列还低。在2004年，绝大多数人根本没见过电动车，少数的电动车体验都是悲惨收场，因此，人们对这一领域基本不抱希望）；

既然没有机遇，自然很少有人愿意往这个方向前行（极少有人会在2002年开始大举投资航天工业，或者在2004年投资纯电动车）；

既然没有人前行，就没有人能获得这个方向的新经验，拐点就迟迟无法来到（航天工业和纯电动车的发展速度迟缓）。

马斯克的逻辑则是这样的：

感觉到了产业的积极改变即将发生，可惜有一个拦路虎，暂时没人出手。对于一个集体而言，一起解决拦路虎是很有好处的，但对于个体而言，这可能意味着非死即伤。

马斯克愿意率先出手。为此，他需要具备强于常人的体魄和勇气。

如果马斯克出手后失败了，其他人就会一哄而散。如果马斯克没有被击倒，他就会动摇拦路虎的威慑力。大家会迅速联想到，拦路虎是很有可能被解决的，只要大家一起上。

马斯克的勇气和实际表现最终激励了围观群众，大家一拥而上。

在特斯拉这个案例里，汽车产业的电动化趋势即将出现，那个拦路虎就是昂贵的并且能量密度偏低的电池。奔驰、宝马、大众、通用就是那群围观群众，他们围着电池耐心地观察着，没人愿意积极地冲上去。马斯克通过刚成立一年的特斯拉，砸下重金，表明了自己要挑战的态度，并挥出了一记重拳（具备突破性价比的 Model 3）。这个时候，围观的群众被鼓舞了。大家议论纷纷，开始一拥而上地入场。

2019 年 3 月，德国三大汽车巨头中的大众集团首席执行官 Herbert Diess（迪斯）、戴姆勒集团首席执行官 Dieter Zetsche（蔡澈），以及宝马集团首席执行官进行磋商，就汽车行业未来策略达成一致共识，表示未来属于电动车。与此同时，这些公司都启动了庞大的电动车投资计划，还有德国大众意图购买特斯拉股份的传闻。

如果没有特斯拉的挺身而出，各大车企对这一赛道的观望很可能会延长数年之久，全球电动车产业的发展节奏一定不会像今天这样快。

目标格外清晰

成功学书籍和 MBA 教材总是告诉你，要设置明确的目标，有助于督促团队一起达成它。

但怎么才叫目标明确呢？

是让公司今年的收入增长 50% 吗？是让团队平均人力成本削减 10% 吗？是在三年内让公司上市吗？是在未来 5 年内推出 3 款全新车型、市场份额达到 8% 吗？

像一些商学院课程所说的，设置一个具体的时间，配合一个具体的事项，再加上一个可衡量的工作量，就算是设置目标的最佳方式吗？

特斯拉：把战略计划公开给所有人看

让我们看看马斯克在 2006 年为特斯拉汽车制定的第一期战略计划，当时公司成立仅 3 年。这份计划书被公布在特斯拉官网上，白纸黑字，是为见证。许多大型公司的战略规划部门在准备 PPT 时设置保密机制，生怕让竞争对手知道。特斯拉没有战略部门（如果有，大概是马斯克本人兼职），并大大方方地公开给你看，信不信由你。

2006 年，特斯拉官网公开披露了马斯克制定的战略规划：

制造跑车；

用赚的钱去制造价格低一些的中等销量车型；

用赚的钱去制造价格更低的高销量车型；

同步发展太阳能业务。

到 2016 年，该计划发布的十年之后，这个计划几乎不折不扣地被实现了（见图 4-3）。

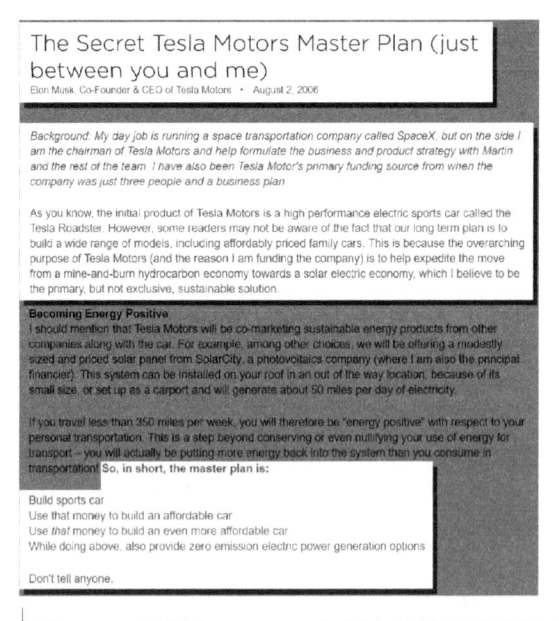

The Secret Tesla Motors Master Plan (just between you and me)
Elon Musk, Co-Founder & CEO of Tesla Motors • August 2, 2006

Background: My day job is running a space transportation company called SpaceX, but on the side I am the chairman of Tesla Motors and help formulate the business and product strategy with Martin and the rest of the team. I have also been Tesla Motor's primary funding source from when the company was just three people and a business plan.

As you know, the initial product of Tesla Motors is a high performance electric sports car called the Tesla Roadster. However, some readers may not be aware of the fact that our long term plan is to build a wide range of models, including affordably priced family cars. This is because the overarching purpose of Tesla Motors (and the reason I am funding the company) is to help expedite the move from a mine-and-burn hydrocarbon economy towards a solar electric economy, which I believe to be the primary, but not exclusive, sustainable solution.

Becoming Energy Positive
I should mention that Tesla Motors will be co-marketing sustainable energy products from other companies along with the car. For example, among other choices, we will be offering a modestly sized and priced solar panel from SolarCity, a photovoltaics company (where I am also the principal financier). This system can be installed on your roof in an out of the way location, because of its small size, or set up as a carport and will generate about 50 miles per day of electricity.

If you travel less than 350 miles per week, you will therefore be "energy positive" with respect to your personal transportation. This is a step beyond conserving or even nullifying your use of energy for transport – you will actually be putting more energy back into the system than you consume in transportation! So, in short, the master plan is:

Build sports car
Use that money to build an affordable car
Use that money to build an even more affordable car
While doing above, also provide zero emission electric power generation options

Don't tell anyone.

图 4-3　马斯克于 2006 年制定的特斯拉的战略规划
（图片来源：特斯拉美国官网）

在这十年之间，特斯拉几乎没有走任何弯路，聚集了整个公司的资源，打造了 4 款车型，凭借简约的产品线，就做到了全球电动车销量冠军（见图 4-4）。

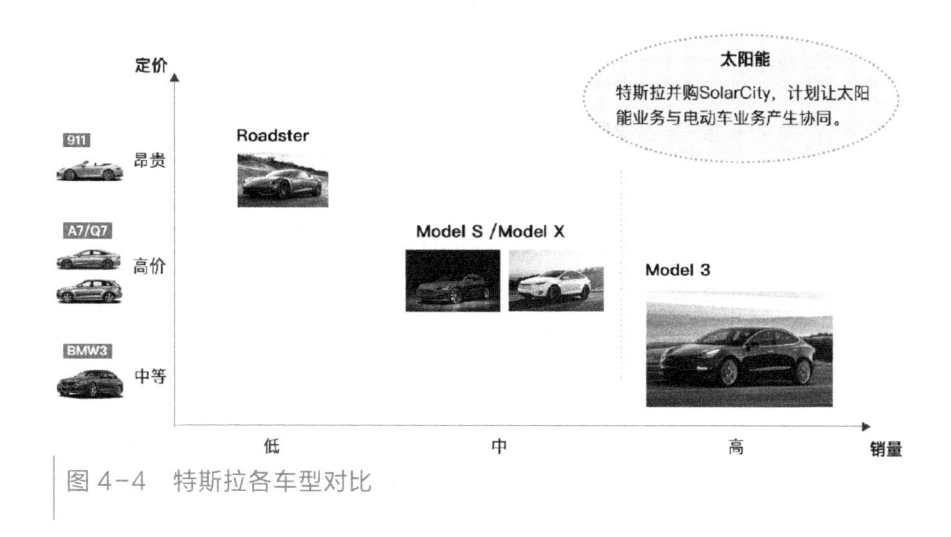

图 4-4 特斯拉各车型对比

具体来看，特斯拉在第一个阶段打造非常昂贵的小众超跑，产量有限，目的是验证和掌握电驱动、电池控制等核心技术，完成高端品牌塑造。在这个阶段保持轻资产运作，没有现代化大型工厂，全公司仅 600 多人。同时，用实打实的销量实现了美股 IPO。

到了第二个阶段，特斯拉通过收购丰田的二手工厂，开始具备规模化量产的能力，售卖两款高价车型。同时进一步掌握汽车智能技术，把市场覆盖扩展到全球。

从 Model 3 开始，特斯拉正式进入第三阶段：大规模量产面向中产阶级的车型，开始进入主流市场。这个阶段的重点是掌握成本控制的能力，公司会逐步扭亏为盈。同时，特斯拉还并购了 SolarCity，整合了太阳能业务。

在特斯拉第一期战略计划历经十年落地之后，马斯克又在 2016 年公开了第二期战略计划：

整合太阳能发电和储能业务；

扩充地面交通工具（意思是用特斯拉的产品线推出皮卡、中型SUV等全新车型，提升市场覆盖面）；

自动驾驶；

汽车共享。

可能我们需要等到2026年，才能看清他的第二份答卷。

SpaceX：如何从火星移民反推出企业的第一步该做什么

就像考虑特斯拉的商业模式时一样，马斯克很擅长在错综复杂且自己并不资深的领域，将纠缠交错在一起的一大堆困难，提炼成几个最关键的问题，然后再梳理破解之道。马斯克为SpaceX设定了比天空还高的愿景——目标是火星，但更难得的是，他还制订了一条务实的可执行路径。

在现实世界和移民火星之间，马斯克向自己提出了以下这些问题：

拥有哪些技术，才能一步步实现移民火星之梦？

如何才能颠覆长途太空旅行的成本结构？

长期来说，SpaceX该靠什么方式让生意具有可持续性？

作为初创公司，若想在航天工业立足，该拿什么作为创新切入点？

初期研发的资金从哪儿来？

有外媒绘制了如图4-5所示的这张图片，展示马斯克的解题结果。

第一个阶段：掌握向太空中运送货物的能力。这个目标已经在现实中实现了，就是猎鹰1号的成功发射。

第二个阶段：太空发射的能力被验证后，就开始不断迭代、扩大规模的过程，成为太空物流行业的快递。最终通过规模和技术等手段降低成本，目标是把去火星的单人票价降低到50万美元。目前SpaceX正处在这一阶段当中。通过可回收火箭技术等手段，它已经取得了一定的

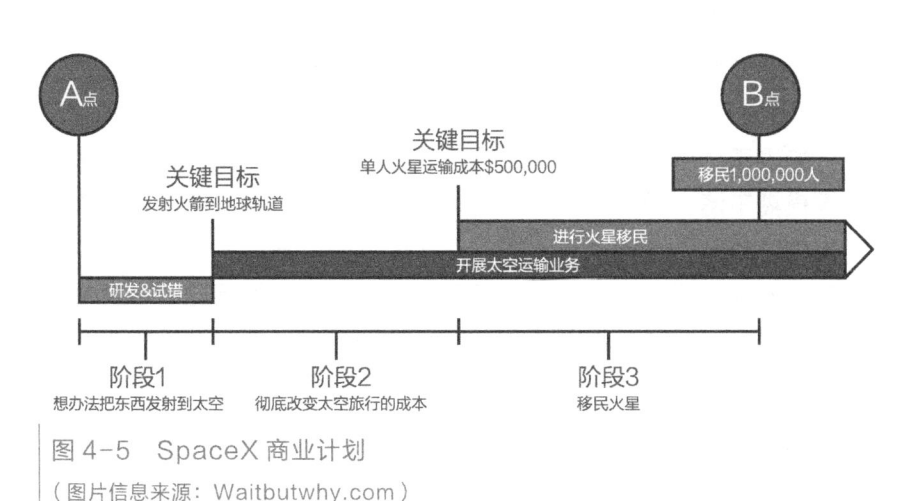

成本优势，但离单人 50 万美元的火星票价目标还相距甚远。

图 4-5　SpaceX 商业计划

（图片信息来源：Waitbutwhy.com）

第三个阶段：当火星运输成本较为合理时，开始用可回收复用的航天器向火星运输人类和货物，并在火星就地进行能源开采、建立基地等活动。这一阶段的终点就是向火星移民 100 万人类。

在初创公司工作过的朋友会理解：计划往往难以赶上变化。很多初创公司甚至不会去考虑 6 个月之后的计划，而大型跨国公司经常制定出 5 年甚至 10 年维度的长期规划。这并非是因为初创公司的战略规划水平比大型公司差很多，而是由于它们所处的环境往往是极不稳定、快速变化的。

或许是因为年纪轻轻就经历了连续创业（Zip2 和 Paypal），享受过成功，也经历过失败（两次创业都丢失了企业控制权，第二次还经受了美国数字经济泡沫的崩塌），马斯克在经营 SpaceX 和特斯拉时，表现出了极为惊人的战略规划能力。他总能将极为宏大、复杂、充满不确定性的大命题，举重若轻地拆解成很简单的连中学生都能看懂的几句话，并在前进中很少摇摆。

简单和清晰的战略规划对于企业来说，极有帮助。

企业的领导人和管理层往往掌握全面的信息、拥有丰富的经验和知识，从而相对清楚如何带领公司向前走。但高层之下的中层和更靠前的基层员工，对于一个企业的认知，不可避免地会片面化。如果一个企业无法简单清晰地对外沟通自己的战略，那么内部员工在进行自己"一亩三分地"的操作时，就更有可能出现局部行为与整体目标不一致的情况。此外，如果无法讲出清晰的规划路径，往往也说明企业自己对未来的方向把握模糊不清。模糊不清带来的直接后果就是行动方向的不明确，很多试探性的动作和方向上的摇摆往往伴随而来，最终导致企业资源的大量耗散。初创公司本来就存在资源不足、时间紧迫的问题，如果又在行动上缺乏清晰的方向，成功的可能性就更小了。

锤子：战略摇摆和目标不清的代价

很多人觉得产品技术水平能一招制胜，也有人觉得品牌价值至关重要，战略和目标规划这些事情虚无缥缈，讲不清楚，非常容易被忽视。这里举个实例，说明战略明确、目标清晰的价值。

2012 年，苹果红红火火，三星也非常稳健，中国人对什么是本土高端手机还没有太多概念，如果你有三千元以上的预算，大概率会从苹果、三星、HTC、索尼中进行挑选。

当年，罗永浩以一场轰动行业的发布会让锤子手机这一品牌迅速扬名。与其说这是一场发布会，不如说是罗永浩老师的单口相声专场。在发布会前，他造势说手机的定价将在 4000 元人民币，而当时的主流国人更习以为常的本土品牌手机价格，其实是 1000 元以下。而锤子 T1 最终的实际定价为 3000 元起。

这一定价，结合锤子 T1 惊艳的工业设计和罗老师超强的演说力，奠定了当时锤子作为高端本土智能手机品牌的定位，其思路就是要与小米这样的本土平价智能手机做清晰的隔离，同时也避开苹果和三星的旗舰机型价位，占据夹心层的市场，满足追求品质和审美的普通消费者需求。

可是后来发生的事情，逐渐让人看不懂了。

次年，锤子 T2 推出，定价滑落到 2500 元起步，随着 OPPO、vivo、华为等本土手机品牌的产品逐渐高端化，锤子无论是产品还是定价都不再显得独特了。

同年，锤子公司还开辟了一个新的针对年轻人的子品牌——坚果，杀入廉价跑量的千元机市场，这意味着一家初创公司开始同时服务高端目标用户和入门级用户。从这一刻起，锤子辛苦经营、本不牢固的高端品牌印象变得更加模糊。

而后在 2017 年，不确定是因为销量还是口碑的缘故，锤子这个主品牌停摆了，公司只保留了面向年轻人的坚果品牌，但这个主打千元机市场的定位似乎也不明确，坚果后来又推出过 3499 元的坚果 R1，显得突兀、反复（见图 4-6）。

也许是感受到了智能手机市场的激烈竞争，2017 年和 2018 年，锤子还陆续推出了 3499 元的高端空气净化器、创新工作站坚果 TNT。

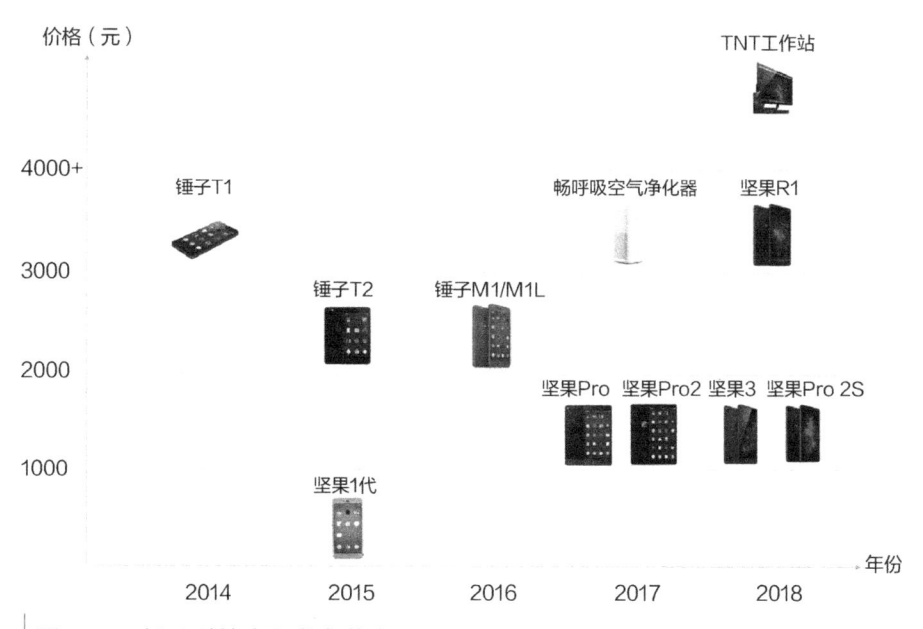

图 4-6　锤子科技产品发布节奏

在本土智能手机高端化的道路上，锤子其实是先行者，比华为都更早起步；在廉价智能手机的方向上，锤子是一个跟随者，走在小米等品牌之后；在围绕智能手机打造周边生态链这件事情上，锤子可以说是效仿小米阵营中的一员；对于工作站和高端空气净化器，我们不能说创业公司不能杀入这些领域，但首先需要问的是，这些领域和原本的主营业务是否有足够的关联。

也许以上每一项战略，单独来看都不算大问题。但从总体来看，锤子不是华为这样的大型国际企业，也不是小米这样的先发优势公司，这样一家新创公司，是否真的有资源分兵做这么多事情？消费者又该如何认知锤子这个品牌和企业，一个高端的设计驱动品牌？还是一个面向年轻人的文青消费品？锤子创业这些年的一步步动作，究竟是有准备的组合拳，还是走一步看一步、见招拆招？

创业者需要从锤子的这段经历中吸取教训：战略和目标如果不清晰，反复摇摆，对一家企业来说很可能是致命的。

2. 组建"特种部队"

什么样的人在为马斯克工作

A 级标准

再好的战略,也要靠人来执行。

谷歌的前掌门人 Eric Schmidt 有个理论:在企业里,人与人之间是互相效仿、互相影响的。A 级人才,通常能够吸引到 A 级人才或者具有潜力的 B 级人才。而 B 级人才就只会吸引到 B 级甚至 C 级的人。所以如果你在招人标准上打折扣,没有选拔到足够优秀的人才,那你的企业很快就会出现 B、C、D 级别的员工。特别是在公司创办早期,这种"羊群效应"更为突出,每位早期员工对企业文化的影响力都是巨大的。

有很多创业公司在早期招募的人才水平其实是参差不齐的,这是正常的。因为初创公司缺乏足够的名气和令人信服的业绩,对于真正的人才来说,加入这里就是一场赌博。很多人会更愿意加入通用、福特而非 2003 年的特斯拉。很多初创公司的人力资源策略是:先不要太苛求质量,尽快把业务推进下去。兵贵神速,时间不等人,等业务做大了、公司有名了,人才还可以慢慢换血。很多初创公司往往在 1～2 轮融资之后,开始有知名的职业经理人和大公司成员不断加入,就是这样的原因。今天的 SpaceX 和特斯拉已经不愁招人了,但在开局阶段,情况完全不是如此。一个在特斯拉工作过的朋友告诉我,当初特斯拉创业时,美国传统汽车行业的人大多觉得这个公司就是一个硅谷风投的荒唐闹剧。

尽管存在这样或那样的现实困难,马斯克的创业公司依然不会在公司早期招聘时做妥协。特斯拉和 SpaceX,在创立初期就是持着招聘 A 级人才的标准,其策略是:马斯克出面招揽领军人物,接下来,让领军人物和 HR 一起招募其他的高水平人才。优秀人才的朋友圈里往往有大量的同样优秀的人,他们做搜索、判断、说服的能力可能比专业 HR 更强。所以,当你在特斯拉看到有一个小组里几乎都是从斯坦福大学毕业的成员，很可能是他们的主管把一群优秀校友都拉来助阵了。随着公司不断壮大，人员进出更迭会形成常态，马斯克的原则是：新进入者的标准是进入整个团队人员中10%的最优矩形。通过持续这样做，可以让整个团队的平均水准不断向上走。

很多老板都知道人才的重要性，他们会给HR传递一个清晰的任务：帮我招最佳人选上岗。可是什么才叫"最佳人选"，却是个难以把握的概念，面对这个难以解决的问题，马斯克的解决方法就是：我无数次示范给你看。在SpaceX成立的前6年，马斯克参与了公司前1000名员工中每一个人的招募，包括保洁阿姨。

在招聘上事必躬亲是极为耗费精力的事情，因此，很少有大企业的CEO能对招聘投入如此大的兴趣和如此多的时间。早期协助马斯克负责招聘的HR总监Dolly Singh回忆，即使只是找一名员工餐厅服务生，HR都按马斯克的想法，跑了很多家麦当劳和星巴克，找到他们的"每月之星"，然后从这堆全明星服务生中再挑选出MVP，最后把他挖过来，那么，一大帮不同领域的MVP在一起工作，是什么感觉呢？

有SpaceX的员工说，"那种没有丝毫马虎、每个人都竭尽全力做好每一件事的氛围，极具传染性。这会让整个公司的每一环节都很高效，而你也就得以专注于把自己的工作做到极致，因为公司没有其他能让你分心的事了"。

曾在北美福特担任变速箱系统工程师的Jerry告诉我，他从南加州大学毕业之前，曾经有幸在SpaceX经历六个月的实习，被分配到火箭发射部门。他说身边的人看起来都是天才，面对各种高难度的复杂信息时他们都能快速理解并找到解决问题的出路。他说在美国毕业后能直接进入福特工作的年轻人，往往是密歇根大学这种名校的优秀学生，但是SpaceX吸引到的是麻省理工学院、斯坦福大学这种顶级名校的学生，而且还不是他们的一般毕业生，是拥有双学位、提前毕业、出类拔萃的学生。在SpaceX办公室里这种精英云集，到处都是脑力激荡的感觉，让Jerry至今难忘。

潜力新秀和资深老将

/毫无职场经验的毕业生

马斯克不要一般的名校毕业生,他只要才华横溢的。

SpaceX 成立之初,马斯克就通过各种途径搜索美国航天工程专业名校最有天赋的学生,逐个电话联系,花大量时间说服他们加入 SpaceX。一位被 Cold Call(陌生电话访问)的 SpaceX 员工回忆称:"我当时就以为是诈骗电话。"这名当时还在斯坦福大学读书的员工不相信致电的人是大名鼎鼎的伊隆·马斯克,更不相信他会开一家火箭公司。但后来聊着聊着,他发现电话里的这个人对商业和技术的理解远远超出了任何诈骗团伙的能力上限。当马斯克问你,是愿意去波音这类大公司日复一日地折腾一些换了谁都能折腾明白的东西、浪费你的才华、领一份安稳体面的薪水,还是跟我们一起改变世界?

这招很奏效。一些年轻人希望自己毕业时能加入一家世界 500 强公司,在现代化的写字楼里开始职业生涯。但那些拥有杰出才华和抱负的毕业生并不担心找工作,他们内心最惧怕的是兑现不了自己的才华和潜力。马斯克和 SpaceX 的出现,恰好击中了他们的内心!这些孩子精力旺盛、充满激情、不甘于墨守成规,是适合在创业公司加班和冒险的理想人选。

/久经沙场的业界高手

光靠年轻才俊显然不行,更关键的是团队里的领军人物。特斯拉离不开 J.B. 斯特劳贝尔,SpaceX 离不开格温·肖特维尔和汤姆·穆勒。以火箭推进技术的教父级人物汤姆·穆勒为例,没有他就不会有 SpaceX。

穆勒曾在业内享有盛誉的 TRW Automotive(Thompson Ramo Wooldridge)公司工作 15 年,为公司研发过很多专利技术,主持过 TR-106 发动机的研发工作。这款拥有近 300 吨推力的液氧液氢发动机,达到了世界顶级水平。

2002 年,马斯克创立 SpaceX 时,第一个找到的就是汤姆·穆勒。他最传奇的职业经历,恐怕不是在职场里的技术成就,而是在家完成了世界上最大的业余制造的液体火箭发动机，推力达到 5.8 万牛顿。就在摆放了这座业余兴趣产物的库房里，他和马斯克初次见面。

汤姆·穆勒最终加入了刚刚起步的 SpaceX，担任 CTO。我们可以把原因归纳如下：

一是要权限有权限。

马斯克说：发动机技术会是公司的核心技术，没有之一。

在一家大公司工作了 15 年后的顶级技术人才，被机制压抑了创造的才华，不得不在家里业余造发动机玩，终于迎来了机会。

二是要资金有资金。

马斯克的火星愿景极为宏大，但靠心灵鸡汤怎么可能轻易说服穆勒。马斯克起步就肯自掏腰包 1 亿美金投资 SpaceX，这样的真金白银永远比说辞更能体现创业者的认真和雄心。

三是要把握有把握。

对于主持研发过近 300 吨推力液氧液氢发动机的穆勒来说，重新加入一个创业公司、研发一个推力为几十万牛顿级的液氧煤油发动机（即后来广受好评的梅林发动机），其实是有相当底气的。

四是要情怀有情怀。

穆勒和马斯克一番交流下来，发现后者并不只是一个头脑发热的亿万富翁。他看到了一位拥有卓越商业洞察、对火箭工程做了许多功课、拥有专业顾问团队的企业家。造火箭上天，他是认真的。

其中，最打动穆勒的，还是马斯克对他本人、对核心技术的充分尊重。马斯克说如果穆勒加入，他就立刻启动这家公司。在 SpaceX 的员工工号里，穆勒是 001 号，马斯克只是 002 号。

古人云，士为知己者死。马斯克深谙此道。

另一个案例是马斯克在 2016 年组建初创公司 Neuralink 时所做的

事情。这家公司旨在通过人和智能机器无缝结合,把人类变成超人,让人和超级人工智能具备层次相当的智能水平。

据披露,马斯克面试了超过 1000 人,最终挑选了 8 位顶级技术专家(见图 4-7),让他们都成了这家公司的联合创始人。

Neuralink初代成员	
Paul Merolla	担任了七年的IBM首席芯片设计师,负责SyNAPSE项目,领头开发了TrueNorth芯片。专注的领域被称为神经形态学(Neuromorphic),其目标是根据大脑结构的原理设计晶体管电路。
Vanessa Tolosa	Neuralink的微织造(Microfabrication)专家,也是生物相容性材料(Biocompatible Materials)领域最重要的研究者之一。Vanessa的工作是根据集成电路的原理设计生物相容性材料。
Max Hodak	在杜克大学 Miguel Nicolelis 的实验室开发开创性的BMI 技术,同时每周两次在大学和 Transcriptic 公司之间往返,Transcriptic 是他创立的"生命科学机器人云实验室"。
DJ Seo	二十多岁时在UC Berkeley设计了一种尖端的新型BMI概念——"神经尘埃"(Neural Dust),是一种微型超声波传感器,为记录大脑的活动提供了新的方法。
Ben Rapoport	Neuralink 的外科专家,也是一名顶级的神经外科医生。他从 MIT 获得电气工程博士学位,最擅长把可植入芯片放入人脑内。
Tim Hanson	同事称他为"地球上最好的全能工程师之一",自学了材料科学和微织造方法,开发了 Neuralink 将会使用的一些核心技术。
Flip Sabes	USCF实验室的主管研究员,他结合"皮质生理学(Cortical Physiology),计算与理论建模,以及人类心理物理学和生理学",开创了BMI的新领域。
Tim Gardner	此前是BU的主管研究员,他的实验室对鸟类植入BMI进行研究,以了解"基本神经单元如何组合创造复杂的歌曲",以及"不同时间尺度神经活动模式之间的联系"。

图 4-7 Neuralink 的 8 位技术专家

马斯克只挑选具备多领域复合经验的超级专家，这么做一方面是可以省钱，让一名跨领域专家起到两三个独立领域人才的作用，另一方面是他认为只有把交叉领域的经验结合在一起，才能更有效率地实现开拓创新。

去 SpaceX 面试是怎样的体验

SpaceX 面试的典型流程

通常，一名工程师在加入 SpaceX 前，需要经过 5 轮以上的考核。

SpaceX 的 HR 会从数百封简历中，选出少数最优秀的候选人，进行电话沟通。

只有在 HR 谈话感觉良好的情况下，业务部门才会展开第二轮电话面试，通常由具备相关业务背景的招聘官或者该业务岗位的在岗员工执行。有些时候，他们还会在电话面试结束后，布置一份作业，检验候选人的实际动手能力。以上都顺利过关者会收到 HR 的邀请，安排他们到总部参观并进行长达一整天的线下面试。

我们特别采访了一位曾在 SpaceX 工作的硬件工程师 M 先生，他向我们介绍了自己加入 SpaceX 前的面试经历。

面试前的参观

大多数的公司面试流程是：面试者到了招聘公司以后，就被安排坐进某间明亮的会议室，等待面试开始。但在 SpaceX，会由一名 HR 首先为你安排 30 分钟的公司参观。M 先生绘声绘色地向我们描述了他所感受到的情景：

SpaceX 总部原本是波音公司的飞机制造工厂，面积巨大，坐落在洛杉矶飞机场附近。穿过大门和安检区后，有一大排办公桌，那后面就是一面落地玻璃组成的"巨幕"。透过大玻璃，你每天就像在观看现实版的 IMAX 电影，能看到整个火箭制造和组装的过程，从开头一直到完成。这种身临其境的震撼，与那些习惯把工厂和办公室彻底分开的传统火箭制造商非常不同。去过 SpaceX 的人说感觉自己突然走进了一本"科幻小说"，而我也有同感。

当你正陶醉在眼前的震撼场景之时，HR 还会在一旁煽风点火，不动声色地告诉你：SpaceX 拥有世界上最高效的火箭制造技术，每 10 天就能造一个全新火箭。这时候，如果你真的是一名航天工业爱好者，这个数据应该已经让你直接兴奋了！

而后续是这样安排的：HR 会带我直接去招聘岗位的工作区，让我提前感受一下气氛。

这段正式面试之前的前奏，无声胜有声，抵过千言万语。SpaceX 的 HR 坦言：如此独一无二的火箭工厂，就是最佳的招人广告！

过五关斩六将

当你完全被"圈粉"、迫不及待地打算签约时，面试即刻开始。

你将进行一段 15～20 分钟的陈述，向面试官展现你自己最想展示的工作经历，比如你曾经负责过的某个具体项目。

面试官是你所应聘的团队的领导和同事，那些可能跟你直接共事的人。Q&A 时间会比陈述更长，通常持续 30 分钟左右。在场的七八名面试官会针对你所介绍的内容，做具体、深入的提问和交流。设置这段陈述的目的，不只是让候选人充分展示自己的才华，更给了那些面试官——可能在日后和你一起共事的人，一个观察你、与你直接交流互动的机会。谷歌曾经有一种面试做法，就是当接待一名面试者时，会把他所应聘的岗位的整个团队简历全部拿出来给候选人看，让他意识到他以后将会和怎样的优秀人才一起共事。而 SpaceX 的方式比谷歌更加直接，这是一种双向交流。

SpaceX 的人才理念是：团队之间需要亲密合作，顺畅的意见输入非常重要。实际上，特斯拉也是类似的情况，一位曾经在北美特斯拉供应链部门工作的 Y 先生告诉我，来自平行成员的面试意见在特斯拉是格外受重视的，因为有时候平行成员才是真正需要和过关的面试者朝夕相处、密切配合的，而且高阶领导不一定那么了解具体的工作执行细节，平行成员可能会更有针对性地评估面试者的具体执行能力。

但这种方式也有明显的缺点，非常浪费工时。团队里这么多人要停下自己的工作、投入到面试当中，这是巨大的资源投入，所以很少有大公司会这么做。事实上，有不少 SpaceX 员工对于这种面试方式颇有怨言。他们本来就面对"超出常规公司的工作量和巨大压力"，还要重度参与招聘面试这种短期内和自己的业绩毫无相关性的工作。但是，既然连马斯克本人都愿意花很多时间在招聘上，其他人也就无法推脱了。

公司相信，从长远来看，虽然在招聘中花费了巨大的人力资源，但如果这样能够选到既有才华又能融入团队文化的最佳人才，付出就是值得的。

陈述和问答环节结束后是下一轮的面试。坐到 M 先生面前的有两个人，一位是之前与他在电话面试中交流过的技术型 HR，另一位是上一轮集体面试中的一位工程师。如今，他们在同一个团队中工作。这一轮面试聚焦于技术相关的问题，偶尔还有一些类似"脑筋急转弯"的智力测试。下午的面试是和相关管理层对话。这类面试通常以一对一、一对二的形式开展。如果说上午的面试像开胃酒和前菜，那么下午的面试则是正餐。面试者在下午和他未来的直接上司、部门总监和业务线所在 VP 都进行了深入交流，话题深度和广度都比上午的更具挑战。每位面试官都需要给你打分，在 SpaceX，过关通常意味着每个人都给你评了 A。

关于在面试中会被问到什么话题，我们会在后文中详述。

被马斯克面试

很难说是遗憾还是幸运，这位工程师朋友当天并没有被马斯克亲自面试。但他跟我们分享了他所了解的马斯克式面试。据一些被马斯克面试过的 SpaceX 员工形容：

当你紧张地走进马斯克的办公室，准备开启一段艰难的面试，说些精心准备的话。结果发现马斯克压根没正眼看你，随便问一两个听起来很敷衍的问题，如"你做过什么大事？""你来了准备贡献点什么？"但如果你的回答和他的提问一样敷衍，他是不会轻易放过的。

通常，10分钟之内，问答就会结束，如果你不是在面试一个高管职位的话。

马斯克是个很理智的人，但他在招人时，也会依靠主观感觉。在漫长的商业生涯中，他长期深度参与甄选人才、组建团队，阅人无数，犯过很多错误，才练就了这种"短时间内快速识人"的能力。他不光会根据回答提问的质量来做判断，还会从面试者的气质、眼神、表情中找到更综合的答案。这个人到底是否可以信任？他是否真心喜欢这份工作？他是否像他自己描述的那样充满才华？蔚来北美公司的自动驾驶副总裁Jaime Carlson（先后在特斯拉、苹果、蔚来从事自动驾驶方面的工作）曾经告诉我，马斯克有极强的识人能力，很善于通过提问，发现一个人到底对某个领域是真懂还是假懂，到底有多懂，即使他本人对这个领域并不懂。

Win or Go home！过关或者离开

在SpaceX工作的HR，经常会收到投诉信。他们会被指责，约好了面试时间却爽约、对已经面试过的求职者缺乏反馈、面试过程无预兆中止，这体现出SpaceX奉行的极度实用主义的文化，效率和结果被摆在比人文关怀更靠前的位置。实际上这些HR的工作压力难以想象，一名HR一年需要新招募200多名员工，在超强的工作负荷下，他/她无法花费大量时间追求细节的完美，而是把有限的时间用在最重要的事情上。

这样的工作文化表现在面试中，就是不会太在意候选人的感受。比如上面这位面试者，在一段面试结束后，准备进入下一段面试前，他往往会在一个空房间里等待10分钟左右。因为面试官和HR需要做一番商量，决定是否让他进入下一轮面试。

SpaceX 有个很残酷的规定：每一轮面试完结后，只要有任何一名招聘官 Say No，HR 会立刻请面试者回家，毫不犹豫。按照这种做法，一个不合适的面试者就不会占用 SpaceX 员工更多的时间成本。很多体面的硅谷公司，像苹果、Facebook、谷歌，都不这么做。这些公司非常讲究对人的尊重，面试日被设计成一个固定的小项目。一旦启动，无论过程如何，你都会走完一个相对完整的流程，最后客客气气地被送走。没有人会在面试中途，劈头盖脸地跟你说：你失败了，可以走人了。但 SpaceX 为了效率，选择放弃绅士风度，每一轮面试都是"Win or Go home（过关或者离开）！"。

另一个残酷的细节是每轮面试的时间，通常不会被严格规定，但如果面试官觉得你不行，没人会礼貌地陪你，10 分钟内就会草草收场，这也意味着你可以回家了。

而且，与其他大企业不同，即使你远道而来，到公司参加了多轮面试，如果 SpaceX 决定不录取你，很可能连一封拒绝邮件都没有。对于面试者来说，这可能是有些糟糕的感受，但如果你知道 HR 不是针对你个人，而是对所有人都这样，你心里可能会好受一些。一位特斯拉的 HR 告诉我，在特斯拉工作的数年中，她收到过无数面试者的进程问询邮件，在北美的职场文化中，这种面试者和 HR 之间的互动是非常正常的事情，但她的原则就是：一律不回。

总而言之，比起每一位面试者的个人感受，SpaceX 显然更在意的是企业自身的效率问题。

面试越难，面试者越喜欢

参加一次完整的 SpaceX 面试，可以算是一次挑战。你需要过五关斩六将、充分展示自己卓越的专业技能，深刻地剖析自己，而随时都有可能被劝退回家。但越是困难的面试，反而越容易赢得真正优秀人才。与某种常识相反，根据 Glassdoor（美国一家专业提供企业点评和职场信息的权威社区）提供的数据分析：企业面试的难度往往与面试者的满意度成正比。那些更具挑战的面试，会让面试者感到兴奋和被尊重，最终对面试过程更加满意。

2017 年，SpaceX 入选为"Best places to interview"（最佳求职公司）。招聘总监 Brian Bjelde 说，他总是要求面试官提出有挑战并能激起面试者兴趣的问题。因为在面试过程中，面试者并不是唯一接受评审的一方。面试者所接受的评审是面试的明面；在另一个暗面，面试者也会通过面试体验，对面试官、对公司进行评判——只有顶尖的公司能搭建出顶尖的富有挑战的面试。这实际上是一种双向互动的关系，两边都在努力展现自己的优秀、博取对方的好感，同时冷静地审视对方。

那一天，M 先生在 SpaceX 一共待了六个半小时。两周后，他收到了录取 Offer。在面试进行到一半的时候，他说他已经深深喜欢上了 SpaceX，这里的人看起来充满激情、有浓厚的极客做派——纯粹、友善又有趣。如果要找一个空间去承载工程师的才华和汗水，这里就是理想去处。

七类经典的面试问题

对比科技界大佬最喜欢问的面试问题，可以映射出不同企业的人才文化。

谷歌联合创始人 Sergey Brin："你能否把一个我可能不懂的复杂问题，向我解释清楚？"

——通过此问题，Brin 能判断出面试者化繁为简的能力、沟通能力、逻辑判断力，以及精通的特定领域；另外，这也是 Brin 向不同的别人学习新本领的好方法，面试人才和偷师进步两不误，实在高明！

硅谷第一风险投资人、前 Paypal 联合创始人（CEO）Peter Thiel："在什么重要问题上，你与其他人有不同的看法？"

——看你是否具备"改变世界的颠覆创新"的潜力，是否具备"逆风前行的斗士"的素质，是否有超强的独立思考能力和超越凡人的真知灼见。

甲骨文的 Larry Ellison："请老实回答，你是自己认识的所有人中，最聪明的一位吗？"

——Ellison 非常看重天赋高、智商超群的员工。

如果面试者回答"Yes"并能通过面试证明这一点，那公司就会聘用他。如果你的回答是"No"，老板会追问："那谁是你认识的最聪明的？"，并让 HR 想办法联系到那个人来面试。厉害了！

亚马逊的 Jeff Bezos："如果你被分配了一项难度系数很高的任务，而且完工期限临近到不合常理，你会怎么办？"

——检验你在棘手问题之前，是临阵退缩、寻找借口，还是勇于承担风险和责任、积极解决问题。看你在非常规、高压力的工作环境下，是否还能够有效发挥自己的才能。

Facebook 的全球招聘总监 Miranda Kalinowski 则最爱问这个问题："你工作感到最满意的一天——那个你回到家会觉得'我拥有世界上最棒的工作'的一天，是怎样的？请形容给我听。"

——这是一个探究面试者长期价值观、人生格局的问题。如果求职者展现出来的东西和公司的企业文化相当，从长期来看，可能会有很好的融合效果。这是非常讲究哲学的一个面试问题。

如果你想理解马斯克的公司有何独特之处，可以看看我从 Vault、Quora 等网站上搜集并归纳的七类 SpaceX/ 特斯拉招聘面试中的常见问题。

第一类问题：关于解决难题

在一次访谈中，马斯克说过，如果只能问面试者一个问题，那他会问：

"Tell me the toughest problem you've worked on and how you solved them.（你在工作中解决过的最大的难题是什么，你是如何解决它的？）"

马斯克解释过为何设置这个问题：如果你真的被一个足够有分量的难题困扰过，你一辈子都不会忘记这个问题是如何被解决的。而如果你真的是这个难题的主要解决者，一定对所有的细节都了如指掌。

根据回答，他就能大致判断你是哪个梯度的人才。因为这个回答将展现：

你曾处理过的问题的档次有多高，问题级别越高，往往你的能力就越强。与好莱坞电影里不一样，没有能力的角色没机会遇到拯救世界的难题。

你是否具备超强的分析、判断、解决棘手问题的能力。

你到底是能卷起袖子、下地干活的那种人，还是只会夸夸其谈、并无冲锋一线的实战经验？

第二类问题：关于个体优势

"Tell me about your most significant technical accomplishments.（告诉我你最引以为豪的技术成就。）"

设置这样的问题，很明显，是为了凸显人才的长处。

人无完人。最理想的配置方式，就是找到一些人的独特长处，如果能与企业的需求精准吻合，就能创造很高的价值。

SpaceX 和特斯拉的 HR 特别喜欢问这个问题，让你好好聊自己身上最骄傲的成就，以此判断你是否在自己最擅长的领域，做到实力超群、见地独特。

这个问题看似简单，其实暗藏玄机。

特斯拉的前招聘官 Max Brown 说："大多数人的本能反应，是选一个听上去档次足够高的项目成就来做陈述。但一旦我们的工程师就此不断追问、直达项目深层次的逻辑和具体细节时，许多人的脸色就开始从兴奋转为平淡，说：'嗯，这部分当时不是由我具体负责的。'"

Max Brown 举了两个例子来说明：

曾有一位设计师，在面试中用笔盖设计让面试官刮目相看。

很明显，笔盖并不是技术复杂的产品，很少有人会对笔盖起意。但面试者通过详细谈论他的不同设计和制造决策的最细微的微妙差别，充分展现了他在塑料设计领域的过人天赋和独到看法。

这些征服了面试官，于是他很快加盟了特斯拉。

而另外一位来特斯拉面试的电力工程师，讲述了自己将摩托车改造为 100% 电驱动的案例。这可是一台摩托车整车的核心动力总成改造项目，非常吻合特斯拉作为高性能电动车制造商的需求。

尽管特斯拉团队欣赏他的激情，但很遗憾，他只展现出了"业余高手"级别的水平，对电动车尖端技术并无储备。虽然他选择讨论的话题远比笔盖更复杂、更迷人，但呈现的面试效果却恰好相反。

第三类问题：关于对待失败

"Tell me a time when you failed and how you worked through it.（跟我说说你的一次失败经历。）"

SpaceX 的现任招聘总监 Brian Bjelde 说过，他很在意挖掘应聘者没写入简历的重要信息。

简历通常记载了一个人的光辉岁月，但对挫折、失败、迷茫，往往避而不谈。

看一个人在失败中的表现，就能判断他能扛得起多大的挫折，是否擅长从败局中汲取经验，让自己变得更强。勇于创新的初创型公司，往往特别在意员工在困难、逆境中的表现，是否能做到"泰山崩于前而色不变"，继续做一名乐观主义者。

初创公司往往尝试打破行业的传统，去别人普遍认为没有机会的地方寻找机会。如果某个方向被大家普遍看好、前景明确，早就轮不到初创公司了，大公司肯定会凭借资本和人力优势早早布局。

无论特斯拉还是 SpaceX，最初都被人认为是"在没有水的沙漠里打井"。在这些公司工作，必然会遇到逆境。

如果一名员工没有在逆境中持续奋斗的强大意识，就很难匹配他将要面对的残酷环境。

第四类问题：关于加班

"How do you feel about the amount of overtime this role demands?（你怎么看待大量的加班？）"

法律制度健全、对劳动者保护更充分的美国社会，疯狂加班不是一个能轻松触及的话题。一名典型的硅谷人的节奏是早上 9 点到公司喝上一杯咖啡，下午 6 点收工，回家和家人吃晚饭。

但 SpaceX 和特斯拉的 HR 对于这个敏感话题，毫无避讳。在 SpaceX 的招聘页面，能看到这句很醒目的话："SpaceX 就像一支特种部队。我们在做别人认为不可能完成的任务。以任何理性的标准，我们的目标都雄大得疯狂。但我们会让它们成为现实。 在 SpaceX，我们有潜力对人类未来和生命本身，产生难以置信的影响——伊隆·马斯克。"

很显然，对于如何看待加班这个问题，答案并不是开放式的。

第五类问题：关于动机

"What makes you the right person for the company?Why should I trust you?（你为什么想要加入这个公司？为什么我要信任你？）"

马斯克在一次访谈中曾提到：他年轻时，会把一个人的"智力和才华"放在首位，但现在，绝对把"人品和动机"置顶。

在类似航天、军事这样的行业中，每一名进入者都会面临背景审核，在 SpaceX 也是如此。

即使特斯拉所在的汽车行业没有那么敏感，但这家公司的工作不是简单地复制、跟随，而是开拓、突破，它有很多不想让同行知道的秘密。

马斯克不希望有人带着不纯的动机加入公司，这是有前车之鉴的。比如，著名的汽车设计师 Henrik Fisker。2007 年，马斯克经人推荐找到独立设计师 Fisker，想让他为电动轿跑车（也就是后来的 Model S）主持设计工作。Fisker 欣然接受了邀请，但在花费了很多时间，反复交流了多次之后，交出的作业却始终离特斯拉想要的距离太远，据说交出的作品就像一只"巨大的鸭蛋"——这可是设计界的顶尖人物，曾经为阿斯顿·马丁和梅赛德斯·奔驰设计出了经典车型。后来才发现，Fisker 一边帮特斯拉做作品，另一边成立了一家电动车公司，并且把马斯克讲给他听的特斯拉产品概念，写入自己新公司的商业计划书。

马斯克知道以后非常生气，立刻把 Fisker 告上了法庭，并从此对一个人的"入职动机"特别敏感。但诉讼并没有能阻止 Fikser。这家公司迅速崛起，一度成为特斯拉最大的竞争对手，打造了外观性感、性能强大的电动车，并且抢走了原本可能属于特斯拉的政府低息贷款，成为当时北美风头最强劲的初创电动车品牌。

抛开对动机不纯者的警惕和过滤，即使对于普通的求职者，考察动机也是极为必要的。特斯拉和 SpaceX 都在做困难的、压力极大的事情，如果不是出于真心热爱这件事，而仅仅是找份赚钱的工作或者给简历镀金，他的工作主动性、韧性和容忍度就不够高，很可能工作不了多久就会离开，这样的结果对于劳动者和企业双方来说，都是不负责任的。

第六类问题：关于聪明的头脑

SpaceX 和特斯拉喜欢在面试的过程中，突然抛出一个与岗位职能看似毫无关联的"脑筋急转弯"类的问题，看看候选人是否具备聪明、灵活的头脑。

问题举例：

You are standing on the surface of the earth. You walk one mile south, one mile west, and one mile north. You end up exactly where you started. Where are you?（你站在地球表面，向南走一英里、向西一英里、向北一英里，这时你正好回到了原点。你的具体位置在哪？）

If you have an elephant and need to weigh it, but do not have access to any kind of a scale, sensor or balance beam, how do you do it?（你有一头大象，你想要称一称大象的体重。但你手里没有任何测量工具，该怎么做呢？）

这类问题，不仅马斯克的公司在面试时常用，谷歌等大公司也会使用。

面试官所关注的，不是看你能否提供一个标准的正确答案。即使你给出了正确答案，面试官还会试探你能否想到其他的解决办法。

面试官真正在意的是：

你是否会被突如其来的奇怪难题打乱阵脚；

面对陌生、奇怪、刁钻的问题，如何进行层层解剖和理性分析；

是否会有灵光乍现、独树一帜的想法。

第七类问题：你有什么问题

"Do you have any questions you'd like to ask us?（你有什么问题吗？）"

很多公司都会出于礼貌，在面试的末尾转而让面试者提问。这通常是无关紧要的轻松时刻。

但对于马斯克的公司来说，这可能是个"陷阱"。

曾经有位名校生想进入 SpaceX 实习，在面试中一路过关，展现出了不俗的技术积累。

最后轮到了他的提问时间，他问了两个非常现实的问题：

一是实习生面试的平均录取率是多少？

二是关于在公司内的升职前景。

面试官敷衍地回应了一下，然后迅速结束了面试。让他落选的原因就是他的提问，面试官认为他的格局非常有限。马斯克希望团结一批有才华、有志气的杰出工程师，一起去改变世界。这些公司的企业文化期待面试者能够问出有水平的深刻问题，期待他们发出尖锐的质疑，期待他们展现出自己的过人的热情和好奇心，唯独不期待他们关注鸡毛蒜皮、"居家过日子"般的平凡琐事。如果面试者认可这样独特的企业文化和愿景，那他应该明白，"面试录取成功率"和"升职前景"实在是难以启齿的话题。

3. 企业管理哲学

选灵活还是严苛

马斯克的个人能力再强，也无法一个人造出火箭。他很善于动员广大人民群众的力量，让公司里的每个人都发挥出自己 120% 的光和热。Jamie Carlson 就向我讲过，马斯克有个本事，就算你在特斯拉做保洁工作，他能都让你感觉到自己正在和他一起改变世界。

话说天下大势，分久必合，合久必分。

21 世纪 50～60 年代的美国，像福特汽车这样的大型制造企业，严格执行各种规章制度。公司内的每个个体都被严肃地管理着，这带来了较高的工作效率，当时人们认为这就是最好的管理方式。进入数字经济时代后，从硅谷开始流行的"绿色管理"成为这个时代的管理时尚，Facebook 和谷歌就是典型代表。这些新型科技企业的组织架构更扁平化，讲求尊重员工的独特个性和主观意识，激发员工的工作兴趣、激情和创造力。这些公司的工作环境往往更加灵活，氛围犹如理工大学的实验室。比实验室更棒的是，你甚至可以带自己的狗来上班。根据人们的想象，如果有一家年轻的硅谷初创车企正在前沿领域探索未知道路，它应该和谷歌、Facebook、苹果拥有类似的文化：包容、尊重多样性。

但 SpaceX 及特斯拉并非如此，与谷歌、Facebook 这些年轻巨头比，这里没有那么多对员工人性的关怀和尊重，取而代之的是无处不在的紧迫感和严格的 KPI 压力。马斯克本人总用"特种部队"这种词汇来形容他的员工们。SpaceX 前高管 Dolly Singh 用一句话做出精辟概括："钻石是在巨大压力下打磨出来的，而马斯克是钻石制造大师。"他会给你前所未有的压力——在时间上、在任务上、在精神上、在每个白天和晚上。马斯克相信这种强大的内外压力是释放个体潜能的最佳方法。与微软、甲骨文这类硅谷科技企业比，这里没人可以喝咖啡、晒太阳、按点打卡下班。如果说在公司起步期，需要含辛茹苦、艰苦奋斗，尚可理解。但发展到今天，SpaceX 及特斯拉都已经是各自业内体面的明星公司了，却依然不改本色。

不可能完成的日程表

马斯克的绝招之一就是抛出极度苛刻的工作日程表。

当他和团队一起规划日程时，他永远会给出一个超现实的乐观版本——当所有外部环境，包括运气在内，都对这个业务有利的情况下才有可能实现的版本。可以想象每当此刻，团队成员面面相觑的尴尬神情：想要抱怨、想要辩解，但又不敢吭声。更甚的是，马斯克不仅在内部会议这么说，随后还会动动手指，把这个日程通过千万粉丝的个人推特公布于众。

很多人批评特斯拉和 SpaceX，质疑他们做事情很少守住日程，总是说话不算数。以特斯拉为例：自 2003 年成立的 15 年以来，先后开发了 4 款车型，无一准时，唯一的区别只是推迟交付或推迟很久交付。如果你有心的话，可以整理出一段马斯克的"吹牛集锦"，如可回收火箭的实现、特斯拉在全自动模式下横跨美国等。我问一位受访对象："马斯克真的不知道这种制定日程表的方式不靠谱吗？"他说："怎么会！他当然明白。但他就是会把这个超级乐观或者说超级变态的日程公之于众，除了有利于融资和宣传之外，应该还有一个考虑——让内部的人有更大的外部压力。当华尔街、媒体、粉丝、消费者，全世界都变成了你的监工，每天给你倒计时，你还怎么敢偷懒！？"爱夸口很可能是马斯克刻意为之的策略：正常公司 5 年能做的事情，他张口就说 2 年内完成还不让打折，团队最后拼死拼活也没做到，结果 3 年才完成。对他来说，这个结果难道不让人满意吗？

另一位受访者向我们分享了一个案例，可谓上述判断的绝佳佐证。

2012 年特斯拉推出中大型轿车 Model S 后，迅速开始研发基于同一底盘的 SUV Model X，这款车后来于 2015 年量产。经过全盘考虑，这款新车需要与 Fremont 工厂的 Model S 生产线共线制造，虽然当时工厂还有新增一条生产线的潜力，但那部分潜力需要留给当时尚处于

PPT 阶段的 Model 3。没错，当时特斯拉已经在严肃考虑 Model 3 这款战略低价车型了。同时，共线还有一个好处，能够让公司省钱，不必立刻重新打造一条新生产线。于是，制造团队就面临一个任务：改造已经运转良好的 Model S 生产线，让它能够兼容 Model X。虽然说这两款车是共享底盘，但由于 Model X 新增了许多高难度又独特的工程设计，改线的任务并不轻松。

如果你看过 2019 年 Netflix 出品的、讲述福耀玻璃赴美开厂的纪录片《美国工厂》，你会发现这与特斯拉在上海临港不到一年建成巨型工厂的破纪录速度形成了鲜明的对比。一家典型的北美汽车公司完成类似规模的生产线改造需要 6 个月左右的时间，但马斯克完全罔顾一切科学和自然规律，他下令"用 2 周时间完成"。他不希望因为改造让 Model S 停产太久，当时这台车正供不应求，全球很多客户还在排队提车。

这让整个团队陷入焦灼。他们想到的解决办法是：要在这么短的时间内完成这些事情，光靠公司里的人根本不可能，只能靠"人多力量大"。于是整个 HR 部门首先被动员起来，他们的任务是用最短的时间招募海量的熟练工。但美国制造业的空心化已经很久了，想快速找到熟练工人是很困难的。特斯拉的 HR 不得不尽一切办法，还要付高额的人力成本来组织这支短期团队。最终，在各个部门的努力下，特斯拉只用了 4 周，完成了生产线的改造。

如果一位老板逼迫所有人玩命工作，自己却逍遥自在，这显然没法让人心服。马斯克能够要求所有人拼命的一个基础就是，他自己比任何人都拼命。有一位受访者在 2013 ~ 2016 年在特斯拉工作，他说那个时候公司规模还没有很大，不算上生产线工人，总部只有上千人，他自己一个人需要干一个小团队的工作量，每天累得半死。但他的办公位恰好位于马斯克办公室门口附近，每天能够看到一波波人像不停歇的潮水一样去找马斯克汇报。马斯克每天从头到尾几乎不做停歇，连间歇的时间都很少，真的像个"铁人（Iorn Man）"。当时，马斯克的工作日大概有 60% 的时间在特斯拉，另外 40% 的时间在 SpaceX。

严苛的日程要求带给员工最直接的影响就是无休止的加班。在

SpaceX 有个说法：如果你晚上 7 点前就下班，会被认为在做一份"Part Time Job"（兼职工作）。很多人说，公司没有强制大家加班，但是为了在日程表内解决掉那么多困难的课题，一个人真的需要当三个人用，调动自己全部的智力和体力投入工作当中。一旦你这么做，就不可能不大幅加班了。同类竞争对手（如 ULA）常年"朝九晚六"，每周工作时间不超 40 个小时，实际上，西方很多大型公司几乎都是这样的工作状态。然而 SpaceX 的员工，每周工作 70 个小时是常态，工作时间接近同行两倍。一旦临近重要项目节点，如重型猎鹰火箭发射前的冲刺阶段，工程师们需要一周工作 100 个小时。SpaceX 总部有很多睡袋，可供员工们晚上在办公室通宵加班的中途小憩。

站在人力资源的角度来看，一名员工每周工作 70 个小时，可能比两名同等水平的员工每周工作 40 个小时的价值更高。这不光是因为能帮公司节省一大笔工资、一个工位，更有利于提高沟通和执行效率——单个员工不需要和自己交流、讨论、统一思想、协同执行，他的推进速度会快很多。这就是一些公司宁愿高薪招少量的人才，保持高强度工作，而不愿意轻易扩大编制的原因。

绿色管理的逆 3P 法则

企业家的任何意志，要靠人来落地。但该用什么来凝聚人心呢——高薪、股票，还是情怀？

大企业对普通员工常常会用这样一种人力资源激励模型，俗称 3P 法则：基石是 Pay（金钱激励），在此基础之上是 Passion（个人志趣），最后适度升华主题，跟你聊一下 Purpose（情怀和理想）。大企业为努力工作、智商过人的技术人才提供远高于美国均薪的工资，附加奖金、股票、期权、福利，打造优雅、自由、设施丰富、服务周到的工作环境，已成为硅谷的常态。如图 4-8 所示为 Facebook 硅谷办公室照片。

图 4-8　Facebook 硅谷办公室照片

这看起来合情合理，但马斯克并没有追随常规，他为 SpaceX、特斯拉建立了一个完全不同的 3P 模型，像是硅谷大公司的倒置版本。情怀和理想被摆在最高同时比重最大的位置，其次是工作兴趣与激情的释放（个人志趣），金钱激励被放到最次要的位置（见图 4-9）。

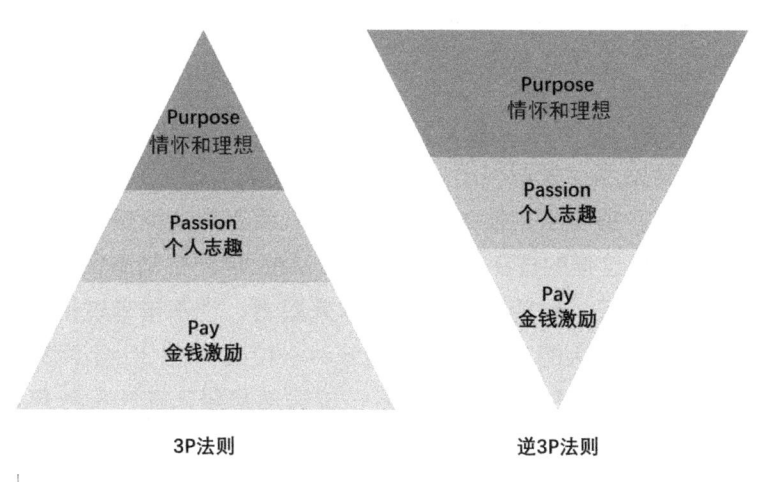

图 4-9　3P 法则与逆 3P 法则

我们接触了一些 SpaceX、特斯拉员工，发现这两家公司的员工气质与其他知名公司的区别很大：一般公司的员工，你问它公司的愿景是什么，只有少数人能勉勉强强把企业官网和入职培训材料中白纸黑字、反复灌输的那句漂亮话讲明白，但在 SpaceX 和特斯拉，几乎每个人都能一字不差地讲出企业的使命，而且他们真的认同。这份对企业愿景的认同，让这些员工能够高强度工作、无止境地加班，在企业遭遇重大危机和大量负面报道时，继续选择坚守。

在美国特斯拉和 SpaceX 工作的人，主流背景是这样的：从小出生在一个发达国家、定居加州、教育背景突出。这些人的物质基础通常都不差，自己也是名校毕业、一身本事。在美国，这样的优秀劳动力不缺大公司的青睐和丰厚的薪水。物质不稀缺，探寻人生意义、参与一项改变世界的大事业才是稀缺的。对于这些人来说，马斯克所讲的故事很有吸引力，特斯拉和 SpaceX 是理想去处，能为一段平凡人生注入英雄梦想。

Max 先生曾经在特斯拉中国的销售部工作，他能够在不提示的情况下背诵特斯拉的愿景和马斯克发表过的各种观点。当我问他是否从心底真正相信特斯拉改变世界、改变能源结构的愿景时，他说信，但在停顿了片刻后，他补充道："至少我当时在那工作时是相信的。现在呢？我觉得可能里面也有一定的企业经营策略考虑。" 在谈到为什么想要去特斯拉工作时，Max 说入职动机是：欣赏这家公司的愿景和老板；收入不错；在一家网红公司学习和"镀金"。现实和情怀，两者皆有。

2015 年至 2016 年，特斯拉中国曾经遭遇过一段困难时期，早期粉丝用户消耗殆尽，公司和产品负面新闻不断，公众对电动车缺乏基本的了解和信任，销售压力很大。由于公司人手有限，销售培训体系也无法和奥迪、宝马这样的成熟大企业相比，Max 自己主动肩负起了制作销售培训材料的重任，尽管这不是他的本来职责，也不曾有过相关经验。他说他当时从两个人的文章里吸收养分，一位是时任 36Kr 汽车板块实习生、前 42 号车库主笔郑小康，另一位居然是经常在知乎社区汽车话题写作的我。

另一位特斯拉的前中国区员工 S 女士分享了她对这份工作的独家记

忆。每个季度，马斯克都会在北美的特斯拉工厂里，召开"All Hands Meeting（全员会议）"，同步向全球各个办公室直播，在国内是早上7点左右，需要早起赶到公司，但马斯克的讲话每次都会吸引几乎所有人积极聆听，S女士每次都会提前到场。有一次她凌晨2点多才下班，一个人开车回家，被父亲问是不是出去玩了。她说自己其实是刚下班回来，准备休息一会，5点再出发去公司继续赶工。她父亲感到难以置信。

当然，不是每一个人都会被"情怀大法"击中，也有一时被"忽悠"，随后苏醒过来的。有一位北美的受访者指出，公司实际上是在用宏大的使命和愿景，作为一个不支付合理报酬的借口，这是在收"马斯克税"。在美国职场网站Glassdoor里有很多关于特斯拉和SpaceX的员工评价，也不乏类似的观点。

需要说明的是，其实特斯拉和SpaceX的员工收入不低，与硅谷和洛杉矶的同类公司相比并不寒酸。但我们还应该考虑到，这两家公司人员的招聘标准是相当高的，再结合高强度工作和企业文化，如果一定要对员工的"投入产出比"做一番科学计算，作为薪酬偏低的证据也是说得过去的。这两家公司也都不像谷歌那么讲究福利，办公室内没有娱乐设施，没有健身房，连工作餐都不免费，与类似的科技企业相比，这是比较少见的。

如表4-1所示的数据是硅谷各大公司员工的民意调查结果，这与马斯克对待人力资源时采用的逆3P法则，可以相互印证。

表4-1　2016年3月，硅谷科技公司员工民意调查

公司名称	平均在职时间（年）	高工作满意度百分比	高工作意义百分比	高工作压力百分比
SpaceX	2.3	73%	92%	88%
特斯拉	1.6	70%	89%	70%
Facebook	1.1	96%	78%	44%
苹果	2.7	73%	74%	66%
谷歌	2.0	89%	72%	53%
英特尔	5.0	72%	66%	61%

续表

公司名称	平均在职时间（年）	高工作满意度百分比	高工作意义百分比	高工作压力百分比
思科	4.0	76%	60%	52%
微软	4.8	72%	59%	58%
eBay	2.7	78%	55%	66%
Salesforce	1.8	89%	54%	55%
高通	4.3	69%	50%	62%
亚马逊	2.0	69%	42%	66%
惠普	6.3	64%	41%	56%
IBM	7.1	59%	40%	62%
三星	2.3	64%	36%	69%
甲骨文	5.3	64%	32%	56%
Adobe	3.3	84%	24%	47%

两家马斯克持有的公司，在调查结果上表现出出奇一致的矛盾性。当评估自己的工作压力是否巨大时，SpaceX和特斯拉分别列居第一和第二。但在评估自己的工作是否充满意义时，它们再次包揽前两位。

总体来看，两家公司的员工满意度不高，仅位于中游。平均员工在职时间分别只有2.3年和1.6年，与其他公司相比偏低，这说明公司可能存在较高的离职率。

员工持股，长期捆绑

一方面，对薪酬水平的控制确实帮助马斯克降低了运营成本。另一方面，马斯克通过薪酬策略选拔真正合适的人。价格信号是市场经济里重要的筛选机制。通过这种人才定价策略，马斯克可以有针对性地锁定那些"充满才华和热情，对金钱不太敏感，还有一些理想主义"的人，带领他们全力投入到一项内心真正热爱、可以改变世界的事业当中，这就像"周瑜打黄盖，一个愿打一个愿挨"。一个人在 SpaceX 和特斯拉赚到的现金也许不多，但是充满挑战的工作内容、自我实现的愉悦感、被高度认可的职业履历，正是他们所追求的。

但马斯克不是只知道限制工资的，他也会通过股票期权来做长期激励。马斯克总是强调这是大家的公司，从老板到保洁人员，人人有份。很多公司都这样讲，但有些公司喜欢在谈责任时人人有份，对分享收益的机制则闭口不谈。在特斯拉，马斯克设计了一个员工持股计划：达到一定标准的员工，可以以折扣价购买公司股票，差值就是员工收入的一种潜在收益。

这种方式实现了两个好处：

一是作为一家创业公司，通过稀释股权而非全额支付现金来发放员工激励，有利于降低现金支出；

二是肯掏钱购买自家公司股票的员工，在精神上和物质上都和公司捆绑在了一起。

在一份被泄露的由马斯克发给员工们的内部邮件中，我们可以看到虽然特斯拉员工在现金收入方面落后于美国汽车"老三大"，但马斯克依靠公司的长远预期激励员工。他预测 Model 3 会成为爆款车型，到时股价大幅上扬，人人都会受益。同时，他还用一张对比表格，把事实展示给大家看：如果从 2013 年 1 月 1 日起连续工作 4 年，特斯拉员工的总报酬（工资、福利和股权）显著高于美国三家传统车企（通用、福特、菲亚特克莱斯勒，见表 4-2）。

表 4-2 特斯拉与美国三家传统车企的薪酬对比

总报酬	特斯拉	菲亚特克莱斯勒	福特	通用
现金总额	$157,040	$168,868	$197,118	$199,368
新员工权益	$57,633	—	—	—
业绩权益	$23,774	—	—	—
ESPP	$59,829	—	—	—
权益总额	$141,236	—	—	—

续表

总报酬	特斯拉	菲亚特克莱斯勒	福特	通用
总附加福利 医保、带薪休假等	$59,446	$91,114	$91,114	$91,114
工会会费		$2,435	$2,842	$2,874
支付总额	$357,721	$257,546	$285,389	$287,607

使命高于一切

从某种程度来说，如果你在工作中犯错误或者没有做出成绩，你就是在阻碍马斯克前进的脚步；你需要尽最大能力帮助他完成使命，否则就会被辞退。实际上，马斯克并非没有感情，他并不讨厌那些被他辞退的员工，他只是因为这些人的拖延、失误或者态度感到内心痛苦。他拥有过于强烈的使命感，希望向自己的目标以最快速度前行，以致无法照顾周围人的感受。你可以说这是一种过于自我的表现，这本来是一种容易招人厌恶的性格，实际上确实如此。但当他投入到工作当中，牺牲个人生活和睡眠，承受难以想象的压力，他的团队成员就难以提出抱怨了。更何况他所做的每项事业，似乎都是为了让这个世界变得更好。

马斯克曾因非洲裔员工提出的申诉给全体员工发了一封邮件，他强调了公司的规则，"公司里需要有好的氛围，因为人们需要带着期待的心情来上班……人们应该考虑别人的感受"。但同时，他还补上了这样的话："公平地说，如果有人对你做了无理的事，但真诚道歉了。那你应该脸皮厚点儿，让这事过去。"之后，他还强调了在特斯拉，少数族裔不会因为自己的身份而受到特殊照顾，如在升职中享受特别对待。一位《财富》500强的CEO，可能不会这样当众发言。整封信看似为非洲裔员工鸣不平，但总体来看，还是反复强调特斯拉面临艰巨的挑战，为了实现伟大的目标，这里的人必须更迅速、更聪明、更努力。

很显然，马斯克不是是非不分，在他的潜意识里，只要是阻碍了公司向前的脚步，马斯克都觉得是不合适、不合逻辑、不能被容忍的。

个人的微观感受在宏大使命面前微不足道，个人必须做出妥协。

他这种不顾社会价值观、要求个体为集体目标做出牺牲的风格，已经被美国工会、媒体和离职员工多次抨击。当然，这种程度的争议，还远远比不上他在推广自动驾驶技术方面的决定。

在全球汽车制造商中，特斯拉最早于 2015 年 10 月在市售产品上导入先进的自动驾驶辅助技术，可谓大出风头：借着这种突破性的 Autopilot（特斯拉自动驾驶辅助技术的商业名称），车辆可以在特定状态下，自主在道路上行驶，无须驾驶者干预。

听起来像是科幻走进了现实，但实际上在汽车行业的专业人士看来，剧本早就写好：人人都知道自动驾驶是一个新章节的"终极明珠"，是改变行业格局的关键钥匙。但由于行车安全是性命攸关的大事，各大车企一边积极研发，一边谨慎推进，唯有特斯拉一马当先，率先把实际上依然存在风险的技术推向市场，而且大张旗鼓地进行宣传。很多早期接触 Autopilot 的特斯拉车主都高估了这个技术的能力，这多少与过度引导有关，许多特斯拉销售顾问和车主都会炫耀式地把自己松开双手的驾驶状态拍成视频上传到 Youtube，从合规角度来说，这既违反了交通法律，也不符合这一技术的使用要求。

到底是特斯拉技高一筹，还是置人身安全和公共交通风险于不顾？也许每个人会有不同的结论。奥迪北美公司总裁 Scott Keogh 认为，特斯拉这么做是不负责任的，因为自动驾驶"是一个最不应该拿来冒险的技术"。通用自动驾驶集成总监斯考特·米勒（Scott Miller）批评马斯克对于自动驾驶功能的承诺是"满嘴废话"。

连苹果联合创始人沃兹尼亚克也公开批评特斯拉炒作过头，他说马斯克"导致消费者过于相信自动驾驶功能"。

更具实质性的相关合作方的退出，来自以色列著名自动驾驶技术供应商 Mobileye，这家公司向汽车品牌提供专供汽车自动驾驶的芯片和相关算法。原本 Mobileye 和明星车企特斯拉的合作，是对这家供应商技术实力的完美背书，按说他们应该是马斯克的"小伙伴"。但 Mobileye 被马斯克的策略惊呆了，该公司高管在 2015 年 Autopilot

正式发布前，特地飞往加州正告马斯克，要非常妥善地宣传和运用该技术，但马斯克依然我行我素，2015 年刚上线的 Autopilot 提供了极高的自由度，在很多细节上比今日的最新版本还要激进。我曾经在 2015 年试驾过带有这一技术的 Model X，在市区经过十字路口时，失去了车道线后车辆变得不稳定，但它没有停止自动控制，而是左右乱抖。如果是一台同样搭载自动驾驶辅助技术的沃尔沃汽车，在这个场景中会提前解除自动驾驶辅助状态，把控制责任还给人类。

Mobileye 与特斯拉在一名特斯拉车主由于使用 Autopilot 技术导致伤亡之后，终于"分道扬镳"。

事实上，反对的意见不仅仅来自外部，在该技术上线之前，也有不少内部员工深表担忧，反对把该技术向消费者推送。一些负责相关研发工作的工程师非常清楚，任何传感器或者算法的差错、驾驶人的功能滥用、道路环境的特殊情况，都有可能导致危险发生。

但马斯克总是忽视这些提议，认为工程师"过于谨小慎微"，同时，他认为技术的缺陷相对于 Autopilot 未来能实现的极大潜能而言，简直是微不足道的。因此，他告诉研发团队"不要让忧虑阻碍了前进的脚步"。

更令 Autopilot 工程团队难以接受的是马斯克营销这一技术的表达方式，特斯拉将自动驾驶技术分为 Autopilot（自动驾驶辅助）、Enhanced Autopilot（增强型自动驾驶辅助）和 Full self-driving（全自动驾驶）三个版本，每个版本的定价递增（见表 4-3）。有一名工程师认为，这么早就打出"全自动驾驶"的招牌是不负责任的，Autopilot 的功能现状和短期内的潜力与"全自动驾驶"还相去甚远，他甚至说马斯克完全是在"信口开河"，这可能会误导消费者，让他们过度信任这套系统的技术性能，引发潜在的安全事故。

特斯拉内部总说这样一句话——不要让完美成为进步的敌人，体现了整个公司对速度的追求。大胆运用先进技术，再靠用户行为的数据来帮助软件优化和迭代，这在讲究快速演化的互联网行业是无可厚非的，但一些工程师和第三方人士认为，如果"不完美"有可能导致付出生命的代价，这个问题就应该被更严肃地讨论了。

表 4-3　特斯拉自动驾驶系统版本对比

名称	自动驾驶辅助	增强版自动驾驶辅助	全自动驾驶
价格	2500 美元	5000 美元	8000 美元
硬件	摄像机、雷达、12个超声波传感器	4个摄像机、超级计算器、雷达、提升版超声波传感器	8个摄像机、超级计算器、雷达、提升版超声波传感器
承诺功能	自动车道保持、车道变换辅助、自动泊车和召唤	从入口匝道到出口匝道的高速公路自动驾驶，包括自动车道变换	无须驾驶人输入的点到点驾驶
目前阶段	不再提供给新车，但仍可能是最好的体验版本	新功能延迟，用户反映有不可预测的情况，尚未激活全部硬件	与加强版 Autopilot 一样，尚未激活新功能

（数据来源：Bloomberg，2019 年年初）

根据特斯拉在 2018 年第三季度的统计数据，在没有使用 Autopilot 的情况下，特斯拉驾驶人每行驶 192 万英里"发生一起事故或碰撞"，当驾驶人使用了 Autopilot 之后，他们每行驶 334 万英里才发生一起事故或碰撞。也就是说搭载 Autopilot 情况下的车辆事故率只有未搭载的一半左右。这意味着"人类驾驶 + 机器辅助"实现了"1+1>1"的效果，已经比单纯的人类驾驶更安全了。

但涉及生命的事情不是简单的统计学计算。设想一下这样的情况：人类自主驾驶的事故率是 1%，机器接管驾驶的事故率是 0.5%。那么人类到底是否应该把命运更多地托付给机器吗？在人类自主控制下出现问题时，我们似乎能接受自食其果，而第三方（尤其当第三方是机器时）犯错的时候，谁又该承担责任呢？人类能心平气和地拥抱概率论吗？这些只是自动驾驶汽车技术发展中遇到的问题之一。当很多厂家还在反复讨论和研究这些敏感的问题，等待一个更清晰的答案（让我们诚实一点吧，这样的事情通常等不出任何答案）时，马斯克早就"率领三军"向前冲锋了。

"Try or Die but Never Give Up" 可能失败，但决不放弃

一位颇有才华的老板，发起了一家志在火星的初创公司，招募到了优秀的团队，制订了科学的商业计划，这是否意味着接近成功了呢？远远没有。制造火箭是这个地球上最难的工程项目之一。每个发射火箭的机构或公司都曾经经历失败，从未有人一次性取得成功。这些失败的背后，可能只是一些最微小的因素：无论是一个因为高压而失效的螺母、还是因个别发动机动力丧失或者点火不够及时。任何一分一毫的疏漏，都可能导致又一次不幸。

当我们评价一支队伍是否优秀时，不能光看它在顺境中展现的天赋，更要看它在面对巨大困难和挫折时的反应。马斯克曾经公开说过自己的融资仅够 SpaceX 进行三次试射。按照他的剧本，SpaceX 应该在钱用完之前成功完成发射，然而：

2006 年，第一次试射失败。

SpaceX 的工程师们非常坚强，擦干眼泪，继续干。

2007 年，第二次试射失败。

SpaceX 的工程师们非常坚强，再次擦干眼泪，继续干。

2008 年，第三次试射失败。

在这三次之前，实际上还有两次难堪得都算不上试射的试射，因为火箭还没离地就崩溃了。

在美国最大的知识问答社区 Quora 上，SpaceX 招聘部门前负责人多莉·辛格描述过第三次火箭试射失败时的场景。发射活动受到了来自媒体、投资人、行业对手、潜在客户的各方关注，面对糟糕的结果，现场的 SpaceX 团队万分灰心。在这个时刻，马斯克站出来发表了一场即兴演讲，他说：我们知道这会很艰难，不然这也不叫火箭科学了。然后他列举了六七个火箭第一级试射都没能成功的国家名字，并鼓励大家振作起来——拍拍身上的尘土往前走，前面还有好多事要做。

辛格称，马斯克这时候已经 20 多个小时没合眼了，但他带着坚韧

和激情的语气说:"就我个人来说,我绝不会放弃,永远不会。"他说如果我们和他在一起,会取得最终的胜利。这是让我最印象深刻的领导力展现。

大楼内的情绪一下子从绝望变成了众志成城,人们不再困于过去,开始向前看。三百多人的情绪在不到五秒钟的时间里变化了。那是一个叫人难以置信的体验。

马斯克的亲人都谈到过,他有一种"让人觉得不正常的超理性"。同样地,当 SpaceX 又一次发射失败后,他没有陷入痛苦、懊恼、自我怀疑——这是人之常情。只需一瞬间,他已经在考虑如何激励团队,如何找到问题,然后卷土重来了。有人说这是马斯克的天赋,让这个人看上去有点像冷血动物:不以物喜,不以己悲。在普通人会觉得最困难、最悲伤的时候,他反而愈加坚韧和果断。

这种坚持到底、决不妥协的硬汉风格,不仅表现在公司内部工作的执行,也包括对外的态度。

当全球最著名的汽车媒体节目 *Top Gear* 及《纽约时报》记者,在节目及文章中嘲笑或者批评特斯拉时,马斯克的选择是公开回击,发布推特或者高调起诉。

当 NASA 和美国军方把 SpaceX 排除在某些招标项目之外时,马斯克把他们直接告上法庭,批评他们包庇成本高昂的对手,对 SpaceX 不公,并且让公众意识到纳税人的钱并没有被最高效地使用。

当一名前制造部门员工,对媒体称特斯拉的制造问题和数据造假时,马斯克直接送他上法庭。

我们不想在这些事情上扮演法官,当分歧和争执出现时,双方总是各有立场,真相和是非外人并不容易得知。但有一点,我们可以看到,马斯克不是和平鸽,更像是一头斗牛,他不喜欢妥协,他喜欢战斗到底。

要凝聚一大群人,是非常困难的事情,但建立一种强大的企业文化可能比高额的奖金更加有效。有不少受访对象都提到,每当公司遇到危机,你听完马斯克的内部发言,总能感觉到他有一种口中含血仍向困难迈进的勇气。这让勇气原本不够的人也满血复活，愿意跟他一起走。他们说，马斯克为公司注入了这样一种文化——"Try or die but never give up（可以失败，但永不放弃）"。

  一位在工程领域工作的北美特斯拉前员工，告诉我他加入特斯拉之前，只是想在硅谷找一份知名企业的工作。他对马斯克的最初印象是"一个每隔 2 个月就会在公司里说一堆不可能实现的话的老板"。这份工作令他震惊的地方是根本感受不到安全感：怎么到处都是问题，总有解决不完的麻烦，人手永远过分紧缺，感觉就像住在一个纸糊窗户的房子里却遭遇了狂暴的飓风，随时都会分崩离析。特斯拉遭遇过的负面危机覆盖了你的想象力：糟糕的产品质量，车辆起火，自动驾驶失控，大幅亏损濒临破产，被媒体、行业专家和分析师看空。但更令他吃惊的是，这家公司居然一路披荆斩棘，业务越来越大。他分享了一个领悟：任何一家创业公司必然存在各种各样的问题，只有光鲜没有负面的初创公司是不存在的。真正定义一家初创公司是否优秀的关键，要看它能否快速成长。在特斯拉工作的过程中，因为那些"马斯克说过的大话，后来一个个被实现了，渐渐也就信了"。

  让我们回到 SpaceX 2008 年 8 月 2 日的火箭发射失败现场。马斯克发表讲话之后，连续作战的 SpaceX 团队继续就地加班分析发射失败原因。数小时后，他们找到了答案——在火箭发射行业里，这种调查按照"大公司严谨规范的流程"一般要花几周甚至三个月。7 周之后，员工总数不到 400 人、资金紧缺的 SpaceX 建造并组装好了另一枚火箭，准备好再次发射。通常，没有任何机构和公司能在 6 个月之内做到这件事，即使不受资金与人力所限。同时，马斯克找到了新的投资人，获得了至少两轮的试射资金。

  结果是我们所知道的。9 月 28 日，SpaceX 终于在南太平洋马绍尔群岛夸贾林环礁成功发射了猎鹰 1 号。这是 SpaceX 第一次 100% 成功的发射，也是人类历史上第一次有民营公司制造的火箭在地球轨道运行。

选简单还是困难

　　企业家最重要的能力之一就是做决策。选择简单，还是困难，这就是一个典型的战略决策。很多人会选择简单，这是一种商业哲学，有它的道理。但马斯克似乎偏爱在人生游戏中选择困难模式，他说，"Peace is not an option（将战斗进行到底。）"

　　马斯克对极限挑战的执着，首先表现在他对领域的选择。上文我们已经总结过，他往往选择那些愿景宏大、难度惊人的领域出手创业。实际上，这个人不仅在商业战略上表现激进，在更微观的企业管理和技术研发层面，他也处处体现出这一特质。可以说，他在大事上的远大抱负和在小事上的极限精神互相支撑，如果没有他在小事上处处地高度偏执，他的宏大美梦将注定成空想。

永远年轻，永远冒险

　　一家小规模的初创型公司通常都会比较激进冒险，这一点无可厚非。一无所有的创始人往往更愿意赌博，因为他能输的不多。

　　当一家公司逐渐变大，伴随而来的就是保守谨慎。这并非管理者的本意，而是组织扩张之后的后遗症，难以解决：作为企业领袖，你往往可以有效引导你身边的十个人，甚至一百个人，但当公司变成一万人，你也许就无能为力了。保守主义从来都是组织的问题，不是个人的问题：一名最保守的机构里按部就班的人士，如果跳槽到一家充满活力的小型初创公司，可能会瞬间变成另外一个人。大公司的职业经理人对待风险避之不及，因为他有可能因为冒险而失败，却未必因为冒险成功而获益。职业经理人往往倾向于做短期利益优先的决策、回避风险，让今年的财务报表很好看，五年十年之后的事先不管它。

　　幸好马斯克依然还在执掌特斯拉，这让我们这些搬着板凳的看客多了很多乐趣。规模扩张和创业文化，两个他都想要。这当然很难做到，马斯克的解决方案是：永远逼迫公司去挑战超高难度的目标，冒险去做别人不敢做的事情，这样整个庞大的组织才不会陷入保守。他选择放弃安全感，承受困难和风险。

需要知道的是，今天这两家公司的规模都已经相当不小了，分别拥有四万多名和六千多名员工。但所有我们接触过的前员工和在职成员，都表示那里依然像是在奋斗中的创业公司，不存在舒适区。

/ SpaceX：挑战项目方

任何做过 B2B（企业间）生意的朋友，都很容易认可一个颇有市场的观点：客户就是上帝。客户怎么说，我们就怎么做。客户满意了，钱就能到手。

SpaceX 创业之后，费尽全力赢得的第一个大客户就是 NASA。这同时也意味着，在项目方的条条框框内，给你翩翩起舞的空间其实不多。

据我们采访的朋友介绍，在与 NASA 合作之后，SpaceX 确实吸取了对方在流程和经验上的积淀，让自己的运作更加规范——初创型供应商经常会被自己的大客户改变，这很正常。但是，SpaceX 没有丢掉自己的冒险精神和极客做派。马斯克特别擅长试探把谈判推到"勉强能让 NASA 接受、但冒险幅度远远超出 NASA 常规风格"的方案。

比如，NASA 给 SpaceX 的第一个历史性订单，是用龙号飞船运载货物到太空站。按照常理，当你是一家新公司，好不容易有了第一个大客户，给了你第一单生意，最棒的做法就是：闭上你的嘴巴，竖起你的耳朵，听听客户说些什么。根据 NASA 方面的常规要求，SpaceX 需要在正式执行任务前，先进行三次试飞测试，每次测试不同的指标和功能，以确保正式运货时 100% 的安全性。SpaceX 也答应了 NASA。

但当第一次试飞测试任务成功实现后，马斯克就授意团队向 NASA 提议，将之后的两次试飞测试合二为一。他当然很清楚：两次试飞测试合并为一次，意味着难度增大、风险增加，这一定会让习惯了"职业化行事、遵守既定流程、容错率极低"的 NASA 领导和工程师们感觉不妥。为此，SpaceX 做了准备，他们不仅仅是提出建议，而是拉着 NASA 工程师一起，把他们最担心的技术难点、试飞隐患罗列出来，然后给出行动方案，说明哪些测试项可以提前在地面上完成，哪些测试项留在试飞测试中。比如，对太空舱和火箭的热真空测试和电磁干扰测试都可以在地面上进行，还有大量机械装置、太阳能电池组、门和抓钩等的布置，以及飞船靠近太空空间站时的激光探测和接触传感器等测试。这些有理有据、有想法的准备工作，极大消除了 NASA 的焦虑，最终允许 SpaceX 把两次试飞测试合并成一次。

结果果然一次成功，为 SpaceX 节省了不少费用和时间，也让 NASA 对其信任又多了一些。

/ 特斯拉 Model 3：永不求稳

Model 3 是特斯拉汽车战略计划第一期中的战略车型，是特斯拉的"诺曼底登陆"（见图 4-10）。这个项目如果成功，特斯拉就能在全球汽车行业中站稳脚跟；如果失败，股价就会一泻千里，马斯克也可能被迫把公司卖给苹果或者大众。从目前的现实来看，特斯拉在 Model 3 上取得了一场惨胜，过程很凶险，结果还不错。

图 4-10　特斯拉 Model 3

全球汽车行业一直有这样的客观规律：如果你在打造一款价格昂贵、销量稀少的极致车型，就允许你天马行空，别太操心成本控制、制造难度等。这就是为什么在马路上看到一台"带着翅膀"的奔驰跑车或者棱角分明的兰博基尼时，外行人也绝对不会把它们和丰田、本田汽车混淆在一起。但如果你在打造一款销量预期极高、售卖给全球消费者、价格不能太高的产品时，你就需要做各种妥协、平衡、精打细算，大量使用成熟技术，认真参考畅销的竞争对手，最后得到的结果可能是一台卡罗拉或者奥迪 A4。

在 Model 3 之前，无论是 Roadster 跑车还是 Model S/X，更像是梦幻座驾，这会让特斯拉看起来像新能源时代的保时捷。而 Model 3 承担着让特斯拉走进千家万户的战略意义。按照正常的行业思维，这台车应该充分吸取前三款车型的经验教训，同时参考丰田、通用等擅长大规模量产的大型车企，最终生产出一款虽然贴着特斯拉 Logo 但其实相对中庸的产品。对于整个世界来说，反正他们已经不是小型初创公司了，十几年来特斯拉声名远播，现在不是继续冒险的时段，而应收割品牌红利，求稳才是最明智的做法。

但特斯拉没有这样做，Model 3 依然成了全球最创新、最极致、最冒险的电动车。同时，马斯克还在制造方式上大胆革新，力求突破过去的传统。从本质来看，这就是一个头脑发热的厨师长，非要抛弃自己最擅长的满汉全席，想要做一桌创新西餐，还要把整个厨房的生产工具全部替换。

更夸张的是，他打算用准备麦当劳快餐的制作时间摆上满汉全席。2015 年年初，马斯克召集了工程团队，开始启动 Model 3 项目，而他计划在 2016 年开一场发布会披露这款车，2017 年 10 月开始向用户交付。也就是说，他打算在不到三年的时间内，在一条全新的生产线上生产来自一个全新设计平台的一款全新车。在这么短的时间里，通常只有"山寨"和简单"拉皮"的作品才能实现。国际车企一般需要 5 年左右的时间完成一款车型从定义到交付的工作，而且这款车还只是在上一代的老款作品基础上进行迭代的。

很多人见到 Model 3 时，会被它的各种亮点打动。

◎超长续航

通过最新的与松下联合研发制造的 21700 电池，特斯拉把车用动力电池的能量密度和整车续航水平，推到了新的高度（见图 4-11）。Model 3 的单电机长续航版拥有 660km 综合工况（采用欧洲国家和中国使用的 NEDC 标准）。

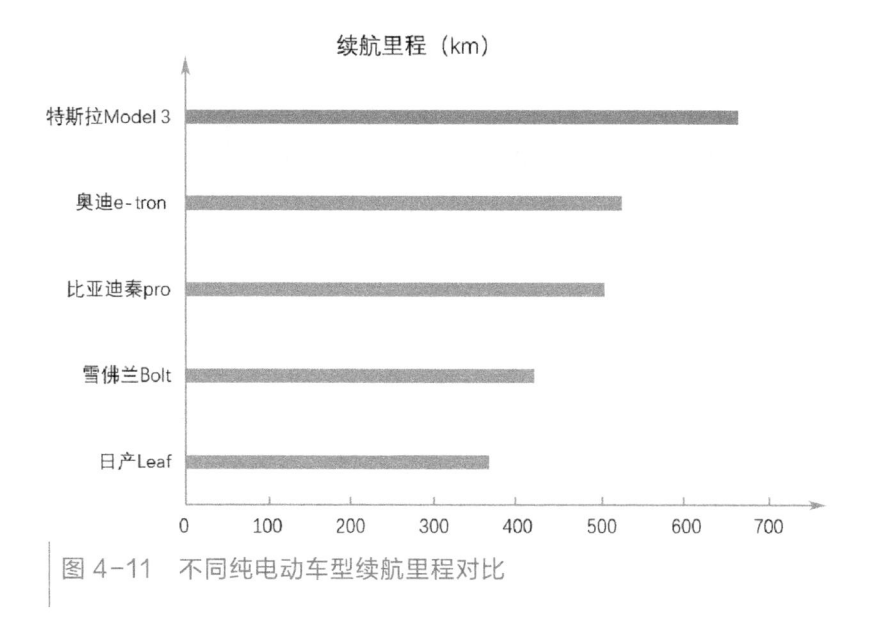

图 4-11　不同纯电动车型续航里程对比

◎超跑速度

最快的四驱双电机 Model 3 的百公里加速是 3.4 秒，相当于搭载 V10 发动机的兰博基尼 Huracan Coupe。

最慢的 Model 3 车款的数值是 5.6 秒，这也比奥迪 A4L 的 2.0T 四驱款快不少（40.18 万元，加速为 6.5 秒）。

◎超快充电

搭配特斯拉最新的 V3 超级充电技术，Model 3 可以支持高达 250kW 的峰值功率，实现"充电 5 分钟，奔跑 120km"，比很多同行快一倍都不止。

◎额外空间

特斯拉在空间设计上一直有独到之处，Model 3 也不例外。前引擎盖下方行李空间，几乎是特斯拉的独家招牌，在这里依然保留。而在 Model 3 的后行李箱，又进一步挖掘出了额外空间——在行李箱地板的下方有一个隐藏空间。

当然，客观地说，Model 3 的乘坐空间就很一般了。这台车确实能坐 5 个人，但也仅此而已。它绝对不像马斯克在发布会上的描述，"能舒服地供 5 人乘坐"。马斯克的团队可能并不在意舒适，或者他们对舒适的理解与传统公司有所不同。

◎视野开阔

Model 3 车顶上方有两款大面积玻璃，一块向前一直延伸到前风挡，另一块向后一直延伸到后风挡，只有中间有一个横向非玻璃区域。如果汽车顶部也有"玻璃面积占比"这个说法的话，Model 3 是世界冠军级的选手。这对制造提出了很大考验，同时这么做会让消费者在酷暑的阳光下不太舒服，尽管做了预防紫外线和隔热的处理。显然，马斯克的团队选择了颜值和开阔感，牺牲了舒适。

但这些还是较为表面的信息，我采访了 2 位来自国内不同车企的产品专家，他们都参与过拆解 Model 3 的深度研究，因此对这款车更有深度的认知——别惊讶，像 Model 3 这样的车，从奥迪到宝马，从上汽到吉利，大概率都是会第一时间买来拆解的，这就像职业比赛前仔细分析对手的比赛录像，是一种尊重比赛的负责态度。

综合他们的观点，Model 3 是一款取舍极为坚决的产品。这很像马斯克在企业战略、产品规划上的一贯态度。

◎放弃舒适和豪华

与同价位、同尺寸的产品相比，这款车把车内人员的舒适性摆在了空前次要的位置，说不合格已经是一种委婉的表达了。对舒适的轻视体现在很多方面，如座椅做得很轻薄，虽然看起来美观时尚，但乘坐舒适度就十分惨淡，拆解座椅后，会发现里面只是钢板和简单的包覆材料，与同价位品牌产品的思路完全不同。全车在隔音降噪上的工程努力非常有限，通常电动车在安静程度上比燃油车有更显著的优势，但在驾驶这台车的过程中无法享受到应有的安静，它没有双层隔音玻璃，也不会布置隔音棉。

◎核心技术领先

但 Model 3 在马斯克真正重视的地方做到了极致，主要是整车的电子电气架构和三电系统这两个方面。受访的专家告诉我，拆解 Model 3 后可以看到它的电子电气架构美观、简洁、先进，在设计思路和技术上比任何国内外同行领先一代（在汽车行业，一般是 5 年左右）。它采用中央控制器搭配域控制器的结构，布置了大量的传感器，线束的总长度比传统车型削减了很多，大幅提升了集成水平，更接近半导体行业的思路。通俗地说，这台车比别的车更接近一台计算机。这很可能与掌管 Model 3 项目的工程副总裁是出身于苹果公司的道格·菲尔德有关，他可能带来了更多消费电子行业的技术思路。实际上这个思路正是全球汽车业的未来趋势，德国宝马等企业也正在朝着类似的方向探索。

Model 3 的三电系统也让人印象深刻，高集成度将电驱动系统的体积控制在优秀的水平，而且布置得十分精妙。正因为如此，Model 3 才能创造出那个几乎是行业独有的前盖下方储物空间（截至 2019 年）。同时，Model 3 的电机性能和效率也让人印象深刻，永磁电机功率高达 265kW，相比之下，主流的永磁电机功率仅在 140～180kW 徘徊。特斯拉还把碳化硅技术用到了其主驱动控制器上面，这一应用也是行业首创，可以创造出更高的效率和续航。

痴迷电动车技术的微博 KOL 电池王则给了一些补充意见，他认为 Model 3 采用的 21700 电池的最独特之处在于可以主动高温充电。他通过工程模式破解后发现，电池会主动加热到 50℃左右进行快速充电，充完后再散热。而其他厂家则在 35℃以下的温度进行充电。特斯拉用一种类似核反应堆临界的方式来加强电池活性，获得最佳的充电效率。这背后体现了特斯拉强大的电控技术。

总体来说，特斯拉在电子电气架构和三电系统上所做的各种努力，有些像苹果率先推广智能手机时研发的各种独家技术，这些零部件和相关技术、工艺是独家的，其他厂家无法随便找一家大型供应商来买到这些东西。这就构成了特斯拉的差异化竞争优势。比如，结合碳化硅技术的电机，可能至少 3～5 年以后才会有供应商大量供应，如果一家车企不打算自己研发，那就只能等待。

第一性原理和比较思维

最早提出"第一性原理"的人，是希腊哲学家亚里士多德：在每一个系统中的探索中都存在第一性原理，这是一个最基本的命题或假设，不能被省略或删除，也不能被违反。就像每个人对哈姆雷特的名言有不同的理解，我们也应该允许希腊先贤的话被后人施加自己的演绎。马斯克所提倡的第一性原理思维，就是用理性和科学去看待世界，把表面的问题拆解，回归到事物本质层面进行思考，去研究最佳的解决方案。

人们在现实生活中，大多数情况下会倾向于运用比较思维来解决问题，因为别人已经做过了或者正在做一件事，于是我们也去做。因为我的昨天是这样的，所以明天就该怎样。比如：

风险投资人

这么多人都在投资共享单车、O2O、新能源汽车，连 BAT 和雷军都投了呢，这些定是风口无疑。我们赶快找两家投投！

传统车企

看看人家新推出了紧凑尺寸的车型，销量很不错呢。这个市场看起来很有价值，我们也快点研发对标产品。然后公关部门会对外说，他们基于消费者的需求做了大量深入的研究，最终打造了这些产品。但这多数往往并不是事实，通常一款新车的最大灵感，就是自己的上一代旧款或者核心对手的产品。

跳槽者

我在目前公司的年薪是 50 万元，所以你需要给我 60 万元，比原本涨 20%。

高中毕业生家长

现在汽车和金融专业的毕业生就业薪水高，所以孩子你可以重点考虑这些专业。

这些举例证实了比较思维的广泛性，它最大的优点就是思考过程简单直接，因此适合大多数人的日常，可以视为低成本的问题解决方案。

然而糟糕的是，大多数人在日常生活中习惯了这样简化地考虑问题，久而久之丧失了更复杂、有深度、批判性的思维能力。他们通常会被现状束缚住自己的思维，从而无法产生跳出现实世界的思考，更别说给出解决方案了（见表4-4）。

表4-4 第一性原理思维与比较思维

	第一性原理思维	比较思维
出发点	从本质出发	从某个现实参照物出发
隐藏假设	怀疑现状：现状不是最好的，有可能会好得多	相信现状：现状已经不错了，只需要稍加改善
思维链条	层层推演，过程漫长	对比思考，过程简单
关键点	独立思考，不人云亦云	选取最佳参照物

/电池的成本会下降吗

马斯克认为将比较思维应用于商业，只能产生细微的迭代优化，无法发生质变。他创办的公司并不追求做一个行业内的跟随者，而是致力于引领行业的进步。所以，马斯克总是使用第一性原理思维来分析和解决问题。

长期以来，阻碍电动车发展的最大麻烦就是车用电池的成本非常高。在特斯拉创业之初，每千瓦时高达600美元。马斯克并没有只盯着过去几年的电池价格趋势来预测未来，他的分析逻辑如下：

◎电池成本是怎么构成的

电池的成本＝组成电池的所有零部件和原材料成本＋物流、制造、

研发等相关费用 + 相关方的利润

◎ 这个数字合理吗

经过研究，电池是由钴、镍、铝、碳、聚合物、密封物、线束等组成的。这些原材料和零部件的成本合计每千瓦时 80 美元。

传统燃油车所有的零部件成本之和通常在整车售价的一半以内，车型越高端、比例越低；手机行业中利润率最高的 iPhone，其零部件成本之和是售价的 30%～40%，中国手机厂家的比例可能会高一倍。对于车用电池来说，从 80 美元到 600 美元的差值，就是制造和供应链环节的成本和利润，这个比例在制造业是比较少见的。这也意味着随着技术成熟、制造规模提升，电池降价的潜力非常大。

后来电池产业的发展也验证了马斯克当初的判断，电池的价格出现了大幅下滑。2018 年，瑞士银行分析师发布了一份电池研究报告，指出特斯拉与松下合作生产的锂电池达到了 111 美元 / 千瓦时的成本水平，以 20%～40% 不等的幅度领先于 LG 化学、三星和宁德时代的产品成本，这一数字已经比特斯拉创业之初有了半个数量级的下降，越来越靠近电池的物料成本之和了（见图 4-12）。

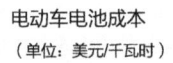

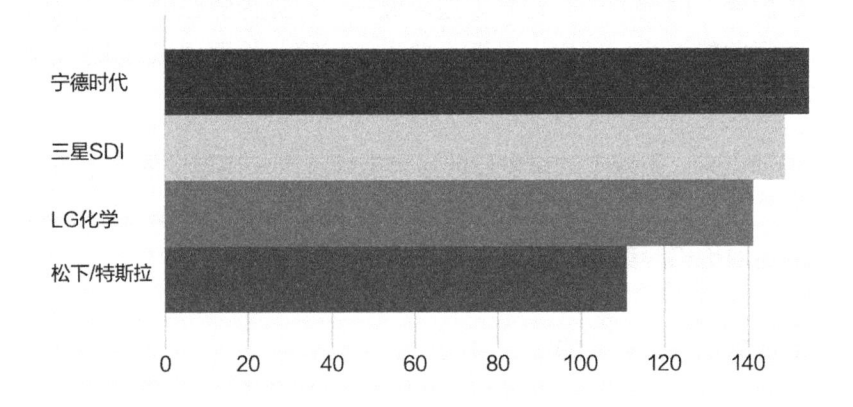

图 4-12 电池产业成本
（数据来源：瑞士银行）

/什么是工厂

在设计特斯拉的第二款作品 Model S 豪华轿车之前,马斯克要求团队运用第一性原理思维,思考一个最基本的问题:"What is a Car?(一台车到底是什么?)"有设计师和工程师说,这个问题看似简单幼稚,反而激发了他们的无限想象——在他们曾经工作过的传统大型车企里,大家从来不会去思考如此基础的问题。要知道,这些人都是来自全球最有名的车企的业界人才,人才从来都更习惯于站在历史的肩膀上思考前沿问题。

在制造特斯拉的第一款大规模量产车型 Model 3 之前,马斯克计划打造一座巨型工厂——Gigafactory,用来为预计销量很高的 Model 3 提供海量电池。他又抛出了一个基础问题:"What is a Factory?(一座工厂的本质是什么?)"这个问题已经从产品层面上升到制造业层面。马斯克想让团队从更本质的角度去考虑如何提升产能、提高效率、降低成本。他列举亨利·福特发明流水化生产线作为案例,指出制造业的本质实际上是工厂层面的竞争,福特当年的成功就是因为革新了生产方式,通过提高生产效率降低了汽车的单价。

特斯拉团队的思考结果被马斯克先后在新工厂发布会、股东会等不同场合披露。归纳如下:

◎工厂是什么

工厂的本质是一个用来制造机器的机器。我们可以认为工厂是一家制造业公司最重要的基础。

◎工厂的生产效率由什么来决定

我们可以通过数学化的方式来定义一家工厂的效率,它就是:体积 x 密度 x 速度

工厂的体积越大,显然有越大的产出能力。如果我们去观察绝大多数的工厂,会发现它们的有效密度(有效空间/无效空间的比例)特别低,只有 2% ~ 3%。生产线的输出速度往往决定工厂的效率。这个世界上

最先进的整车工厂大约每 25 秒钟产出一台汽车，一台汽车在生产线占据的长度大概是 5 米，也就是说，生产线每秒钟平均挪动 0.2 米左右。

◎ 基于以上分析，该如何提升工厂效率

过去，亨利·福特发明了流水生产线，极大地提升了工厂的生产效率；现在，特斯拉希望打造新型 3D 生产线来实现改善。在一家传统工厂，很多空间被用于工人、物料、产品的移动，这部分空间本身不贡献产出。特斯拉的新做法是：增加工业机器人数量，取代人工；让机器人和物料在三维立体空间进行布置（在生产线的左侧、右侧、上方等），不必像人类通常需要站在某个平面上，这样可以降低非产出空间的比重；同时，将各个步骤的制造工艺布置得尽可能紧密。

通过以上改变，特斯拉预期生产线的理想运转速度最终能增加到人类步行的水平（大约每秒钟 1.4 米），同时工厂内有效密度会提升一个数量级，从 2%～3% 提升到 20%～30%。

看到这里，你可能会觉得：故事讲得挺好，为什么最终 Model 3 的量产爬坡，包括电池工厂的产能提升，却遇到了那么多问题呢？传统车企可是不会在这种基本功上"掉链子"的！一位曾在德国大众制造体系工作的专家说，马斯克讲的方向都没有错，德国车企也一直在尝试革新制造体系，不断提升效率，每次建立全新工厂时，往往会应用一部分最新技术。但很多表面看起来美好的方案，实施过程中的问题会很多，所以态度上还是需要谨慎的。

曾经深入特斯拉美国 Gigafactory 工厂、目睹电池生产线工作状况的 W 先生告诉我，"壮观不足以形容我看到的景象，全球没有任何电池生产线能够和这里相比，这里实在是太大了。产能和其他公司的生产线差一个数量级，操作方式自然不可相提并论"，他说这条生产线非常先进、高度自动化，"像是大机关枪一样把包装好的电池喷射而出"。他还提到，即使是这样高度自动化的一条生产线，也已经是"回滚过好几个版本，重新调整了生产线设计，增加过人工环节"之后的状态了。马斯克最初的要求太高了，设计太理想，这导致执行中产生了很多问题，只能无奈地去改生产线。

所以，请别误会，千万不要高估第一性原理的作用。

首先，这个世界上没有任何办法是万无一失的灵丹妙药，第一性原理自然也不是。第一性原理思维的价值是帮助你从本质上去思考问题的，找出可能的问题解决方案，但它既不保证这个方案一定有用，也不保证你在实施过程中会一切顺利。

其次，你需要敢于承担风险。用比较思维来行事，当你选取一个90分的参照物，你最终的思考结果也会在90分左右徘徊，差不到哪去。但用第一性原理思维来考虑问题，如果分析得非常到位，有可能得到99分的绝佳主意，但如果考虑偏颇，也完全有可能得到50分的糟糕结果。

最后，第一性原理的思维方式，有一个重大的缺陷——它对执行者有很高的要求。除了思考过程复杂，精力消耗较大，你还要有很强的独立思考能力，非常丰富的跨领域知识和经验，这样才能够冷静屏蔽外在的静态世界，把问题层层解剖到本质层面。这往往需要长期的思考训练，才有可能真正做到。

总体来说，我们欣赏马斯克认知和思考世界的方式，但不应该在所有的时间里、面对所有的事物时，罔顾自身情况，使用某种固定的思维方式。如果有人这样做，这本身就是在违背第一性原理。

加法容易，减法才难

我们总是选择去追求更多，似乎本能地认为，更多就是更好。

但实际上，更多未必就是更好。对于一家企业来说，在自身资源有限的情况下，该如何达到自己的事业目标？最好的办法不是什么都做，而是有所为有所不为。那些什么都想做的企业，常常什么也做不好，就是这个道理。要与不要，要谁不要谁，其间之取舍是企业成败的关键，是公司的试金石。马斯克的公司在这方面或许有许多地方值得借鉴。

/日常办公

窥一斑可知全豹，细微之处亦可见企业文化。从如何开会、如何说话、如何在组织内流转信息，马斯克都有独特的要求。

◎ 关于文字表达

他让大家避免生僻的缩写、术语和意义不明确的形容词，更好的方式是用大家都能听懂的词汇和明确的数字清晰、高效地分享信息。他还要求所有人长话短说，围绕重点，少说废话。

举个例子，你不应该在汇报中说"经过制造、供应链、采购等部门的共同努力，Model 3 的制造准备工作已经基本完成"，你需要说的是"Model 3 将于 3 周后开始量产，首月产量 1000 台"。

◎ 关于沟通方式

他特别反对一种被他称为"命令链"的组织文化。一个典型的"命令链"沟通就是：如果需要跨部门解决一个工作问题，个人要先向经理汇报，经理再一路向上汇报到总监、副总裁；这位副总裁再去与另一个部门的副总裁沟通一番；然后另一个部门的副总裁向下陆续传话给总监、经理、具体做实际工作的基层员工，然后这个人终于开始干活（见图 4-13）。实际上这种工作方式在很多公司非常普遍，中层总是让下属事无巨细地汇报，自己再向上级汇报，这样做的结果，确实显得谨慎安全，但却让企业整体的沟通和决策成本太高，反应缓慢。

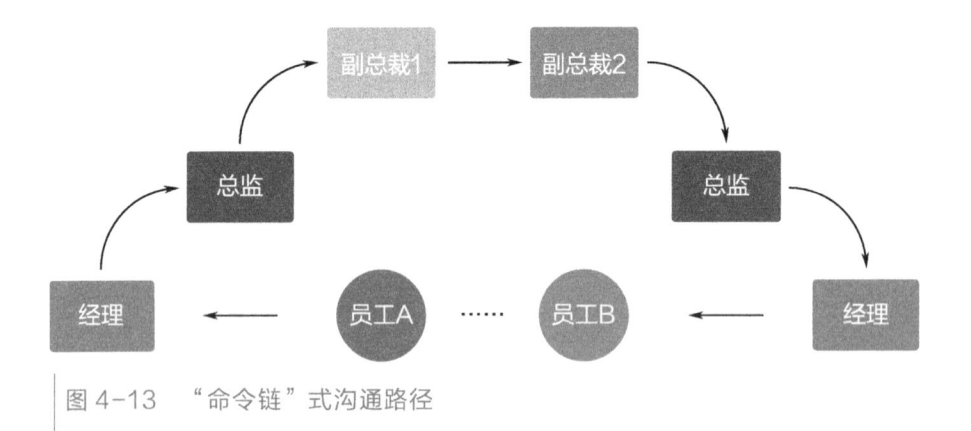

图 4-13 "命令链"式沟通路径

马斯克要求做大幅度的减法，缩短沟通路径。第一个遇到问题的人可以直接找到另一个部门的相关基层员工，点对点沟通，让身处前线的人自己去解决问题。他推崇的管理文化是"服务型经理"，而非"长官型经理"。因为如果下属总是把时间花费在发现问题，向上汇报，等待指示，接受指示方面，时间久了以后，这位下属压根就没有动力去自主解决问题。"服务型经理"恰好相反，它要求下属积极自主地解决问题，没大事别找领导。但一旦下属遇到了解决不了的大麻烦，需要领导支持，后者责无旁贷，他需要帮助下属寻找资源或者干脆自己上阵，一起把问题解决。

◎关于开会频率

马斯克要求尽量少开会，尤其要避免人数众多的大型会议，他非常怀疑一个大型会议是否能让所有在场者都真正受益。他说任何一个人如果发现正在进行的会议对自己没有价值，就应该起身立刻离开或者放下电话，不需要有顾虑。减少会议和向上级汇报等沟通环节，能够让一名员工更加专注在自己的具体项目上保持连续、高效的工作。

如果一定要开会，那么尽量简短。一场特斯拉或者 SpaceX 的典型会议，通常不会超过 30 分钟。陈述者很少像事先准备的精美 PPT，页面一定要丰满、内容一定要详细，否则就好像自己不够职业。事实上，他们工作太忙，没时间做 PPT，而且很多会议都是为了一次性的目标，杀鸡焉用牛刀。还有一点，我们应该坦白地承认，听众在面对一个 PPT 时，总是很容易犯困，精力不集中。人们更希望得到的是一个人生动走心地演述，而不是念现成的文稿。在马斯克的公司里，更典型的表达方式就是一个人站在那里，10 分钟内叙述完背景、目标和措施，言简意赅，有时候会用白板或者纸张随手画一下流程或者图形，协助大家理解。在一些小范围会议中，参会者会面对面站着讨论，更利于集中精神，加速会议进展。

曾经在 SpaceX 担任发射部门实习生的 Jerry 向我证实了这一点。他在 SpaceX 期间，团队很少开会。SpaceX 的会议生态是这样的，通常周一早晨会有一次团队会议，经理会通过这次会议了解各位成员的工作进展，也会做一些新的工作部署。在绝大多数时间里，工程师、实习生聚焦在自己的具体项目上，全力推进。管理层并不奢求对下属具体在做的事情了如指掌、全面过问、事事审批和指示；公司内部也不鼓励过多地横向信息分享，每个个人或者项目组做好自己的事情即可。Jerry 在 SpaceX 工作了六个月，其间承担了两个较大的任务。一个是为海上回收猎鹰 9 号火箭的驳船敲定动力装置，这样驳船才能在海洋上移动和悬停，等待火箭降落。当时猎鹰 9 号的 1 级火箭的海上回收尚未成功过，着陆时总有各种问题。于是他接到了第二个任务，在驳船上的落地点周围建造一面圆环形的围墙，把可能的损失控制在较小程度内。

很难想象 SpaceX 会把这么复杂的工作交给一名实习生做，也很难想象 Jerry 真的需要独立完成设计、制造和安装，仅在遇到问题时向资深同事咨询和请求协助。但由此我们可以看出 SpaceX 的文化，希望每个人尽量独立解决问题、专注于问题本身，舍弃了频繁的上下级、横向信息沟通。

这种取舍显然需要承担很大的风险：每位个体员工真的有能力独当一面，解决问题吗？没有一个保姆式的领导紧盯项目进展和决策过程，真的靠谱吗？出了问题到底该由谁负责呢？团队之间、跨部门之间，没有足够高频、广泛的信息分享，能让每个人确保在同一个思路上开展工作吗？

但没有舍就没有得。如果你不愿意承受以上这些风险，每个工程师就会被会议和邮件缠身，被无限的"上下左右"沟通消耗心力，最终他花费在解决问题上的时间将大幅低于他让别人知道他准备如何解决问题。

◎关于个人日程安排

与很多成功人士一样，马斯克从不浪费时间。他似乎想把"一分钟掰成五份"用。

秘书规划时间的单位一般是半小时或者 15 分钟。马斯克的秘书则按照 5 分钟为单位把马斯克"切割得四分五裂"，他会扮演看门人的角色，挡住一切要接近马斯克的人。很多工程师或者外部人士在最终见到马斯克前需要排队等待，对话过程往往言简意赅，直达要害。即使对于最重要的 Model 3 新品发布会，马斯克在台上停留的时间也不超过 20 分钟。

/ 产品和营销

不仅在工作的微观层面，从宏观层面上来看，马斯克的公司也体现出了很强的取舍。

◎产品

前文已经介绍过，特斯拉的产品从不追求做一个"三好学生"，它往往有几个突出的长板，不少平庸之处，甚至也有一些被传统观点视为"不可饶恕的弱点"，此外特斯拉的服务质量很一般。特斯拉在产品规划上也做了许多减法，自公司首款产品 Roadster 车型问世以来的 12 年间，一共只推出了四款车型，平均每三年推出一款车。这不是行业里的典型做法，多数新车企以每年一款车的速度快速填满旗下的产品阵容，努力覆盖广泛的市场。

SpaceX 放弃的也不少，它放弃了打造不同类型的箭体和发动机，放弃了在一切制造标准和安全冗余上对标传统大型航天机构，放弃了像它们一样"慢工出细活"。许多公司会在火箭第 1 级和第 2 级上有针对性地设计两款不同发动机，以达到最佳效果。但马斯克做的减法是，让一款梅林兼顾这两个角色。

◎展厅

当你步入一家典型的特斯拉城市展厅，你不会看到豪华的装潢，不会看到数十名员工跑前跑后，没有不参与实际销售工作的前台，不会看到各种广告画面、看板和纸质印刷品。有的只是 2～3 台展车，一些悬挂在墙壁上的配件，几名精神的产品顾问，帮助用户浏览具体配置和下单用的 Mac 计算机。特斯拉的零售渠道和一家典型的高端品牌 4S 店完全不同，它舍弃了很多东西，专注于产品展示和与客户沟通。

我去过次数最多的特斯拉的店铺是上海新天地店，这家店不到100平方米，布置紧凑，仅能放下两台展车，边上站立着几个产品顾问，每月入店客流量高达数千人。

◎活动

几乎每次马斯克的发布会，都是"One Man Show（独角戏）"，他不允许多余的环节存在，独自占据舞台（当然，总有个别例外）。他总是直奔主题，让听众有限的精力都聚焦在当晚真正有意义的内容上。没有任何一场新车发布会，能够像特斯拉 Model 3 一样，在 23 分钟内结束。

说到特斯拉发布会和一场奔驰发布会的差距，除了演讲者和演讲的内容，是全方位落后的：场地条件、现场接待、灯光舞美、时间长度。

◎媒体

特斯拉没有实质性的广告和公关资源投入。对于一家企业来说，这是一个重大而敏感的减法。这种不遵循常规的做法显然会有相应的代价，特斯拉市场部的成员对此心知肚明。但马斯克已经做出了选择。

今天的我们已经看到了特斯拉和 SpaceX 的现状和成绩，所以潜意识里我们愿意尊重马斯克所做的事情，毕竟结果说明一切。但唯有真正的换位思考，把自己置身于刚刚创业的特斯拉或者 SpaceX，你才能理解马斯克所做的取舍的真正意义。

当竞争对手为用户提供免费披萨时，你会想，我真的可以不这么做吗？我的用户不会因此被抢跑吗？

换了是你，会做怎样的选择呢？

快速迭代

一直以来，火箭和汽车行业都是重投入、慢产出的大工业，一款新型火箭或者汽车，往往需要经历多年的研发。一旦研发冻结，开始生产之后，则会稳定地服役较长时间，其间不会有太多变化。2019年全新设计的宝马3系刚刚在中国市场亮相，而它之前的上一代3系需要追溯到7年之前。这7年间在沈阳工厂下线的数十万台3系汽车，虽也有一些变化，但主要停留在"换妆"和"换衣服"的层次，并不涉及本质。一款火箭的产品周期通常比汽车更长，因为产量有限、研发烧钱、风险也很高。

但马斯克却大胆地把互联网软件行业和初创公司常用的许多工作思维，如敏捷开发思维、51%实验法则，引入航天和汽车工业，让这两家公司的工作思路在各自行业中显得与众不同。

/ **敏捷开发思维**

许多传统车企会以年款为周期规划在售新车的更新速度，但在特斯拉采用的时间周期是周和月。如果丰田卡罗拉上有一个雷达准备升级，项目经理会把其安排到某个最邻近的年款，大概在一年之后，但在特斯拉这会被安排在数周以后。特斯拉工程师持续不断地对产品进行微调，但他们通常只会选择少数重要的变更对外披露，如电池容量升级或者加装了车内iPhone lightning接口。但实际上，他们还会做许多规模大小不等的工程变更，不断修修补补地把产品变得更好。

除了硬件迭代，特斯拉在软件迭代上的投入甚至更高。软件系统每个月都会或多或少地更新，工程师做好了一些新东西，打个包推送给用户做升级。传统车企则更像过去的Windows，习惯把东西攒起来，等到下一个大版本号一起释放。

在SpaceX，猎鹰火箭和梅林发动机都以高频率、大幅度的产品更新著称。

从最初的梅林1A发动机算起，SpaceX已经在12年的时间里，研发、改进并量产了9个迭代版本（见表4-5）。最新的梅林1D发动机推力达到86.2吨，比起梅林-1A的34.7吨提升接近2.5倍。每一代梅林发动机相比上一代，都不会有划时代的进步，但这些改进汇合在一起就是2.5倍的推力提升，以及最新一代完全不同于初代的结构设计。

表 4–5　梅林发动机的迭代之路

型号	梅林1A	梅林1Ci	梅林1C	梅林1CV	梅林1C+	梅林1D	梅林1DV	梅林1D+	梅林1DV+	梅林1D++
火箭	猎鹰1号（原型）	猎鹰1号（临时升级）	猎鹰1e、9号（B1）	猎鹰9号（B1）	猎鹰9号（B2）	猎鹰9号v1.1	猎鹰9号v1.1	猎鹰9号v1.2	猎鹰9号v1.2	猎鹰9号v1.2（Block 5）
净流量（千克）	130.5	134.4	161.5	157.95	202.4	236.6	236.56	298.7	273.7	317.5(?)
海平面推力（磅力）	73 000	78 400	95 000		122 700	147 100		190 000		203 000
真空推力（磅力）	83 000	88 700	108 500	117 000(?)	138 800	166 900	181 000	205 500	210	220 000(?)
海平面比冲（秒）	253.7	264.5	267		275	282		288.5		290.0(?)
真空比冲（秒）	288.5	299.2	304.8	336	311	320	347	312	348	314.3(?)
年份	2006		2008	2009		2013			2018	

说完了火箭发动机，再看看火箭本身。

时间回到 2006 年 3 月 24 日，那是 SpaceX 成立以来的第一次火箭发射，一枚 27 吨的猎鹰 1 号矗立在夸贾林环礁奥莫莱克岛的火箭测试场上。火箭顺利点火起飞，33 秒后发动机失效，发射失败。2018 年 2 月 6 日，一枚重达 1420 吨的重型猎鹰矗立在曾经发射航天飞机的卡纳维纳尔角 LC-39A 发射台上。火箭顺利发射升空，两台助推器同时返回地面，场面蔚为壮观。短短 12 年间，猎鹰火箭从连发射都难以成功的小不点火箭成长为发射能力超过 60 吨的重型火箭，这背后是其产品迭代速度的体现。

起初，马斯克先从小型卫星市场切入，打造小型火箭。当发现在这里难以寻找商机后，他快速调整火箭设计思路，提升火箭载荷和箭体尺寸，并把 9 台梅林发动机捆绑到一块，造出了第一代猎鹰 9 号火箭（Falcon 9 V1.0）。在之后的迭代中，陆续改进了发动机布局方式、箭体轻量化、燃料箱的可靠性、隔热涂层、更大的整流罩、用钛合金格栅替代铝合金等，后期的猎鹰 9 号和最早的版本，已经完全不是一个重量级的作品了。

/重视软件

通常来看，在工艺较复杂、技术含量较高的制造业，那些成功的公司往往把硬件研发和制造视为核心技术，松下、三星、丰田无不如此，他们打造了外观精美、工艺细腻、可靠性极高、人机工程学出色的产品。在数字化时代来临的今天，大多数出色的硬件制造商并没有学会如何打造软件方面的核心竞争力。苹果是一个例外，这家公司以软硬件结合著称，不仅生产全世界最好的智能手机、笔记本计算机等，还打造了最好的独家数字操作系统，并且基于自己的系统和若干重要软件，营造出了一个独家的软件生态环境。这种"硬件、软件、服务"无缝整合的创新打法，让苹果成了全球市值最高的制造业公司。苹果能够做到以上这些，部分原因是其核心产品线（如计算机和手机）天然适合与数字化技术结合，但也与其强调软件的企业战略密不可分。制造业公司一直只是外人看待苹果的表象，早在 2007 年，iPhone 被发明的那一年，乔布斯就点出过苹果的本质，"这是一家软件公司"。真正主导苹果前进的是它的软件，其高水准的计算机和手机硬件只是为其软件提供了完美的应用场所。

特斯拉可以算是一家软件思维导向的制造业公司，它比任何一家大型汽车公司都更重视软件。车企通常是"软件为硬件服务"，但在特斯拉打破了这一常规。

为了在软件层面让用户拥有丰富的智能体验和便捷的人机交互，特斯拉工程师准备了超大触摸屏幕、高性能的芯片和更接近半导体行业的电子电气架构。Model 3 的超大触摸屏采用了"孤立伸出"的设计，不与其他内饰零件产生物理接触，这将有利于日后的升级。iPhone 在过去的迭代历史中，屏幕越来越大、画质越来越好。如果两三年后，特斯拉把 Model 3 的 15 英寸高清大屏替换成更加清晰的 17 英寸屏幕，请勿诧异。

特斯拉希望让车主在车内时停留在数字体系里，因此他们果断弃用 Carplay 和 Android Auto 这样的第三方平台技术，尽管后者很实用而且被各大汽车厂家广泛接纳。特斯拉基于开源的 Linux 底层研发了自己的操作系统，自建导航引擎，整合美国和中国的各大流媒体服务（如腾讯音乐）。

为了让软件体验不断高频迭代，特斯拉率先在汽车行业应用了类似 iPhone 的 OTA 空中升级技术。特斯拉在 2019 年 9 月做了最新一轮大版本迭代，命名为 V9 版本：增加了一款经典射击游戏，还适配了腾讯视频、爱奇艺和喜马拉雅等 App。这种持续不断的软件升级背后，特斯拉突破了汽车行业常规的研发模式，变得贴近消费电子：他们不再苛求在新车上市前做完所有的研发工作，硬件完成度会在交付前达到较高水平，但软件的研发工作并不需要被硬件生命周期捆绑，它会按照自己的节奏不断更新，就像最新的 iOS 系统可以同时匹配到最新款和一定时间内的旧款 iPhone。

为了鼓励用户购买和使用自动辅助驾驶技术，每台特斯拉在出厂之前都已植入相关的芯片、控制系统和传感器，用户可以选择交付时即购买或者事后付费升级。特斯拉自动驾驶辅助技术是 2015 年 10 月才发布的，按照传统车企的思路，相关芯片和传感器硬件也该从这个时间点开始装车，但特斯拉早在一年前已经提前行动了，标配到每一台车。有人说这样做对于许多没有开通该功能的车辆来说，硬件成本被浪费了。但特斯拉是基于长远考虑的，在它的策略里，硬件先行是为了软件应用服务的。特斯拉希望尽快加速自动驾驶技术的实践，获得大量数据和经验，从而在这一关键技术上跑得比对手更快一些。

/ 51% 法则

许多大公司做事非常严谨，这种态度能避免或减少错误，因此获得人们的普遍称赞。他们在做一件事情之前，会先做案头分析和市场调研，经过反复的内部沟通和管理层判断，才会真正去执行。他们希望出手就要成功，至少要有八至九成把握。在大公司，如果你策划并推动了一个项目，但最终结果糟糕，人们不会说你为公司探索了经验，更有可能的说法是你让公司遭受了损失。

我曾经在某家国际车企的中国公司组织过一个提案，讨论某款上市后销量不佳的车型，下一步该做何打算。我们大概花费了两个月的时间调研各地区经销商的市场反馈，同时组织工程和财务部门研究几种可能的产品方案在日程和投资上的情况，再花一个月的时间向各级领导汇报，最终这份议案由最高管理层进行了决策，决策的结果就是什么都不做。因为按照这家公司的反应速度，实施产品拯救方案需要调动研发、供应链、营销等多个部门的配合，花费超过1年的时间才能看到效果。

在当时情况来看，"提前放弃"是一个相对明智的决策，这种流程也是大型车企习惯的，它可以降低风险。但是为了这样的结果工作三个月时间终究是一个令人遗憾的事情。如果这家大型公司能像初创企业一样灵活，及早决策，快速行动，这款车可能还有救。

在马斯克的公司，并不鼓励过分谨慎，这里更推崇51%法则——如果看到了51%胜算，就拼凑一下手里的东西，尽量用低成本的方式先大胆尝试一下，看看结果再说。这里不欢迎过多的会议、研究、调研、讨论、审批，不相信能靠开会和讨论能获得成功。

大多数人会本能地认为，51%意味着时机不成熟，准备工作还没有做好，但真正的关键点在这里：为了把51%的胜算提升到80%～90%，做大量的准备工作，这是一种方式。在51%胜算时冒险尝试，无论胜败，都会有更直接的得失经验，进而帮助自己迅速优化方案，同样会提高下次尝试的胜算，这是另一种方式。前者相信进步来自研究和准备，后者相信提升来自实践和迭代。马斯克显然相信后者更加高效。

复盘特斯拉和SpaceX的整个产品进化历史，就是一只"丑小鸭"快速迭代、不断在没有把握的情况下发起尝试，饱尝各种失败和尴尬，最终变成"白天鹅"的故事。

这里有一个典型的51%法则案例，2018年6月4日，猎鹰9号B1040.2进行了一次商业发射。当时SpaceX和客户签署的发射协议是使用猎鹰9 V1.2第四代（Block4版本）火箭。但当时新一代（Block5版本）产品研发已近尾声，其中的2级火箭已经是完成品，1级稍欠火候。

按照正常的企业逻辑，第四代火箭继续按照客户的订单发射，第五代火箭研发收尾后择机试射。但马斯克大胆决定，把第四代的1级火箭和第五代的2级火箭拼凑起来，为客户进行发射。这种"用组装计算机思维拼凑火箭"的大胆做法，放在极为讲究严谨的航天领域，几乎是不可想象的事情。

结果是这样的，客户接受了这个临时变更，发射也没出问题。通过这种做法，商业订单和新品测试合二为一，为 SpaceX 的发展又抢出了几个月的时间。

垂直整合

马斯克对垂直整合的痴迷众所周知，无论在特斯拉还是 SpaceX，这一点都表现得非常明显。

特斯拉不仅全面把控"三电"（电池是和松下合资生产）技术，甚至把手伸到了汽车座椅、自动驾驶芯片和制造体系的企业 EPR 系统，还投资了上游的工业机器人公司。除了生产端的整合，特斯拉还向市场端延伸，建立了自营的零售渠道和充电网络。如果说普通车企像是一个大气球，那么特斯拉就像一串冰糖葫芦：单个球的体积目前还不算很大，但链条极长。SpaceX 比起同行也显得非常"垂直"，火箭的 80% 以上都是 SpaceX 自己制造的，不像同行那么依赖供应商。

这种策略能带来许多好处。通过不同业务链条的内部化，衔接会更加紧密和高效；有可能带来制造成本的降低；扩大公司的业务范围和收入。但这种战略也不可避免地存在缺点，否则在 20 世纪末许多大公司就不会纷纷开展"去垂直化"的瘦身运动了。垂直整合容易让企业变得过重，丧失灵活性和对主业的聚焦，而且它往往会在行业蓬勃发展的春天锦上添花，却在寒冬之际雪上加霜。

当我们探讨马斯克为何青睐垂直整合策略，除了从他本人天生的工程师特质中找原因，也与特斯拉及 SpaceX 所处的业务阶段和长期战略有关。

/开拓者的痛苦

特斯拉和 SpaceX 都是各自领域的开拓者，这让它们注定孤独。

如果向博世买电机，特斯拉 Model S 的百公里加速就很难迈进 6 秒，可是马斯克的要求是 3 秒，所以必须自己干。与此类似，SpaceX 也致力于打造拥有诸多创新技术、成本更低廉的可回收火箭,这是探索新路。

以特斯拉为例,这家公司在电子电气架构和"三电"系统上所做的各种努力,有些像苹果率先推广智能手机时研发的各种领先技术,这些创意、技术和相关零部件,在 iPhone 刚诞生时,无法在市场上公开采购到,这就构成了独特的差异优势。比如,结合碳化硅技术的主控制器,可能至少 3 ~ 5 年以后才会由供应商大量供应,如果一家车企不打算自己研发,那就只能等待。

当然,今天我们只是看到了特斯拉和 SpaceX 技术领先的结果,实际上我们应该思考一下马斯克选择这么做的代价。要在汽车和航天这样的行业做出与众不同的东西,你不仅要是个冒险家,还要是个顶尖的冒险家,孤独地走在没被开拓过的道路上,注定与荆棘和风险同行。同时,你还不得不忍受缺乏伙伴的支持,缺乏公众的理解,因为你选择了独一无二的前进道路。

当你试图打造一款行业里绝无仅有、领先所有人数年的碳化硅电机,就注定了最优秀的大型电机供应商也无法向你供货,因为他们也是"被你领先的众厂商之一"。

当你刚开始试图推广自己的产品时,却发现 99% 的公众这辈子还没有摸过电动车,他们会担心电动车的辐射可能导致脱发,会议论过快的加速会导致危险和晕车,会害怕高能量密度的电池同时也是不定时的燃烧弹,会质疑电池衰减以后的二手车保值率。这些都需要整个行业用长年累月的时间来科普,不是任何一个企业能够独立承担的。但谁让你是开拓者呢?

/ *小市场的大份额玩家*

电动车和火箭制造,在过去、今天和今后一段时间内,都不会是一个太火爆的生意。

电动车的最新一轮热潮,大概始于 10 年之前,一路成长到今天,在全球范围内不过是占了 3% 的汽车市场份额。即使再过 10 年,它也很难超越燃油车的销量。SpaceX 在 2018 年占据了全球商业航天半壁以上的江山，但也不过是几十次发射的规模，考虑到复用，生产线下线的新火箭每年 10 只左右就足够了，依然还是个"小作坊"。这意味着，在相当长的时间内，这些领域都处于新兴阶段，离成熟还很远。

而特斯拉和 SpaceX 的战略雄心和技术实力，肯定是只做第一、不当第二的。对于这种形态的市场，我们很有可能看到的格局会是：Winner takes all（赢者通吃）！就像 iPhone 在 2007 年发布后的相当长的一段时间内，也就是智能手机的新兴阶段。

最先起跑的那个，由于经验和规模领先，优势可以放到很大。而一旦市场进入较为成熟的阶段，供应链的完成度和水准都比较好，彼此就很难拉开差距。所以我们现在看到，即使是苹果，也没法让 iPhone 保持创新和份额的大幅领先。汽车和火箭的行业周期远大于手机，所以特斯拉和 SpaceX 如果能够保持目前的势头，获得大份额市场是有可能维持相当长一段时间的。这种大份额市场带来的规模优势，足以超过"垂直整合"带来的长链条成本，所以对于马斯克来说，"垂直整合"确实可以是一种降低总成本的打法。而对于福特汽车来说则恰恰相反，后者即使采用这种方式，也无法在一个已经成熟的燃油车赛道里获得大份额市场了。

同时，当你在一个行业里"一马当先"，你的供应链安全就会是一个大问题，这可能促使你亲手确保关键零部件的供应。

在一个稳定的行业里，负责制造集成的品牌商和提供零部件的供应链也是稳定的，个别新兴品牌的崛起，对供应链也不会有太大的冲击。

以汽车行业为例，虽然中国最近的 20 年中涌现了许多大型汽车制造商，但主流的汽车零部件商还是博世、德尔福、法雷奥、电装这些"老面孔"。因为新品牌造的还是旧路线的汽车，这里面的核心价值并没有发生转移。

但随着汽车电动、智能、共享趋势到来，供应链必然会发生一定的变化。以色列的 Mobileye、德国的英飞凌、中国的宁德时代都是典型的例子，他们都掌握了一些对于新时代汽车非常重要的技术供应能力，开始走到汽车供应链之中。

特斯拉的垂直整合模式可以直接帮助它孵化一批有竞争力的子业务，最终成为向整个行业开放的供应商，如电机、电池、自动驾驶芯片和相关软件、超级充电体系等。事实上，类似的事在历史上屡次发生过，德尔福是通用孵化出来的，电装来自丰田，摩比斯源于韩国现代。

是超脱还是独断

马斯克是超脱的还是独断的？对于后世来说，这实际上不取决于他是什么，而取决于他的事业最终是否成功。

现代管理学之父彼得·德鲁克说，企业家精神的核心就是创新。创新的本质是勇于承担风险，不是把别人做过的事情做得再好一点，而是去做别人没做过的事。如果我们回顾历史，会发现创新会带来一个二进制的结果，要么成功，要么失败，没有中间地带。所以职业经理人很难选择创新，因为他们中大多人最喜欢的区域其实是中间地带。

马斯克是企业家精神在这个新时代的代表人物，他不怕承受巨大的风险，颠覆行业和过去的规矩对他来说从来不用顾忌。

马斯克这样的创业者和冒险家，结局会是一种"二进制"：要么改变世界；要么一败涂地。

有的企业家靠体系和奖惩治理公司，但马斯克更多发挥的是领导者的魅力。有受访者做了生动的表述："在许多公司，或多或少都会看到'山头文化'，一位高管的背后是一块业务，也是一个地盘。但我们这里没有'山头文化'。'山头'只有一个，就是伊隆·马斯克本人。"

说一不二

马斯克非常推崇工程师文化，他相信科技和工程的力量，认为这个群体是公司持续创新的基石所在，而制造工人团队只要做好执行即可。因此，工程师群体在马斯克公司具有一定的工作自由度、有施展才华的空间。即使是年轻的经验尚浅的工程师，也比经验丰富的工人更有影响力和话语权。

但整套体系的核心还是马斯克本人。这里没有战略部，所有的战略都在马斯克脑袋里，如果他有一天心血来潮，就会去官网发文章把未来10年的战略公布于众。如果有必要他还会睡到工厂里监督生产线的改造。他会听取高管们的意见，但他深入各个关键业务，裁决权总握在他手里。

马斯克自己心里明白，自己的控制欲很强。在一次接受《华尔街日报》的采访时，他承认自己有严重的强迫症，"我总是看到什么东西做得不对、做得不好，而对好的地方视而不见。这显然不会使身边的人感觉愉快"。一位曾经在特斯拉担任工程师的受访者告诉我们：马斯克在公司里就像一颗会移动的炸弹，他走到哪里，哪里就可能"爆炸"。因为他总是发表各种超前的观点，总是干预别人的工作（别人已经工作了100个小时，并且有一个完整的长期计划，而马斯克可能只介入了10分钟），如果他看到了令他不悦的东西，有人第二天就可能不用来上班了。马斯克经常会流露出一种超强的自信，他甚至会在完全不向团队解释的情况下，单单凭借自己的个人感受和判断，去改变一个大项目的策略方向，让大家方寸大乱。而且他的思维体系似乎和别人不一样，别人更多地看到传统经验、客观规律和现实困难，但他总是从中看到改变的需求和机遇。这让他很难和大多数人处于一个频道上。

Wire、*Bloomberg* 等知名媒体的以及其他在网络上流传的报道，交叉验证了这种说法，即马斯克拥有一种让周围的人感到不安的能力。有时候，管理层成员会轮流蹲守在推特上，只为了在马斯克发现一些不愉快的事情之前提前"把火灭掉"。有时候，经理会让自己的下属尽量避免靠近马斯克的办公位置，以免遭遇临时性的提问和质疑。

越来越少有人敢对马斯克提合理建议、发表独立看法。这与马斯克在公司里试图建立的"改善循环（Corrective Feedback Loop）"产生了矛盾，后者希望鼓励员工们在实践中大胆实践、真实反馈、持续改善。但当公司的氛围难以容忍自由而不同的观点时，这种"改善循环"是难以有效存在的。

一方面，马斯克的超强自信和果断裁决，会带领整个公司创造奇迹，完成寻常人无法想象的目标；另一方面，整个公司的前途和命运，似乎被牢牢捆绑在马斯克一个人身上。

马斯克有时会听取别人给出的信息和意见，但在绝大多数情况下，他只需要坚决服从和快速执行。在他手下工作的生存法则之一就是：不要说不。如果有人告诉马斯克，你的任务"绝对无法完成"，很可能你的工作能力就会被强烈质疑，甚至让你立刻走人！在你离开后，他会立刻找别人接替你的岗位，甚至亲自过问具体的业务。这看起来当然非常不合理，但他总会用最后的结果，来强势向你证明（其实是向剩下的所有留在公司里的人证明）这件事是可以办到的，你说的不可能还有可能。软件开发顶尖人才 Chris Lattner 的离职，就是个典型案例。他在 2017 年 1 月高调加盟特斯拉自动驾驶项目之前，在苹果工作 11 年，负责开发了 Swift 语言——全球最受欢迎的编程语言之一。身披光环和期望的 Chris，干了还不到 6 个月就离开了。其中一个重要原因，就是马斯克对 Chris 的工作进度缺乏耐心，对他的工作产出极不满意——就像他经常对各种事情感到不满意。Chris 屡次向马斯克解释说，"你的期望是不合理的，日程设定超越了现实"。据知情者透露，马斯克最后一次听到这个说辞时，给出了他的招牌回复："噢，是吗？如果是这样，那这个项目和你无关了。" Chris 随即离开了公司，马斯克宣布亲自接管自动驾驶。虽然比当初计划的日程有所推迟，但特斯拉还在自力更生，在没有与 Mobileye 的合作的情况下研发了独立的自动驾驶辅助系统，后来甚至连自动驾驶的 AI 芯片都自行研发，成为全世界唯一一家在自动驾驶领域掌握近乎完整技术链的汽车公司。

再说说我们了解到的另一个独家故事。这个故事向我们部分揭示了特斯拉 Model S 为何会变成今天的样子。当时 Model S 已经上市了，0 ~ 100km/h 最快为 5.5 秒。作为一台可以通过选装获得 7 个座椅、质量超过 2 吨的中大型轿车，这已经是历史上最快的同级别轿车之一。但马斯克并不满足，对于百公里加速这个世界上所有汽车迷都津津乐道的指标，马斯克给了一个简单的阿拉伯整数，要求进步到 3 秒以内。没人知道为什么要设定为这一数字，别指望马斯克给你解释具体原因，有可能是直觉，也有可能做了合理性推算。但这个数字在 2014 年是超越汽车迷想象力的。同时代的著名超跑保时捷 911、日产 GTR 也不过刚刚加入 3 秒红线，没人期待一台特斯拉的轿车能和超级跑车一样快。

据受访者透露，当时负责电驱动技术的工程总监觉得这个目标实在荒唐，但他深知马斯克不喜欢听人说不，于是几乎从来不做 PPT 的他，精心准备了一份 42 页的汇报材料，希望通过摆事实、讲道理，让马斯克理解其要求并不合理。当他思路清晰、有条不紊地向马斯克汇报此事时，只讲到第 7 页，就被打断。马斯克甩下这样一句话，大意是：你到底能不能做？这位工程总监合上电脑，起身就走。

2015 年 8 月，Model S 最新的 P85D 模式，0 ~ 100km 加速性能达到了 3 秒。2016 年 8 月，P100D 模式把这一数据进一步提升到 2.6 秒。这刷新了当时量产四门公路轿车的世界纪录。

像这样的事情发生得多了，久而久之就成一种企业文化：什么都可以质疑，但不要质疑可行性。这种企业文化，为马斯克的公司带来了超高的思想向心力和不惧困难的执行力。在这里工作时间久了的人，再听到马斯克的"狂言"，第一反应就不是怀疑和抗拒，而是接受任务，先做再说。

事无巨细

在一家典型的大型跨国车企，企业领袖和董事会成员从不谈论和关注细节。这并非他们渎职，而是基于一种科学管理的思维，把有限的精力用在最重要的事情上。他们的管理模式是这样的：出席各种最重要的高级别会议，由来自全球的各级管理层呈上一个个精选、打磨过的提案和汇报，这些会议课题一般都涉及数以亿美元计的金额，需要等待管理层的点评和审批。我曾经旁听过一些中国区及亚太区的车企高层会议，会议上从来没有人谈论一个车灯该怎么设计或者轮毂的造型和材料选择，聊的都是战略思维和宏观方向——这款车型项目的收益率能否再提升 3%？每年的销量能达到 10 万台吗？请采购和供应链团队再降低 2% 的成本。

而马斯克全然不同，他完全不顾组织架构里的汇报链和所谓的抓大放小，从最宏观的战略到最微观的细节，他似乎无处不在，随时伸手。他同时把自己视为公司里的工程师，而且不受专业领域的限制。如果你是一名车间里的基层工人，你也要小心马斯克偶然经过你的工位时，他可能会问询制造效率改善的问题。

有受访者告诉我，马斯克极有主见，而且他的命令往往会非常具体。而且，凡遇会议，必有结论，他不会容忍团队无止境的讨论和悬而不决。

当马斯克和设计师、工程团队讨论 Model S 的车顶时，他不会说自己要一个大面积天窗，带给用户很强的通透感。他会直接指示工程团队，要让 Model S 车顶看起来像是一个整片玻璃，从前挡风位置一直延伸到掀背尾门，给人简约大气的美感。工程师会回应说行业里尚无先例，工程难度很高，很难找到合适的供应商，但马斯克迫使所有人挑战不可能。这对于供应链是一道难题，像博世、德尔福这样的大型供应商，有能力攻克难关，但他们不会接当时每年才生产数百台汽车的特斯拉的小订单，不知名的小型供应商又不具备研发创新技术的能力。特斯拉供应链的团队最终找遍了全球的天窗供应商，才最终在南美洲找到了一家既有相当工程能力、又有勇气接此重任的供应商。后来这批玻璃零件的物流还遇到了麻烦，在一段时间内，特斯拉需调动飞机把这批天窗从南美洲空运到加州。行业里有很多现成的操作方式可以走捷径，成本低、可靠性高，但马斯克不愿意接受平庸。

与这块大面积玻璃车顶类似，前引擎盖下的储物空间、根据电子信号自动弹出的隐藏式门把手、Model X 像直升机一样的前挡风玻璃、Model 3 集成了所有功能和信息的中央大屏，许多细节都离不开马斯克的直接干预。他的需求输入甚至具体到了 Model 3 空调出风口的具体设计：出风的功能应该存在，但视觉上需要消失。许多今天展现在我们面前、让特斯拉特立独行的东西都来自当初精细、具体，甚至可称之无理的要求。

由于一环扣一环的连锁反应，马斯克这种高频开展微观管理的作风带有传播性，许多特斯拉和 SpaceX 的高管作风与之类似。一些基层的经理和员工抱怨自己无法掌控工作，经常不知道下周或者下个月的工作目标在哪里，因为管理层可能随时干预这些工作、改变工作的重心，甚至调整业务方向。在这里工作，需要有极强的灵活性和适应能力。

我行我素

如何保证马斯克的每次看法都是正确的呢？没人愿意和自己的职业生涯过不去，在明知胳膊拧不过大腿的情况下，谁来负责对马斯克说不？

/ Model 3 的生产地狱

2017 年，特斯拉 Model 3 在制造初期遭遇了著名的"生产地狱"，这一称号是马斯克自封的。

这起源于 2016 年春天的那场发布会。活动效果非常成功，那天之后一切都发生了改变。起初马斯克已经有一个规模宏大的 Model 3 量产计划，但发布会后 36 小时内的 25 万张订单超越了乐观大胆的预测，这让公司开始考虑放手一搏。据下游供应商反馈，他们收到了提前供货的要求，公司内部的日程表被修订为 2017 年 7 月开始交付，产能数字也换成了更加乐观的版本。

随后，马斯克在内部会议里向其他同事"托梦"（谁知道他是真做了梦，还是故意增加戏剧效果），他说他在梦里看到了一座科幻工厂，到处都是机器人和传送机构，自动传送、组装一切零件，速度极高。这不像是地球上应该有的东西，马斯克称之为"外星无畏战舰"。

经验丰富的高管们不会被一个梦境说服，他们告诉马斯克"这办不到"。马斯克是相当合格的工程师，但他并不是工业工程和自动化生产线专家。尽管如此，这不妨碍他坚持自己的看法，即坚信特斯拉需要打造一款"能够生产机器的机器（工厂）"，他希望发明让汽车生产率再次增加数倍的东西。

当时 Model 3 的制造工作本已按部就班地推进，马斯克的外星工厂想法将原计划打破，他一声令下，大批的工程师、大量的美金和生产线供应商一起，开展了全面浩大的设计变更，大幅增加生产线的自动化水平，创新增加了许多独特的设备和工艺。为了更好地确保这一点，马斯克并购了两家存在协同效应的工业机器人公司：德国的 Grohmann Engineering 和美国的 Perbix。同时，Model 3 的制造流程相比传统车企也有不小的突破。他们试图更加依赖计算机仿真设计，跳过一些传统车企坚持的步骤，比如软模具（一种寿命较短的临时性模具）试制阶段：丰田、通用的工程师也会使用计算机仿真模拟生产线工作的状态，但在正式量产之前，必先通过软模具进行测试，验证可行性，然后经过一番调整之后，才换上长期性的硬模具进行生产。特斯拉这种做法可以节约一套软模具的投资，更可以抢出几个月的宝贵时间。

这种"临阵换枪"在传统车企看来是不可想象的事情。从推特和媒体上，我们可以不断地看到马斯克对 Fremont 工厂 Model 3 生产线和 Gigafactory 新型电池生产线的造势，他号称在 2017 年年末，也就是开始交付的半年后，就把每周产能提升到 5000 台——如果马斯克设想的一切都能被完美执行（见图 4-14）。

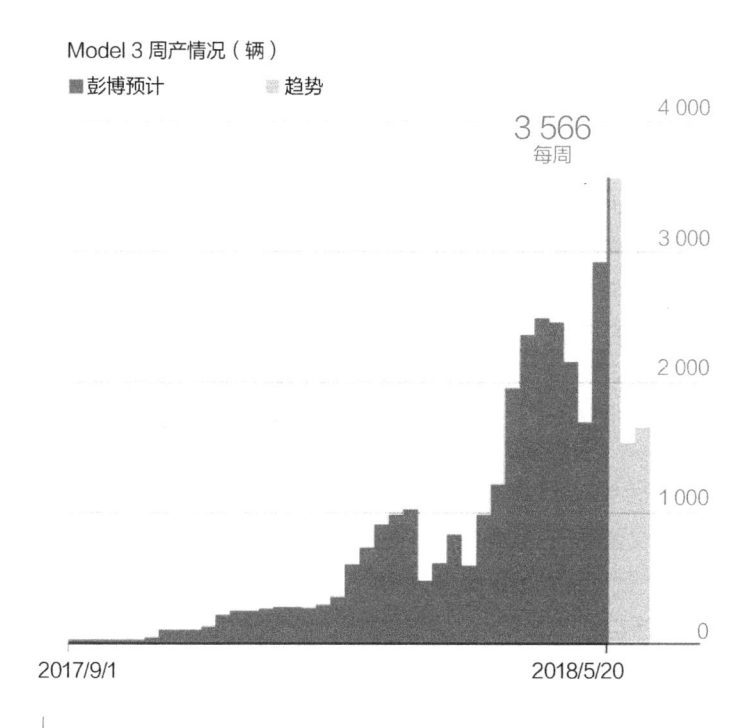

图 4-14　Model 3 周产情况
（数据来源：彭博）

最后的结果我们都看到了，直到 2017 年的最后一个月，Model 3 才达到了周产 5000 台这一目标的十分之一。由于 Model 3 对特斯拉的战略达成和财务表现至关重要,彭博公司专门制作了一个小软件,通过出厂车辆的代码,每周更新 Model 3 的产量。

我采访了一位在大众汽车工作多年的制造领域专家,他的看法是,马斯克在这件事情上过于理想主义了。

过去数十年,汽车生产线上的人工比例正在不断降低。但很多步骤中,人工操作依然是不可避免的。很多人认为一条生产线的自动化程度越高、机器人越多,就越先进。但从结果来看,并不是自动化率越高,就能带来最高效、质量最高的生产品质。雷克萨斯的质量格外突出,靠的并不是机器人多。机器多了,能否真正用好,能否有合理的投入产出比,这都是疑问。无论哪家车企,大家在使用的计算机仿真软件都差不多,它的精度和可靠性并不足以替代实际的验证。你在计算机上模拟的一万个零件完美地拼在一起,和它们在现实状态中依然能够严丝合缝,完全是两码事。

马斯克花费了将近一年的时间和巨大的资源去返工生产线、变更制造工艺和产品设计、临时购买新设备,还让数十万用户苦等无法交付的爱车,让华尔街的一批做空者赚得盘满钵满,差点把公司压垮。2018 年 4 月,马斯克在个人推特上公开为此次灾难担责:"是的,特斯拉过度依赖自动化是一个错误,确切地说,这是我的错误,我低估了人工的作用。"

从特斯拉后续的行为来看,马斯克的反省相当彻底。为了提升销量,马斯克要求团队在北美 Fremont 工厂快速新建了一条生产线。这条生产线建在一个临时性的帐篷当中,据说是一条低成本生产线,大量工具来自之前库存的再利用。许多临时工人被招募,快速培训后就投入到生产当中。之前拼命追求超高自动化率"外星无畏战舰"的马斯克忽然 180°大转弯,快速建造低成本、结构简陋的廉价生产线,这种保守思路后来也延续到了在上海临港建造的新工厂中,据知情人士透露,这座工厂的生产线在建设中不再重视自动化率,而是使用成熟简单的技术,把成本控制和实用主义奉为首要目标。

除了产能爬坡困难,质量控制也是困扰 Model 3 的一大问题。许多新公司无法从一开始就把汽车质量控制好，但 Model 3 已经是特斯拉的第四款车，2018 年已经是特斯拉开始真正制造汽车的第十一年，但从社交网络上，我们还是可以看到来自特斯拉车主晒出的各种可靠性与工艺问题。"42 号车库"的赵哲伦说他的 Model 3 侧面有一块金属饰板天生缺了一个角，另一位微博 KOL 王宇波则在一位 Model 3 车友的机舱内发现了类似方便面的食物残留物。网友们纷纷调侃，如果你的 Model 3 有一些类似黑屏或者做工上的问题，那么恭喜你买到了正品。

到了 2018 年年中，特斯拉终于迎来了周产 5000 台的里程碑，这比原计划足足晚了半年，也让生产的话题告一段落。在这之后，公司开始连续迎接一些好消息。美国的消费者在这一年年底时见到了一个从未有过的事情——一款全电动车型的销量，居然排在了全美高端品牌车型的第一名，并且超过其他所有公司电动车销量之和。

如果我们回顾从制造生产线准备、产能爬坡、加班加点赶交订单的整个过程，你会发现这有点像是"新篮球手樱木花道在练习三分球，要么用力过猛，要么'三不沾'"。马斯克就是这名新手，他起初要求大家打造科幻工厂，后来又让所有人退回刀耕火种的远古文明。马斯克不是在汽车制造领域工作过 20 年的专家，他犯了一个冒进主义的错误。高度自动化的生产线确实是未来，但问题是未来并没有那么快到来。对于试图推动变革的创始人来说，犯错本身并不可怕，人非圣贤，谁都有看走眼的时候。真正暴露出的问题是：作为一家在 2017 年员工人数在 3 万人左右的公司，特斯拉庞大的制造体系里，应该有大量的顶尖专家，他们难道不知道马斯克的冒进策略犯了常识错误，超出了现阶段行业的技术边界吗？

事实上，在规划 Model 3 的高度自动生产线时，明确反对的声音当然是存在的，而且为数不少。但是高管们的这些努力在马斯克面前似乎微不足道。

/ 并购 SolarCity

2016 年 8 月，特斯拉宣布以 26 亿美元高价收购 SolarCity。次日，特斯拉股价大跌 12%，SolarCity 大涨。资本市场的反应耐人寻味。

在当时马斯克参与的一长串公司中，SolarCity 公司的知名度仅次于特斯拉和 SpaceX。它是全美最大的太阳能服务商，但与特斯拉一样，连年亏损。并购消息发布时，其债务接近 30 亿美元，与特斯拉相当，而市值却不足特斯拉的十分之一，仅为巅峰期的 25%。仅仅在并购前两年，SolarCity 可谓风光无限：它的创新不在于发明或者生产太阳能电池板，而是巧妙地搭建平台，让太阳能走进了美国的千家万户，市值一度高达 80 亿美元。

两家明星公司进行合并重组，不仅没有引发特斯拉股民和粉丝们的强烈兴奋，反而引来了舆论的质疑，这到底是为什么？

在并购之前，SolarCity 已经陷入了困境。不仅是它，与之同行业的知名太阳能公司 SunEdison 在 2016 年 4 月申请了破产保护。对补贴政策的依赖、竞争的加剧、成本相比公共电力事业始终缺乏优势，让整个太阳能行业陷入了困局（见图 4-15）。

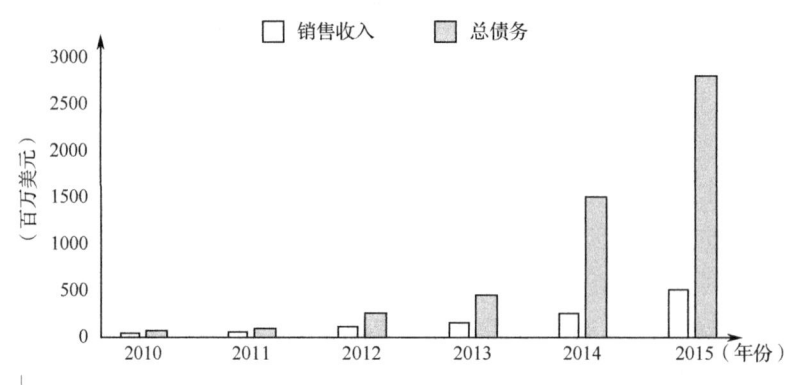

图 4-15　SolarCity 债务增长速度比销售增长速度快四倍
（数据来源：彭博公司）

◎ 质疑之一：溢价并购

在投融资的残酷世界里，被收购方通常就像一名身体虚弱、急需输血的病人，是没有太大可能躺在病床上还做各种要求的。但是负债极高、亏损不断加大的 SolarCity 居然遇上了，获得了高于市场价 30% 的溢价并购。

由于这两家公司的董事长都是马斯克，质疑随之而来，特斯拉发起这场并购，到底是出于公司利益，还是满足马斯克的个人诉求？特斯拉汽车和 SolarCity 都是美国上市公司，它们不属于马斯克，而属于全体股东。特别是对于特斯拉的全体股东来说，如果 SolarCity 对特斯拉没有真正的战略价值，如果这个战略价值不配溢价 30% 收购，那么这场收购就等于"公开从他们的钱包里拿钱"。

◎质疑之二：SolarCity 对特斯拉是否存在真正的价值

马斯克在阐述并购理由时认为 SolarCity 和特斯拉的业务存在良好的协同效应。但这在逻辑上过于牵强，一个电动车品牌是否能实现良好的销售，与电从哪里来没有关系。是太阳能发电，还是化石能源或者风能发电，对电动车的使用并无任何影响。SolarCity 的纳入，确实能够帮特斯拉完成闭环的公关故事，使这家公司彻底变成了一家马斯克口中的能源企业：他们吸收太阳能，提供储能电池，再通过充电设施把电充进车里，这个过程被特斯拉完整掌握。但除了这个故事的完整性之外，SolarCity 就没有什么实质贡献了。几乎没有人会因为买了电动车就一定要给家里安装太阳能设备，也没有人因为安装了太阳能设备就要去买特斯拉。

后来的事实也证明了这一点，特斯拉的电动车销量自并购后继续高飞猛进，SolarCity 则依然萎靡不振，市场份额下滑。SolarCity 为公司带来的最大"贡献"是在亏损数字上面。它曾在并购后发布重大新品，一种集成了建筑材料、太阳能发电和美学于一体的太阳能屋顶，由马斯克本人于 2016 年 10 月亲自发布，给人带来了耳目一新的感觉，大家都没有见过设计得如此漂亮的太阳能屋顶。可惜的是，据美国媒体报道，发布会过去的三年里，该创新产品依然没能实现量产。

人们不禁怀疑，马斯克作为特斯拉董事长和 CEO，并购 SolarCity 的动机，是否为了帮助特斯拉变得更好？这位被称为"硅谷钢铁侠"的商业天才，在互联网金融、电动车、航天探索等领域的大胆尝试都未尝败绩，他或许不想告诉别人，由他担任董事长、由他亲戚担任核心高管的太阳能公司会失败。

◎质疑之三：特斯拉的董事会是代表全体股东利益的，还是代表马斯克个人的

或许马斯克可以辩解，收购的决议不是他个人做出的，而是股东大会的集体决策。但在收购方特斯拉的 7 名董事会成员当中，有 6 位都与马斯克关系密切，只有 1 名独立董事。这让股东大会的决议看起来只是走形式而已。

很显然，特斯拉的董事会人员结构可以让马斯克更好地集中权力。但对于一家典型的上市公司来说，这一个治理模式会导致：没人可以监管董事长。

缺乏制约的权力，即使做了事实正确的决定，也容易惹上程序不正当的质疑。不仅是这次 SolarCity 并购事件，2018 年 3 月的特斯拉股东会上批准了一个关于 CEO 马斯克的薪酬方案，根据该方案可在公司业绩达标的情况下授予马斯克每年高达 26 亿美元的股票期权。这一做法也引发了争议。

/ 与 SEC 的纠葛

2018 年 8 月 7 日，马斯克突然在个人推特上宣布将对特斯拉进行私有化，还谈及了几个可能的投资方：沙特主权财富基金组织（PIF）、银湖资本和高盛。然而实际上马斯克与这些投资方根本没有敲定实质性的私有化协议：这几家投资方在后续收到美国证券交易委员会（SEC）的问询后，都否认了相关协议的存在。

更糟糕的是，像这样披露可能大幅影响股价的失实信息，因未提前向 SEC 报备，严重违反了美国相关法律。如果有关部门严格执法，当时的马斯克可能会因为金融欺诈、操纵股价而入狱。

最后的结果是：马斯克与 SEC 达成了协商，辞去特斯拉董事长一职，个人受罚 2000 万美元，特斯拉股价一度大跌 15%，投资者损失惨重。在这次被处罚之后，马斯克稍微沉寂了一段时间，又在推特上曝出 2019 年特斯拉计划年销 50 万台的信息——显然，这种核心财务相关数字对资本市场的预期有直接的影响。

于是，他又一次收到了 SEC 的诉状。实际上，马斯克早就不是第一天执掌一家美国上市公司了，对于 SEC 的规定，他心知肚明。

而每当马斯克肆意挑战 SEC 的规则，我们仿佛能看到特斯拉负责投资者关系和公共关系的相关高管那如坐针毡却又无可奈何的表情。

是的，马斯克确实不是一个按部就班的老板。他并没有严格按照那些 MBA 课程中的经典理论和现实世界里约定俗成的商业规则，指导自己的一切言行。但我们应该想一下规则的本质到底是什么？

当人类聚集在一起活动，为了约束各方行为，提升共同幸福，规则应运而生。

规则是很有价值的，它让整个社会进步。但这不意味着规则永远正确。如果一种规则永远有效，所有人 100% 遵守、毫无逾越，这不仅不现实，更意味着思想的僵化和灵感的枯竭，意味着丧失了自我纠错和进化的能力。规则就像流水线上的精密机器，适合大批量产的零部件，一切都是为了效率。但是流水线的方式，实质上会扼杀潜在的创新火花，牺牲对个体天赋的尊重。

这也是为什么，我们经常看到，那些从斯坦福和哈佛主动退学的创业者最后反而取得了极为惊人的成绩，比如乔布斯，比如比尔·盖茨。他们不做别人期待他们该做的事情，他们天生喜欢打破常规。在这些过程中，大量旧规则被挑战和破坏。非常讽刺也非常有趣的是：正是这些不守规则的人，给世界带来了新的规则，正是他们改变了世界。iPhone 打破了手机行业原本的规则，结果它成为新的规则。Model S 革命了传统汽车设计，结果它引领了新的设计风潮。

敬业的职业经理人常常希望约束那些张扬的老板，希望这些锋芒毕露的创业者能学会尊重和敬畏一切在过去被发明和总结的人类知识和经验，但如果你真的磨平了乔布斯和马斯克的棱角，我们还能看到 iPhone、Model S、猎鹰 9 号这些对于诺基亚、通用汽车和波音来说并不合理的作品吗？

错的不是马斯克，他没有问题，他只是做了他自己。狮子注定是狮子，马斯克注定不是四平八稳的丰田章男。他的事业可能会长期呈现暴风骤雨的状态，但这就是他的宿命。我们不应该期待鱼和熊掌可以兼得。

让我们想想人类的航天活动，历史上最伟大的航天突破，都是极具挑战性的，从热气球、滑翔飞机到火箭，再到登月飞船，历史纪录片中洋溢着兴奋，但在初次尝试时，没人心里有数。

不能活着回来是正常的，回来就是改变世界！

Chapter 5
科技领袖、大V、导演和投资人

马斯克在 2015 年接受《哈佛商业评论》采访时，说自己不喜欢营销。这句话本身就是营销。

很多杰出的企业家通晓产品，很多杰出的企业家深谙营销，但极少有人对这两项兼备。前者要求具备严谨的思维逻辑，后者要拥有触及人心的细腻洞察。乔布斯已经离开了我们，现在出现在我们面前的是马斯克。

1. 科技领袖

故事的力量

《权力的游戏》系列电视剧的最后一集中，各大家族聚在一起谈判，讨论如何告别过去向前看。当讨论由谁来担任王国领袖这个尖锐话题时，谈判陷入了僵局，"小恶魔"提利昂发表了一段的演说：

What unites people?（是什么团结了人民？）

Armies?（是军队？）

Gold?（是金钱？）

Flags?（是家族的旗帜？）

Stories.（是故事。）

There is nothing in the world more powerful than a good story.（在这个世界上，没有任何东西能比一个好故事更有力量。）

Nothing can stop it. No enemy can defeat it.（它势不可当，它所向披靡。）

然后，他推选了斯塔克家族的布兰作为新的领袖。布兰从高处跌倒却未死亡、腿脚瘫痪却学会了飞、本是人类却变成了"三眼乌鸦"。他是独一无二的，能让不同地区、不同群体的人信服，带来长久和平。

这段剧情讲述的是：一个绝佳的故事会赋予人们集体性的共识，而集体共识聚集之处，就会产生合力。

消费主义与好故事

现代社会中，由于产能总有过剩的欲望和刺激经济导致的消费主义，会催生出围绕消费品牌的文化。对于大多数人类个体来说，其知识水平、理解能力是有限的。没有多少人真的能搞清楚中央处理器的原理、GPS 是如何工作的、铝合金一体成型到底会面对多难的工艺挑战、组织 50 万台汽车产能并保障高度的质量一致性到底意味着什么。

人们希望能轻松一点，通过看到更具符号性的、通俗易懂的名字出现在眼前，从而让自己的大脑放松下来，让自己的肉体简单地追随就好。让每一个用户搞清楚发动机的精妙原理，不如让他们认识 BMW 这三个字母，并且感受这个优秀的德国汽车品牌；让每一个用户搞清楚 iOS 的商业逻辑和技术本质，不如让他们认识 iPhone 的产品，并且认可这是世界上最优秀的手机之一。比起事物的深刻本质和复杂构成，大众永远更愿意去认识和理解一个简化的标签。少数特殊的商业品牌和广大消费者联手创造了偶像级消费品牌。如果要谈这方面的集大成者，人们大概会提及这些名字：耐克、索尼、苹果、特斯拉。

耐克的子品牌乔丹推出的许多鞋款都引发了抢购热潮，不是被铁杆粉丝收藏，就是被专业黄牛囤积。一些人很难理解因一双鞋子挤破脑袋、一掷千金到底是为了什么，也不理解为何有人对所有相关鞋子的名称和设计如数家珍，展现出远比学生时代更好的记忆力。鞋子难道不是用来穿的吗？

乔布斯还在苹果的时候，新品发售总是引发万人空巷。全球各地的忠实"果粉"，早早带上帐篷，驻守在苹果商店外，连夜等候，只为成为最早一批的新品体验者。很多购买了苹果商品的用户非常无私，自己享受这种体验还不够，还坚持向周围的人不厌其烦地宣传、推荐。

乔布斯每年在发布会上的演讲语录、PPT 设计、服装穿戴、肢体语言，都被奉为经典和垂范，被人广泛研究，当作最佳教材。人们试图挖掘关于他的点点滴滴，研究他如何塑造苹果的品牌理念、如何对每一款产品"吹毛求疵"，然后加以各种各样的诠释。人们对他个人的关注、尊敬和崇拜，自然而然地投射到苹果品牌之中。

如今，没有了乔布斯的苹果已巅峰不再，大众的目光投向特斯拉这样的后起之秀。在全球各地，人们排着队抢购特斯拉新车，千方百计想要获得一张特斯拉发布会的入场券，互联网上有一系列长期追踪马斯克和特斯拉的网站、媒体人和粉丝车主，他们每天关注和报道马斯克与特斯拉的一举一动，并加上自己的大量解读。这方面的狂热粉丝代表，在美国有新媒体Electrek，在中国有"小特叔叔"和"42号车库"。

Electrek主要致力于报道电动车和可持续能源。这家网站以高频率报道特斯拉并且态度积极而闻名，主编弗雷德·兰伯特（Fred Lambert）公开持有特斯拉的股票，同时会在文章中放入转介绍购买特斯拉的链接。这些行为在美国引发了一定的争议，媒体同行认为Electrek的态度不够客观和严谨，与传统西方媒体价值有一定的冲突。但兰伯特则认为Electrek支持电动车、支持特斯拉的态度无须躲藏。

截至2019年10月，家住广东的Roadster、Model X 及 Model 3车主"小特叔叔"，已用自己的推荐码累计为特斯拉成功引流了100多位车主。根据特斯拉对"引流大户"的激励制度，他将免费得到一台最新款的Roadster2跑车（见图5-1）。"小特叔叔"本人是一位IT工程师，写了一个非官方的特斯拉中文App，比官方版功能更加丰富，不仅可以让特斯拉车主控制车辆、查看信息、导航到充电站，还形成了一个在线交流、分享的社区，覆盖了国内50%左右的特斯拉车主。因为曾经在长途驾驶电动车的过程中感受到充电之苦，他还利用这个平台鼓励特斯拉车主把自家充电桩资源进行共享，帮助其他的车主，目前已有超过两千名车主响应了这个计划。

图 5-1　已经发布、尚未量产的特斯拉 Roadster2

新媒体"42 号车库"与 Electrek 颇为类似，多年如一日地为特斯拉和电动车进行宣传。其创始人大吉曾在汽车行业工作多年，包括从业于一家德国高端品牌车企，但特斯拉显然俘获了其心。"42 号车库"的萌芽，始于几个志趣相投的朋友的业余兴趣，他们轮流撰稿，科普了许多关于特斯拉、马斯克和电动车的信息，吸引了许多电动车专业人士和爱好者关注。后来大吉与前特斯拉员工"哲伦班长"、曾经在 36Kr 工作并酷爱研究特斯拉的郑小康，三人全职打造了一个探讨电动车的平台，他们对特斯拉的报道文章在深度和广度上超过了许多传统媒体。

本书的两位作者原本毫无交集，也因对特斯拉的共同关注而结识。一位喜欢在知乎上对特斯拉"纸上谈兵"，另一位身体力行，购买了一辆 Model S，还专门飞去美国参加特斯拉皮卡的发布会、坐在第一排正中间并和马斯克亲切握手。

马斯克有"不做广告"的心态和资本，与他对自己和特斯拉的自信有关。他相信即使不像传统厂商那样大量投入营销资源，一样可以吸引到足够多的种子用户和 KOL（意见领袖），像"自来水"一样为他们摇旗呐喊。由于汽车商品的特殊性，无法高频购买，但很多特斯拉车主还是会在拥有一台特斯拉的情况下，继续购入新款车型。前通用汽车掌门人 Bob Lutz 曾酸溜溜地调侃：用户对马斯克和他的特斯拉的追捧程度让人吃惊。在通用汽车这种庞大商业组织的职业经理人当然无法理解在特斯拉发生了什么。在扁平化的组织中，其内部关系往往高度紧密，大家都为同一个有形的个人或者无形的目标持续、忘我地贡献着光和热。通过这种自我奉献的行为，团队中的个体会从虚拟的集体组织中获得强烈的归属感和外人难以理解的意义。虽然特斯拉的铁粉们对这家公司青睐有加，但在许多路人眼中，这些人都是"特吹"，就像很多人把崇拜苹果和乔布斯的人称为"果粉"。这些标签的背后，意味着基于商业品牌的文化往往会形成一个大社会里的小众群体狂欢。

马斯克会成为下一个乔布斯吗

马斯克的营销手法在他的多个公司中一脉相承，都围绕长期、严重、普遍的人类社会问题展开，而非针对特定地区、特定时期，这同时保障了马斯克的品牌故事具备"放之四海而皆准"的连贯性。洛杉矶和上海都面临交通堵塞问题，欧洲人和日本人都害怕全球变暖和小行星撞击地球。这些问题几乎没有可能在十年、二十年内根治，这让马斯克在相当长的一段时间内都可以一劳永逸，不像很多大型公司的品牌负责人，每隔几年就要绞尽脑汁提出最新的营销口号吸引公众。

/富有魔力的品牌主张

每个成功的品牌都有一个好故事，有一套"来自生活、超出生活"的理论，苹果和特斯拉就是如此。如果一个消费品牌所传递的精神过于写实、贴近日常生活的实际，那么它可能会吸引人喜欢，但很难让人上升到迷恋。

苹果在1984年投放了著名的"1984"广告，对其用户发出感召：IBM是"顽固"的，如果你和苹果同行，你就是保守社会中的新生代。

特斯拉不投放广告，但它所传递的品牌内核也和苹果一样，在各自的圈层中独树一帜。作为一个诞生于硅谷的新兴汽车品牌，如果只是宣传动力强劲、乘坐舒适、外形优雅，那么这个品牌的内涵将湮没在众多来自底特律、德国和日本的汽车品牌当中。这些用来形容美好汽车的关键词，虽然能让人产生购买的欲望，但还不够超现实。现代社会是个商品经济过度发达的社会，人们的生活中充满了各种各样的物质可供选择，以至于他们早就习惯了精心的挑选和取舍。唯有发自内心的热爱，才能让人义无反顾。

特斯拉作为高性能、高科技、高颜值的电动车品牌，有很多亮点值得宣传，但它却选择了"环保"作为传播核心。事实上环保从来都不是消费者买车的重要理由，过去各路汽车品牌都不用它作为品牌的核心标签。但特斯拉成功地为自己赋予了变革者的形象，它的品牌口号十几年来不曾改变，充满了工程师色彩与理想主义情怀："Accelerate the world's transition to sustainable energy（加速世界向可持续能源转变）"。当一家企业提出这样的品牌主张，背后蕴含的其实是西方文化中的"骑士精神"与中国文化的"君子之道"：君子不仅"扫一屋"，君子亦心系天下。这高尚的光环，由特斯拉手把手地传递给它的车主们，立刻就与浑身上下冒着汽油味的传统汽车品牌们区分开来。马斯克刻意不说特斯拉是追求极限的速度机器，不说特斯拉是充满创新的智能终端，甚至不说这家企业是为了造车，他说特斯拉是为了让地球加速摆脱化石能源，避免因碳排放引发的灾难（见表5-1）。在并购SolarCity太阳能公司之后，他特意把特斯拉的官方网站地址从Teslamotors改成了Tesla，借此强调这不是一家汽车公司，而是一家能源公司，格局与其他致力于生产四轮运动机器的公司完全不同。

表 5-1 马斯克提出的品牌主张

公　司	症　结	主　张
特斯拉	化石能源排放过度，全球变暖，将危害人类的生存 每年有数以百万计的人类死于交通事故	电动车+太阳能，加速世界向可持续能源转变，打造远比人类驾驶更安全的高级自动驾驶技术
SpaceX	地球有可能遭遇各种威胁，人类文明可能因此毁于一旦	我们需要移民火星，成为多星际文明，为人类文明打造更多的备份
The Boring Company	洛杉矶实在是太拥堵了！时间就是生命	创新的快速交通解决方案：速度超快、成本更低
Neuralink	人类需要超级人工智能，它们就像电影《终结者》里的天网，可能导致人类失败或者灭绝	脑机接口，让人类进化成超级人类，具备与超级人工智能抗衡的能力

事实上，在Model 3问世之前，作为长期生产高性能电动车的品牌，根据爱因斯坦的能量守恒定律，特斯拉的能耗并不算低。但这个事实不

重要——如果你能让人相信，电动车技术就是未来，总有一天可持续的能源模式将会实现，那么今天在早期状态下略显苍白的事实就不再重要。特斯拉抓住电动车使用过程中零油耗、零排放的特性，给品牌注入远大而高尚的目标，并引导大家去反省自我（燃油车污染严重、能源不可再生）、完善自我（摒弃燃油车来辆特斯拉吧）、超越自我（把特斯拉和环保理念分享给更多人）。许多特斯拉员工和用户真心相信这家公司的宏大愿景。这根本不像任何一家大型汽车企业会讲的话——给你最好的运动机器、给你饱含匠心的艺术作品，这些都是在关注"小我"，为了少数车主的个体幸福，而特斯拉在谈的是"大我"。

可能有人会质疑，买车就是买车，关键看车好不好，跟一个品牌的价值主张有什么关系。实际上并非如此，在物质丰富甚至过剩的现代社会，有这样一种普遍现象：用户消费一种商品或者服务，并非出于必需，而是表达自己的主张，表达他/她对这个品牌精神的认可。购买哈雷的人不只是为了一台动力强大、外观好看的摩托，还为了其背后的美式精神，追逐自由和冒险。当年李宇春的粉丝成箱批发电话卡，只为多发短信为这位年轻的娱乐明星拉票，粉丝真正在消费的并不是一位唱歌好听的姑娘，而是认同那个独一无二的故事：一个草根背景、长相中性的少女，与以往的工业化制造的商业明星的气质完全不同，通过自己的努力一步步登上《超级女声》的冠军舞台。乔布斯很早就洞悉了这个反常识的道理，他在重回苹果后的一次内部演讲时说了这样的话："品牌卖的不是产品规格、不是你跟对手比有多好，而是价值主张。耐克卖的是鞋，但从来不在广告中提到产品规格，而只推崇伟大的运动员。"时代虽然在改变，但人性是不变的。

事实上，不光是特斯拉，马斯克所领导的其他公司也都展现出富有魔力的品牌主张：它们起源于某个崇高远大的理想，值得人们为之牺牲、奋斗和追随。比起绝大部分企业的平庸口号，马斯克善于撰写特别宏大的叙事和鼓舞人心的宣言。换了别的创业者可能会说，SpaceX是发射火箭的，便宜高效的火箭能帮客户降低成本；马斯克说，这家公司是为了帮助人类移民火星的，拓展多星际文明。别的创业者可能会说，Neuralink是搞脑机接口的，让人更聪明、更智能；马斯克说这家公司是为了防止超级人工智能毁灭人类的，帮助人类实现进化。

除了讲述一个好故事，马斯克还非常注重让自己和旗下的品牌保持特立独行的姿态，你不会看到马斯克和别的车企领导一起出席活动、同台演讲，你不会看到特斯拉在纽约或者法兰克福车展上发布新款车型。特斯拉不会花钱成为 CES 这种大型活动的赞助商，然后把自己的 Logo 和展车带到现场。特斯拉收到过 Formula E 世界电动方程式锦标赛的邀请，这是电动车领域的 F1，组建车队、拿到冠军就有机会扩大宣传，传统车企都爱参加这样的顶级赛事，但马斯克毫不理睬。

/ 成为引领者

仅仅拥有超现实的理想还不够，因为"不够真实、不够贴近生活"，常常沦为小圈子的自娱自乐，不被主流社会关注。

假如有一个活跃在非洲的狮子保护协会，或者在中国四川的川蜀方言爱好者社团，他们的理想也是高尚的，但并不具备很强的普遍感染力。假如麻省理工学院有一群非常关注全球气候变暖的学者，或者在法国有一群古建筑研究者，他们有知识、有文化、有追求，但也不具备很强的普遍感染力。

人类历史无数次证明，要让理想被广泛关注，最好的办法就是，塑造一位偶像。去理解一位有血有肉、有名有姓的真人，就要容易很多。当这个真人具备超凡的禀赋，他就能激发广泛的热情和关注。对于苹果而言是乔布斯，对于特斯拉和 SpaceX 而言则是马斯克。

马斯克的每次创业几乎都在扮演所在领域里的引领者，他不愿意跟随在别人的后面。从 Zip2 到 SpaceX，再到特斯拉和 The Boring Company，马斯克的公司总是扮演相应领域中的先锋角色。你能想象先有保时捷电动车后有特斯拉吗？如果贝佐斯已经把火箭发射了好几回了，SpaceX 才开始入场？如果马斯克没有成为引领者，故事就根本无从展开：你必须比别人行动得更快。

快只是一个方面，另一个基础是你的行动内容。如果只是第一个开拉面店或者缝纫机公司，这无法构成成为"先驱"的要素。让众人发自内心崇拜的事情必须是众人无力为之的事情。从成立 SpaceX 开始，马斯克就没有做过"普通人眼中的简单事情"。

杰夫·贝佐斯是一位无比杰出的创业者，他创办了亚马逊这家伟大的公司。但我认为他不会成为众人崇拜的品牌偶像。投资人和股票分析师会崇拜贝佐斯，因为他在商业上非常成功，但大多数人对他并不"感冒"甚至不知道他是谁。在 2011 年接受《连线》杂质采访时，他说蓝色起源公司的使命是提升太空旅行的安全性和降低成本。这是一个典型的大公司的 PR 故事，无功无过。到了 2018 年，贝佐斯突然改口了，他说这家比 SpaceX 还早两年成立的太空探索公司，立志要让人类移民月球。他说他个人每年卖掉 10 亿美元的亚马逊股票投入太空事业，此事不作不休，直至倾家荡产。他还说自己不喜欢"跳步"，移民遥远火星前更应该先去邻居月球。这个故事讲得生动有趣，比 2011 年的版本动人多了，只可惜晚了多年。马斯克于 2002 年成立 SpaceX 的时候，火星移民的故事就已经公之于众，现在人们的脑海里，已经容不下另一个星际移民的雷同故事了，何况还是——月球？人类于 20 世纪 60 年代已经拜访过了。

从传播的本质来讲，营销的意义是关于如何通过信息传播去触达和影响人心。传播的本质是双方之间的交流，先别问你想传递什么，更应该问的是公众想要接收什么。那么到底怎样的东西更容易打动人心？肯定不是强制出现在眼前的广告，也不是内容空虚的软文。人类的大脑喜欢拥抱新奇和非凡！超预期、反常规的元素会满足人的好奇心，为他们创造惊喜、收获满足。每当马斯克在一个领域成为引领者，就让我们这些看客更像"山顶洞人"。

网友在推特上问马斯克如何承担非凡的压力？他表示"调节压力的方法就是：忍受痛苦，并确保我所做的工作是我真正在乎的"。

◎ 一年老了五岁，一周工作 120 小时

2018 年的万圣节之夜，马斯克没有时间戴着面具玩耍，他在特斯拉办公室接受了硅谷科技媒体 Recode 的主编卡拉·斯维什尔的专访。在采访中，马斯克说这是他职业生涯以来最难熬的一年，Model 3 的生产问题让他痛苦不堪，公司需要不断修正 Model 3 生产体系中的大

量漏洞。采访过程中，马斯克抛出了许多适合媒体做标题的句子，如"这一年我老了五岁""有时一周要工作120小时""靠安眠药入睡""想要死在火星""特斯拉的成功是其他车企进军电动车的最大动力"。其中，最让媒体开心、急迫放入标题的正是"这一年我老了五岁"（见图5-2）。

马斯克对这句话也颇为满意，次年3月15日的Model Y发布会上，他在现场又讲了一遍，制造了更大规模的媒体报道。

◎ 睡工厂

2018年4月，美国哥伦比亚公司CBS *This Morning* 节目组做客特斯拉工厂，并采访了马斯克。这个节目播出以后，工厂会议室里的一个深色沙发意外走红。原因是马斯克在采访中对在主持人盖尔－金（Gayle King）谈起了自己因Model 3的生产问题而承受着巨大的压力。他有时忙得没时间回家，就在工厂过夜，会议室里的沙发有些窄，所以他睡在地板上。

有趣的是，这个窄沙发引发了马斯克粉丝的同情心，他们在网上发起了众筹，592位支持者一共筹集了1.8万多美元，只为给他们的偶像换一个更适合睡觉的沙发。马斯克也随后在推特上回应了支持者的善意（见图5-3）。

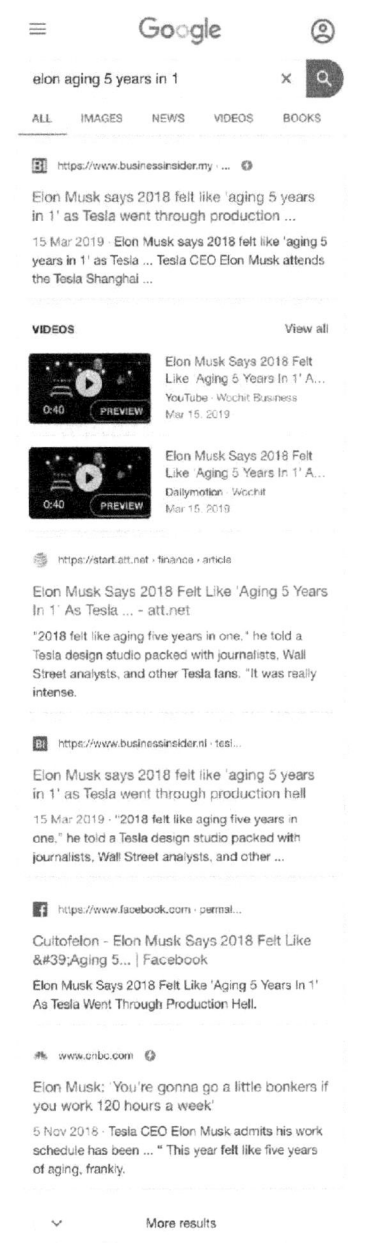

图5-2 在谷歌上搜索"伊隆，这一年我老了五岁"，你会看到大量的媒体报道

/高调为品牌护航

马斯克总是说，特斯拉想要成就的汽车事业，列强林立，无比困难，特斯拉活到今天就是一个奇迹。他无法控制外界的批评和质疑，毕竟每个人都可以有自己的观点。马斯克的做法是，他会不断渲染这些反对派的观点，把它们形容成有意针对特斯拉的威胁和恶意，把自己和特斯拉塑造成被扼杀的受害者：美国的石油和天然气巨头总是为了自己的利益"扼杀"电动车；一些华尔街金融人士靠做空特斯拉股票谋利，因此他们总是释放对特斯拉不利的信息。在批判媒体方面，马斯克说媒体总是制造假消息，标题和观点越是惊奇，点击量越高，这让很多媒体人实际上扮演了营销者的角色。这些观点和态度就像流感疫苗，一旦马斯克背后的支持者，那些车主、认可电动车的媒体、政客和投资人从情感上认同马斯克所讲的，他们再看到特斯拉的相关负面信息时就很容易免疫了。

图 5-3　马斯克回应"沙发众筹"

对于 SpaceX，马斯克也是如此：2016 年，他在一次 SpaceX 火箭发射爆炸的事故后，公开表示可能有人蓄意破坏，用枪射击火箭（但最终证明是其他的技术原因）；他反复明示和暗示，波音等传统大型航天机构不断拿走高价的政府和军方订单，是浪费纳税人的钱，是对 SpaceX 这样的新兴公司的不公平对待。

除了常规渲染，马斯克也会选择一些特别的时机，"亲自下场"，上演吸引眼球的真人秀。

◎对决"全球第一汽车节目"

简单地用"全球第一汽车节目"，其实不足以形容 *Top Gear* 的江湖地位。它是 BBC 的王牌节目，由三位魅力十足的大叔联袂主持，在超过 100 个国家的不同频道进行转播，全球观众覆盖高达 3.5 亿人。这档节目在内容风格和观点上非常大胆，甚至在节目中直接燃烧一台破旧的汽车。

2008 年 12 月，特斯拉 Roadster 电动跑车登上了 Top Gear。节目中，主持人 Jeremy Clarkson 称 Roadster 的速度特别快，但并不实用："特斯拉虽然表示这辆车可以跑 200 英里，但在我们的赛道上的测试显示车辆只能跑 55 英里，如果车辆没电了，充电可是一件麻烦的事。"（不分中外，特殊工况下的电动车续航总能成为大新闻。）该节目还播出了该车电能耗尽、被人费力推回库房的画面，塑造出一副活生生的"电动爹"形象，展示了电动车最受公众质疑的弱点——续航能力有限。马斯克迅速反击，他说节目中的 Roadster 的剩余电量明明还可以驾驶，却假装能量耗尽，需要推车，在赛道场景测出的续航数字纯属误导消费者。特斯拉以恶意诽谤罪起诉了该节目，尽管连续三次起诉均遭败诉，但马斯克坚定直接地表达了自己捍卫特斯拉、捍卫电动车，对抗到底的态度。

◎和《纽约时报》正面"撕"

2013 年年初，美国《纽约时报》撰稿人约翰 - 布罗德（John Broder）驾驶当红的新车 Model S，进行了一次长途旅行（不分中外，一到冬天，就有人喜欢测试电动车的续航），以测试特斯拉的东海岸超级充电网络，随后撰写了测评文章。他指出，Model S 的电池续航并不如宣传中所说的出色，根本不足以从华盛顿特区开到纽约，自己甚至不得不请人过来拖车才行。随后，马斯克在美国全国广播公司财经频道（CNBC）和推特上对布罗德的评测提出了公开反驳，他调用了布罗德的车辆日志（Model S 具有车联网能力）说明了情况，那就是他出发前根本没充满电，而且还故意兜了一个大弯。

◎写亲笔信复仇"大空头"

马斯克在 2019 年 10 月亲笔写信给著名的特斯拉空头——绿光资本（Greenlight Capital）创始人 David Einhorn，不给对方和自己留下任何余地。原文翻译如下：

我们阅读了你的绿光资本在 2019 年第三季度致投资者的公开信。信中你对特斯拉提出了许多虚假指控。考虑到特斯拉在第三季度的强劲业绩给你带来的巨大损失，以及之前你已经历的连年业绩下滑，你管理的资产从 150 亿美元急剧下滑到 50 亿美元，而你希望在投资者面前保住面子，这可以理解。

我们同情你，同时还意识到，你在特斯拉空头社区里面对一些公共话题时开始退缩，因为社会已经意识到特斯拉对科学、安全和可持续环境的贡献，而你仍在做空特斯拉。

如果你有任何意愿了解特斯拉团队正在取得的惊人进展，我愿公开邀请你与我会面，参观我们的设施，讨论有关相关问题。为了他们的利益，我确信，你的投资者们也希望你在特斯拉问题上变得明智一些。最后，请允许我们送你一条短裤作为小礼物（本文作者注：短裤和空头的英文都是 shorts，一语双关），助你渡过这段困难时期。

祝好！

伊隆·马斯克

/心系社会

◎造潜水艇营救泰国少年

2018 年 6 月 23 日，泰国 12 名少年足球队员及 1 名教练，因暴雨被困在国家公园的洞穴内。由于地形复杂，营救工作非常困难。泰国、澳大利亚、中国、美国等各国专家组成联合救援团队展开营救，被网友在推特上通知此事的马斯克，也迅速要求手下工程师参与救援（见图 5-4）。

> Elon Musk @elonmusk
>
> Just returned from Cave 3. Mini-sub is ready if needed. It is made of rocket parts & named Wild Boar after kids' soccer team. Leaving here in case it may be useful in the future. Thailand is so beautiful.
>
> 6:05 AM · Jul 10, 2018 · Twitter for iPhone

图 5-4 造潜水艇营救泰国少年

不到 24 小时的时间里，来自 SpaceX、Boring 等公司的工程师，就用火箭零部件组装了一个超小型潜水艇（见图 5-5），经过一番测试后用马斯克的公务飞机直接从美国运往泰国参与救援。虽然这个潜水艇最终并没有派上用场，但马斯克及其团队对此事的积极态度和执行力已经让无数看客默默"点赞"。

> Elon Musk @elonmusk · Jul 9, 2018
> Replying to @dcliem

图 5-5 用火箭零部件组装超小型潜水艇

◎帮助飓风灾区车主

美国佛罗里达州发生飓风,一名特斯拉 Model S60 车主发现自己的续航里程难以驶出受灾区域,于是联系特斯拉求助。特斯拉迅速编写了程序,为佛罗里达州灾区内所有的 Model S 和 Model X60 车主推送了紧急更新。这能让他们原本受限的电池组容量暂时解开限制(由 60kWh 升至 75kWh),续航提升 40 英里左右,足以逃出飓风影响区域。这一事件被 Electrek 主编弗雷德·兰伯特率先披露后,引发许多媒体相继报道。

◎鼓励仗义救人者

2017 年 2 月,德国慕尼黑附近的高速公路上,一名大众帕萨特驾驶人突然失去意识,导致车辆失控,多次撞击护栏后仍然快速行驶。附近的特斯拉 Model S 车主 Manfred Kick 发现其情形不对后,迅速将车子开到失控车辆的前方,用特斯拉车身承受帕萨特的冲击,不断帮助后车减速直到彻底逼停。马斯克得知此事后,在推特上公开称赞这位德国车主的义勇之举,并且表示这台特斯拉的维修免费(见图 5-6)。

图 5-6 鼓励仗义救人者

总而言之，马斯克不断向外界释放这样的信息：特斯拉/SpaceX 面对着难以想象的困难，甚至还需要面对来自各个方面的针对。但即使在这样糟糕的情况下，马斯克和他的公司并不会放弃。

实际上，绝大多数人在绝大多数时间里都表现出理智务实的态度：即使是非常尊敬马斯克、特斯拉、SpaceX 的用户们，最关心的还是自己的个体利益和感受。绝大多数用户并不希望自己放弃物质享受，忍受财务损失或者肉体、精神的极度考验。他们真正喜欢的是这样的状态：加入新生代群体，但最好是通过一种低代价的方式，为自己打上 #特斯拉#、#马斯克#、#改变世界#、#特立独行# 这样的标签。只要购买了一台特斯拉的车，或者持续追踪、谈论 SpaceX 的一言一行，你就已经表达了拥抱世界的犀利态度。

一定有好奇心强、思维缜密、熟读历史的朋友怀疑：马斯克说要改变地球碳排放、要实现人类的火星梦，可能都只是诱人的口号，用来标榜公司的价值观。

但如果特斯拉只是把环保作为一个简单的营销故事，满足于打造少数人群的玩具，那么时间长了，它的动人口号就不攻自破了，然而 Model 3 的出现证明了特斯拉具有规模化和走进千家万户的可能，这说明这个公司并不只是想要做一个汽车品牌。在加州和上海同时生产的 Model 3、遍布全球的超级充电站、不断亏损但马斯克坚持不放弃的太阳能光伏业务，用事实证明了这个品牌加速地球向可持续能源转变的梦想，并不是一纸空文。SpaceX 在打造出成熟的猎鹰 9 号后，就可以满足于依靠自身的成本优势，不断通过商业发射赚钱，但这家公司真的在研发火箭的可回收复用技术，真的在尝试制造巨型飞船，匹配了多年之前马斯克的话。

他会让你相信他是一位引领者，永远不是口号，而是事实。如果有任何人想要当引领者的话，记得要说话算话。

2. 推特大 V

今天，人人都用社交网络。但你曾见过乔布斯、比尔·盖茨和李书福活跃在社交网络上吗？没这回事。今天的年轻企业家，即使他们每个人的手机里都安装了推特或者微博，也只有极少数人对社交网络真正运用自如。扎克伯格本人创办了 Facebook，他应该算是社交网络重要的奠基人之一，但实际上他自己的社交网络能量并不算出类拔萃。

许多企业的市场团队都号称自己积极拥抱移动互联网、数字营销、社交网络，并投入大量的人力资源和经费。但他们都是一板一眼的。相比之下，马斯克纯属"剑走偏锋"。

为什么马斯克把社交网络作为第一利器

中国有一个二手车品牌的广告台词叫作"没有中间商挣差价"，这句话令人过耳难忘。这充分说明，去掉中间商的口号完全把握了广大消费者的心理，就算你的理智怀疑它是假的，你的情感也愿意相信它是真的。

马斯克在推特上注册个人账号，直接发表各种观点和信息，与公众直接交流，这就把传统的媒介——专业的媒体朋友们，也就是传播市场中所谓的"中间商"，进行了架空。几个好处如下所述。

/ 保真度

信息传播过程中的"信噪比"一直是个问题。某个企业家对媒体说了 20 句话，媒体精选了其中 3 句进行报道，不是因为这 3 句能高度概括企业家表达的意思，而是因为这 3 句单独拿出来看非常吸睛，可以让报道流量最大化。流量几乎成为媒体价值的最佳体现。

为了应对这样复杂的传播环境，公关团队绞尽脑汁，会事先帮企业家准备好若干"金句"，让媒体进行报道。但这一方式一来执行链条长、复杂度高，二来说到底这都是不得已而为之的办法。

/ 不花钱

营销是一个烧钱的买卖，看看百度和今日头条的财务报表就知道，商业公司每年为了曝光和引流，仅仅广告投入就是天文数字。

发推特只需要马斯克本人动动手，对于他这么"精打细算"的 CEO 来说，这是个省钱的好办法。在一个百万级粉丝的意见领袖账号植入营销信息，可能需要花费数十万美元甚至上百万美元的预算，但如果你将自己打造成一个千万级粉丝的大 V，又何必再去充值他人（见表 5-2）。

表 5-2　不花钱的营销

人物	推特名	粉丝数（2019.9）
伊隆·马斯克	@elonmusk	2.8千万
康纳德·特朗普	@realDonaldTrump	6.4千万
莱昂纳多·迪卡普里奥	@LeoDiCaprio	1.9千万
道恩·强森	@TheRock	1.4千万
CNN热点新闻	@cnnbrk	5.6千万
纽约时报	@nytimes	4.4千万

（数据来源：推特）

/ 滚雪球

假设 SpaceX 已经连续 12 个月在《纽约时报》的月度专栏进行连载。考虑到这是一个声誉悠久的成熟媒体，每一期覆盖的人数几乎是稳定的，大约为 100 万人。如果 SpaceX 的传播负责人想要第 13 次在《纽约时报》的同一位置以同一方式进行传播，可以预计的覆盖规模依然是 100 万人，并不会有太大的变化。

但社交网络的传播方式有所不同，不分中国还是美国，几乎所有的社交媒体都有这样的机制：如果内容账号不断发布内容，获得阅读量和粉丝就会增长，进而有更大的传播边际效应。

我每隔几个月会在推特看一下特朗普和马斯克的粉丝数量，其数字依然在快速增长。马斯克的增长模型要良性一些，他总是能带给大家独特、新奇的信息，当这些信息传递出去时，他的粉丝数量就获得了增长（见图5-7）。

打个简单的比方，玩社交账号就像滚雪球，发得越多、玩得越久、雪球越大。今天马斯克每发一条推特的传播价值可能是5年前的数倍之多，这意味着他应该继续发，不断享受这个良性的"网络双边效应"。

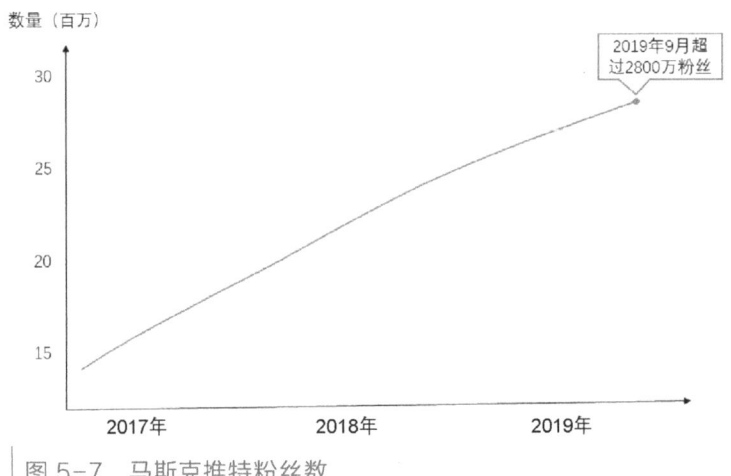

图 5-7 马斯克推特粉丝数
（数据来源：推特）

/速度快

时间通常就是金钱，但在传播领域，时间比金钱宝贵多了，速度就是生命。

传统意义上的媒体报道，是由媒体采访第一现场或者信息源，然后制作内容，经过内部审核后再发表。这个流程虽然在不断缩短，但依然比自媒体以第一人称披露信息的速度要慢。当马斯克的社交账号在第一时间发布内容，它不仅作为渠道传播了信息，也会成为其他媒体和公众的信息源，便于对方的渠道进行二次传播。在现代传播的链化反应中，谁处于最前端，谁的媒介价值就会得到增强。在美国职业篮球领域，著名媒体人 Woj 的推特总是会在第一时间公布 NBA 的重大转会交易，然后各路媒体再转载他的报道。不知不觉，Woj 的个人推特就成了堪比 NBA 官方发言人一样权威但更有时效性的媒体渠道，备受广大媒体和篮球迷的关注。

2018 年 7 月，特斯拉 CEO 伊隆·马斯克结束了在中国的三天之旅。他在离开时在推特上发布了一张照片，就像很多中老年人在旅行时会发一些合影，纪念到此一游。看似随意，但他实则是讲他和团队带着红色的特斯拉去北京中南海拜访过。这张推特图片本身就是时效和题材都绝佳的新闻素材，它所制造的二次传播规模是惊人的。根据经验粗略估算，这条推特至少会传播至一千万人。

/ 流量大

社交网络的流量巨大，这是一个不争的事实。

正在阅读这本书的朋友，不妨回忆一下自己到底是花在微博、微信朋友圈等社交属性平台上的时间多，还是花在新闻类 App、网站上的时间多。现代人尤其是年轻人，每天花费大量的时间在社交属性的信息渠道上进行浏览、互动、创作、转发。很多经典的新闻媒体对高质量和严谨性的坚持，无法帮助它们在流量竞争中取得任何优势，如果不涉足这样的新型媒介阵地，而是固守传统，传统传播工作的道路就会越走越窄。

如何炼成推特大 V

/ 频率高

《华尔街日报》在 2018 年对马斯克的推特账号做过一次定量分析，马斯克的推特日均发布量在 8 条左右，评论区互动 6 条左右。从发布时间来看，只有凌晨 3～6 点这三个小时较不活跃，应该是需要睡觉的缘故。由此从侧面看出，马斯克睡得极少。事实上，他非常爱把弄手机，倒不是为了玩游戏或者看新闻，而是利用一切碎片时间处理工作邮件或者发布推特。

你很难想象一位把一分钟"掰成两半"用，手里掌管着特斯拉和

SpaceX 两大公司，还有一大堆其他业务要处理的超级创业者，会在社交网络上如此活跃。他的表达欲望已经与很多全职自媒体人相当了。但据马斯克自己透露，他每天花在推特上的时间不过是 10 ～ 15 分钟。由此可见，他创作的效率很高，没有复杂的策划和执行过程，平均 1 分钟就有一条新的推特或者评论（见图 5-8）。

2018年马斯克推特数量在一天中的分布

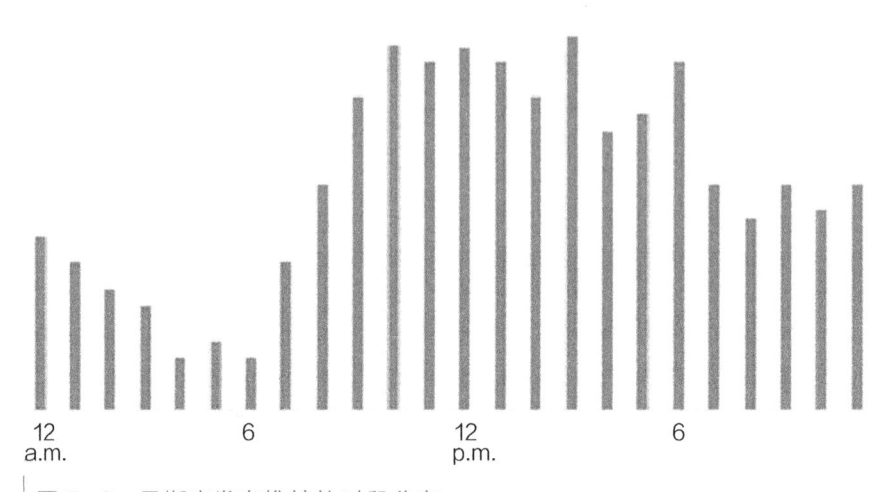

图 5-8　马斯克发布推特的时段分布
（来源：《华尔街日报》）

上文说过，社交网络存在"发得越多，阅读越多，粉丝越多，下次发的时候阅读人数会更多"的网络双边效应。勤奋就是硬道理，所以马斯克的高频发推，是持续积累粉丝、扩大影响力的保障。2016 年，马斯克的推特粉丝只有数百万人，到 2019 年 10 月就已经接近 3000 万人了，成长速度惊人。

/ 渠道少

在 SpaceX 和特斯拉，虽然也有一些高管和公关关系团队会进行对外沟通，但马斯克才是公司和外界沟通的真正的桥梁。99% 的重要信息都从这座"大桥"通过，其他的人必须保持低调。这种对信息源的聚焦控制体现在各个方面：在一场典型的特斯拉发布会上，马斯克是唯一的实质性的演讲者，他不会像蒂姆·库克一样让一群管理层和专家轮流上台讲话；虽然除了马斯克，也有其他高管会接受采访，但几乎所有重要信息都由马斯克亲自披露，通过采访、推特、授权书或者出席某个重要论坛。

长此以往，在公众眼中，马斯克成了特斯拉和 SpaceX 唯一的象征，这两家风口公司的传播能量都会被吸收到马斯克身上，巩固他的超级个人品牌。可能有人会认为，既然他是老板，他当然是这门生意的象征，其实不然。很多人都知道宝马汽车、波音飞机和顺丰物流，但没有多少人能说出这些公司创立人的名字。宝马汽车在过去 20 年中也许换过多位 CEO，但人们只认 BMW 的 Logo。背后的本质差别是：有些老板选择远离镁光灯，马斯克则选择当仁不让。

/反常规

马斯克知道自己的一举一动都在媒体和公众的视线当中，他经常抛出超出普通人想象力的新奇观点。对于这些观点本身，他是否真的严肃认真，没人知道，但可以肯定的是，这会让他成为新一轮报道和讨论的中心。

马斯克说，我们可能生活在计算机模拟的世界中。

马斯克说，"人工智能完全控制互联网"只是时间问题。

马斯克说，我们将会在 2018 年以前把火箭送上火星，2024 年以前把人送上火星。

马斯克说，一旦机器人能够完成人类所有的工作，人类就应该拿到统一的收入。

马斯克说，让火星适合人类居住最快速的办法就是核爆火星。

马斯克说，苹果只会雇用特斯拉最差的工程师。

马斯克说，没有外星人，地球上和银河系中都没有。

/ 蹭热点

只会发文章,那是冰冷的机构媒体,会在网上互动的才像有血肉的真人。但凡新媒体的运营者,都懂得多互动、"蹭热点"的道理。但马斯克"蹭热点"的姿势,既快准猛狠又优雅自然,让专业媒体和营销专家自愧不如。

◎退出白宫顾问团

2017 年 6 月,美国总统特朗普宣布退出《巴黎协定》——一项旨在遏制全球变暖和 CO_2 排放的国际协定,已有 197 个国家参与签署。此事立刻引发了轩然大波。在国际社会看来,这是对地球环境保护的不负责任。马斯克随即在推特上宣布,自己不得不退出特朗普为少数精英企业家设置的特别顾问团(见图 5-9)。

原本可能并不关注特斯拉和电动车的公众,在关注美国退出《巴黎协定》这一热点事件时,不仅看到了特斯拉 CEO,还看到了一个对地球环境负责任、不畏惧白宫政治能量的年轻企业家。

> **Luke Schnoebelen** @schneby 5h
> @elonmusk What will you do if he makes the decision to leave?
>
> **Elon Musk** ✓
> @elonmusk [Follow]
>
> @schneby Will have no choice but to depart councils in that case
> 1.38 AM - 1 Jun 2017
>
> ↺ 2,621 ♥ 9,225

图 5-9 马斯克在推特上宣布退出白宫顾问团

◎与拟人化账号——"火星"互动

推特上有一个名叫"火星"的奇特账号,日常不时发布与火星相关的图片和新闻。它在推特上的自我介绍是:太阳系的第四行星,俗称"红色星球",马斯克的家乡。显然,这是在呼应马斯克反复提及的火星梦想,他说自己想要带人类移民去火星,他愿意做一名火星居民并且终老在那里。

马斯克不止一次与这个拟人化的账号进行亲密互动(见图5-10),这让公众进一步把马斯克的个人形象和火星概念联系起来,同时,大家也会感觉到,这位高智商的极客创业者原来也有颇具烟火气的有趣一面。

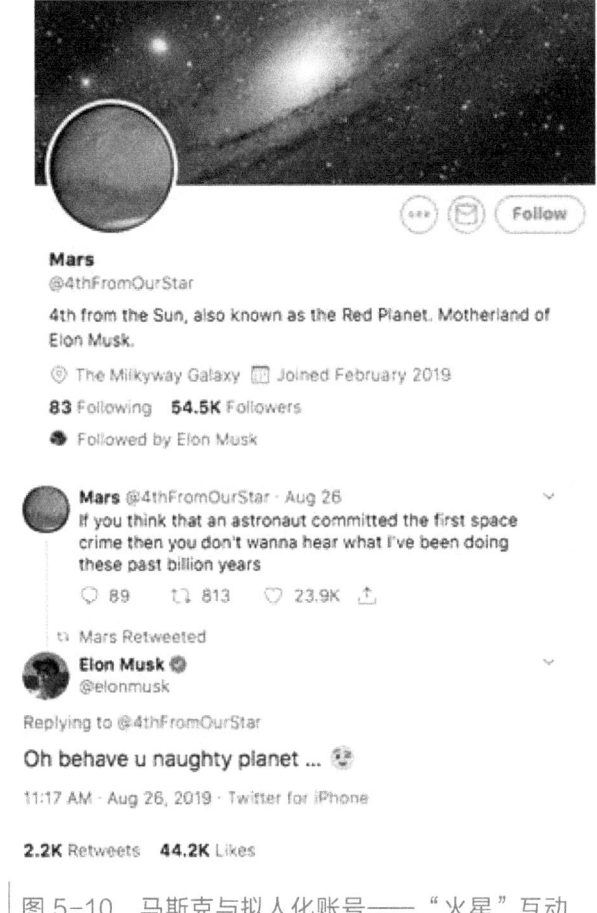

图 5-10 马斯克与拟人化账号——"火星"互动

/玩社区

很多人都知道社交媒体的价值,但许多大公司和公众人物在运营自己的社交媒体时,却太在意自己的感受,从而忽视了社交媒体的特点。社交媒体不是纯粹的媒体,它的本质首先是社区。在现实的线下社区中人们通过见面和语言进行交流,而在互联网的数字社区中,人们用文字、图片、视频进行交流,这个交流的过程经常能被很多人看到,从而在客观上具备一定的媒体属性。所以,要玩转社交媒体,第一步是学会按照社区的规则行事。

一个社区里至少有这些规则:

一是在一个社区里,没人想看你做广告。

如果你今天跑到隔壁邻居家大肆推销自己代理的服装生意和保险业务,第一次可能奏效;第二次你敲门时对方会假装家里没人。如果你真的要去跟邻居聊天,记得聊一些有意义或者有趣的事情。

二是在一个社区里,你得跟人打交道。

假如你参加了一个艺术社团,你不能每天自言自语,陶醉在自己的世界里。你是不是应该多认识几个社团里的朋友,并且没事时就和他们聊几句,交换看法,拉近距离?

三是不要"高高在上"。

虽然你可能确实很厉害,但你在社区里就是社区的一分子,别太嚣张了。

四是说人们在日常生活中真的会说的那种话。

很多人在平时与家人、朋友沟通时讲话非常有趣自然,但一旦在开会发言、当众演讲、接受媒体采访、社交网络发布信息时,就完全变了一副"画风":开始表达精致、书面、滴水不漏的话。这些话谁都懂,没人爱听。

总结一下,那就是"要内容不要广告,要互动不要自嗨,要平易近人不要俯视众生,要聊家常别打官腔"。马斯克在社区中的行为举止,颇符合上述规则。他很少给特斯拉做广告，经常和社会各界人士及普通网友互动，态度平和亲切甚至偶尔撒娇卖萌，措辞简短，多为口语化的短句，从不在意主谓宾完整，也不苛求把时间、地点、人物、事情交代清晰，可谓"句句都是家常"。

◎愚人节的自嘲

马斯克在愚人节晒出自己因"破产"流泪的照片。当时，特斯拉被Model 3负面困扰，股价大跌，换了一般的CEO会尽量消失在公众视线当中，而马斯克选择了主动自嘲。

◎在对手高光时刻的评论

2019年2月23日，蔚来登陆了美国CBS电视的王牌经典节目《60分钟》。节目播出后，蔚来股价大涨，在美国的知名度迅速提升。当天就有一名网友问马斯克如何看待这位中国对手，极少谈论对手的马斯克回复了一个链接。如果你点开这个链接，会跳转到一张图片，上面有一只鸡、一把斧头和一句话——"和平从来不是选项"（见图5-11）。

（a）网友问马斯克怎么看待蔚来　　（b）马斯克回复的图片

图5-11　马斯克回应网友如何看待中国对手

◎祝贺传统汽车巨头的电动化

2019年9月，马斯克在推特上转发了一条关于德国奔驰将停止内燃机研发、全面转向电动化技术的新闻（见图5-12）。他说电动化就是未来，祝贺对手做出了英明决策。这与其说是夸奔驰，不如说是"彰显"特斯拉早早拥抱了未来趋势，传统巨头也只能跟在后面效仿。

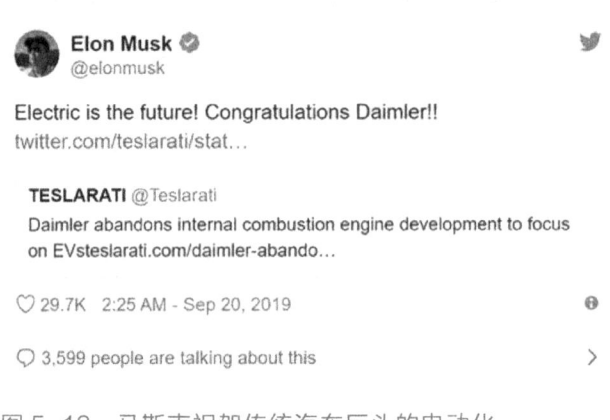

图 5-12　马斯克祝贺传统汽车巨头的电动化

奔驰的官方推特随后回应了马斯克的推特，坦诚"这确实是可持续的未来"。明明被作为道具用了一把，也只能如此。

马斯克确实也会偶尔为自己的公司发些广告，但比例控制得很低，被大量地发推稀释了，所以大家对广告不觉得反感。而且他的措辞比较诚恳、简短、平实，读起来更像新闻，没那么像广告（见图5-13），这方面的反例就很多了，往往有很多的主观评价、多角度精美图片和"根本不接地气的文案"及外交辞令。从某大型品牌手

图 5-13　马斯克推特的平实风格

机业务的领军人物到全球大型搜索引擎 CEO，在社交媒体上的发言不是精致的"鸡汤文"就是来自广告部门的复制粘贴。

/ 最厉害的套路，就是没有套路

马斯克在推特和现实中的作风一致，都是我行我素，他有过许多精彩的表现，但也经常"越线"。他因为在推特上谈论公司的未来销量数字和私有化前景而被美国证券交易委员会调查，差点吃官司，最终失去了特斯拉董事长的位置，并且缴纳了 2000 万美元达成和解；他与潜水救生员斗嘴时骂人，最终被迫道歉。他从不"婉转"，当特斯拉的投资人建议公司改革董事会的治理模式，避免马斯克权力过大时，他直接在推特上建议对方（卖掉特斯拉股票）去买福特的股票；在谈及人工智能的机遇和风险话题时，他直言与他观点不一致的马克·扎克伯格"对人工智能认知有限"（见图 5-14）；面对华尔街分析师电话会议中咄咄逼人的提问，马斯克拒绝回答，并反问对方为何总问这么无聊的问题，后果是特斯拉当天股价大跌 8%，数十亿美元人间蒸发。

图 5-14　马斯克回复网友：扎克伯格不懂人工智能

每当马斯克"越线"，总有各路人士，包括媒体、持有马斯克公司股份的投资人、关心他的粉丝、公司的管理层，要马斯克收敛一些，最好能不用推特。他自己也确实曾经一时冲动，说要删除推特账号。此言一出，特斯拉股价立刻上涨，这也代表了外界对他的期待：谨言慎行于公司有益。然而事实果真如此吗？如果马斯克不再发言甚至关闭推特，真的对他和他的商业有益吗？我显然持有完全不同的观点。大多数人常常根据短期现象和利益得失去衡量一件事的价值，但真正能扎根资本市场的那些人，是像巴菲特一样的长期价值投资者。马斯克在推特上的真人秀就是一项长期价值投资，它不是一条持续上涨的直线，会经历波动和挫折，但从长期来看，它显然为马斯克和特斯拉、SpaceX、Neuralink 等业务，带来了正向的回报。

很多人包括营销从业者，对营销有一种曲解，认为这是一种把平庸吹嘘成伟大，把黄酒卖成黄金的技艺。因此，人们总是期待优秀的营销人"化腐朽为神奇"。营销确实不仅是对现实的平铺直叙，它存在一定的包装和演化，但富有长久力量的营销势必基于事实，这是营销领域最基本的法则。但人类就是常常故意忽视基本功，重视花哨的表面招式。真正让马斯克的推特如此牵动人心、被全球千万人长期关注的原因，并非我们在上文中探讨的种种方法和技巧，不是高频发布内容、不是对信息源和渠道的聚焦、不是关联时事热点、不是按照社交媒体说辞办事，这些都只是"术"层面的技巧。真正让他的推特成为视线焦点的要素，是因为其展现了马斯克有血有肉的真实自我，其内容创作源自他真实的生活体验、个人思考和感情流露。真实才是"道"层面的基石，用张三丰的话来说叫"无招胜有招"，用饶舌歌手的话来说叫"Keep real"。

在尔虞我诈、利益交织的商业社会里，多是遵循体系默认的规则，少一些个人的锋芒毕露，实属明哲保身之举。如需对外发言和曝光，务必要精心修饰、力求稳妥，让自己的信誉和企业的形象都更加安全。偶尔不小心说出一些心里话，可能会导致糟糕的后果。

马斯克本可以戴上一副面具，活得更像一个典型的知名企业家，但他选择"不给门窗上锁"，拒绝了由市场和公关部门准备 PPT 和采访 QA，他选择口无遮拦，24 小时推特在线，让大家看到真实的伊隆·马斯克。他不止扮演了一名企业家的角色，为旗下公司发言，更作为一位积极的自由人类，参与到广泛的社会话题当中。这些做法让他的推特比一般企业家的推特更容易陷入敏感问题引发的争议，这当然不是最安全的选择，但是如果你能保持真我，大众的目光自然会集中到你身上。观众想看什么？大多数观众从来不关心改变世界和自我提升，对他们来说，阅读信息的本质更多是一种娱乐。观众想看你"玩真的"，他们不喜欢听你穿着西装念 PR 稿，不喜欢看采访时的你说套话，不喜欢你在微博上天天发喜气洋洋的书面语广告，他们内心深处希望看到真实和独特的对方。马斯克心里明白这一点，在接受美国 CBS《60 分钟》节目采访时，马斯克带着一脸骄傲说道："你用发型表达个性，我用推特。"

很多公众人物的推特账号掌握在公关部门或者高级助理手中，由专业人士代笔操刀，本人甚至不做发布审阅。而马斯克的推特由他自己本人掌握，独立创作。事实上，判断一个企业家的微博是不是自己创作非常容易，像马斯克这样观点犀利、惜字如金、平均每条推特只有 1～2 个短句甚至词组、主谓宾成分经常部分省略、丝毫不顾及受众的阅读障碍的，必定是本人出品的。

这两种做法的区别是根本性的。即使由资深的职业经理人操刀，通常也无法具备和创始人一样的知识储备和视野格局，更大的差距在于对责任和风险的态度。成功的创始人往往是冒险主义者，他们不在乎犯错，因为在漫长的创业过程中，他们已经习惯了跌倒，跌倒不过被视为新经验的来源。他们敢做别人不敢做的决策，敢说别人不敢说的话。但职业经理人不能这样行事，一次失误就可能导致自己失去这份体面的工作。他们会仔细审核每一篇新闻稿里的措辞和立意，会努力让每一次回答采访都挑不出半个字的毛病。在这个世界上，去迎合所有人是极为困难的，唯一的选择就是保持与主流社会价值观高度一致。但一旦这么做，传播的方向主张就将泯然众人。这就是为什么往往那些新创公司更有可能维持鲜明独特的企业形象。乔布斯时代的苹果，旗帜鲜明地推崇特立独行、改变世界的精神。当马斯克通过推特向世界自由地展现他独一无二的人格和思想时，即使不时出格，引发轩然大波和公关危机，也好过四平八稳。因为所有的舆论危机都只是一时的，只是在发生的当下容易被人过度地高估影响。当马斯克在电话会议中傲慢地拒绝华尔街分析师后，股价确实下跌了 8%，但很快又涨回来了。当时间过去，人们总会冷静下来，看到事物的本质，从长期来看，摆在人们眼前的是一个"不完美但很真实、个性与众不同"的马斯克先生。

事实上，普罗大众在潜意识里非常清楚：成年人的世界里从来没有圣贤和完美，越是精心包装的完美形象，越缺乏可信度。真正高水平的内容创作者在营销的过程中懂得"卖个破绽"，故意把自己想要传播的事物暴露出三分缺点，这样会让想要描写的七分优点更加深入人心。可惜大多数市场公关部的经理们不懂这门艺术，他们"追求完美"的职业精神，总会把内容变成硬广。这背后的本质是：如果太想推销自己，反而会丧失魅力；最厉害的套路，就是没有套路。

3. 好莱坞导演

马斯克很擅长讲述宏大故事，并且让这个故事青春长久，这体现了他在长周期、宏观层面上的操控能力。除此之外，在短周期的微观层面上，他也总是不按套路出牌，就像一名有才华的好莱坞导演，常常把平淡的现实变成精彩的戏剧。他是导演，偶尔还兼任男主角，我们只需抬头欣赏。

很多人对历史感兴趣，但如果你真的给他看 100% 忠于史实的纪录片，也许他根本看不下去，因为太无聊、太乏味、太平淡了。人们更喜欢的是轰轰烈烈的开头、跌宕起伏的戏剧冲突、紧张刺激的尖峰时刻和出人意料的结尾。还是那句话，人们只是在表面上喜欢阅读新闻和事实，他们要看的本质上是娱乐和戏剧，这就是为什么《三国演义》永远比《三国志》好卖，娱乐八卦永远比财经评论更易上热搜。

马斯克正如同一个好导演，他能协调调度好编剧、演员、摄像和投资人，拍出富有艺术价值的故事。这样的故事自带传播生命力，无须倚靠广告预算。

从 Geek 创业者到硅谷钢铁侠

初出茅庐的马斯克还是一副典型的极客做派，但人是会变的。年纪轻轻就跻身亿万富豪榜，定居在社会名流云集的洛杉矶，这让我们看到了现在的马斯克。他变得更加从容、自信，能够娴熟地应对这个世界了。

作为生活在洛杉矶的人物，不免会靠近好莱坞，发生在马斯克和钢铁侠之间的故事已经人尽皆知。好莱坞电影明星小罗伯特·唐尼在准备拍摄漫威电影《钢铁侠》之前，和马斯克接上了头。电影上映后我们看到的是，男主角钢铁侠托尼·斯塔克身上充满了马斯克的影子：英俊潇洒、超级天才、亿万富翁、桀骜不驯。最大的区别是现实中的马斯克更具理工男气质。

马斯克对于与好莱坞电影产生关联非常积极：他不仅参与了《钢铁

侠》男主角人物设定的讨论，还把 SpaceX 的场地借给剧组拍摄，本人还在《钢铁侠 2》中客串，进一步强化了自己和电影的捆绑。这让"硅谷钢铁侠"绰号的流传更有依据。

猎鹰火箭和特斯拉 Roadster 的浪漫

2018 年 2 月 7 日，SpaceX 猎鹰重型运载火箭首次试飞成功，并成功回收三枚助推火箭中的两枚，地球现役运力最强大的火箭横空出世。这是一次万众瞩目的尝试，很多航天迷都在担心，把三枚猎鹰 9 号捆在一起，用多达 27 个梅林发动机一起提供动力，在技术结构上会不会过于复杂。上一个在历史中做过类似尝试的苏联 N1 火箭多次发生爆炸，厄运不知是否会降临到猎鹰重型火箭身上。

马斯克曾经在一次 SpaceX 的发射前心态轻松地戏称，人们从世界各地赶来见证这次发射，这要么是一次伟大的发射，要么是最美的烟花。不料一语成谶，那次发射真成了大型烟花表演，以爆炸收场。

由于只是猎鹰重型火箭的试飞，火箭不会携带正式商业发射时会携带的卫星等有效载荷，但马斯克显然不愿意让这个大家伙白跑一趟。他想到了一个极为大胆的绝佳创意，把一台红色特斯拉 Roadster 跑车放到了火箭里，还塞了一个叫 Starman 的假人，反正空着也是空着，这些载荷的价值为 10.9 万美元（Roadster 跑车售价）。猎鹰重型火箭的首次试飞，发射难度是空前的，但结果是成功的，这台 Roadster 被成功送入了太空（见图 5-15）。车内播放着大卫·鲍伊的 1969 年的歌曲《太空怪人》，假人司机 Starman 坐姿端正、双手认真地把持着转向盘，中控屏上写着一句温柔暖心的提醒"Don't Panic（别慌）"——马斯克非常喜欢的科幻作品《银河系漫游指南》封面上的一句话。值得一提的还有车内的一块电路板，印刷着"Made on Earth by humans（由人类在地球上制造）"（见图 5-16）。他没有说这是特斯拉出品，没有说这是加州制造，没有说这是美国制造，他说这出自地球上的人类。

图 5-15　有一天，你和我或将这样驾车遨游太空

图 5-16　在太空中飞行的特斯拉跑车内一块电路板上印刷的字样

这般场景是科技与人文在十字路口的一次浪漫拥抱，由马斯克亲自导演。SpaceX 火箭的发射与回收，曾经一次又一次震撼世人，但这一次触动人心的不再只是硬实力的火箭工程，还有"用自己 A 公司的火箭发射自己 B 公司的跑车"的绝佳创意和"人类（即使是假人）驾驶着电动车、逐渐远离地球、迈向火星轨道"的丰富内涵。大多数人不会记住重型猎鹰火箭的近地轨道载荷到底达到了多少万吨，但人们会记住一台特斯拉跑车在太空中飞行。

Model 3 发布会：开启期货模式

特斯拉的诸多新品发布会都值得细细品味，但 2016 年的 Model 3 发布会可谓其中的一个突出案例。

/ 像一部电影

许多消费品牌的发布会冗长，但 Model 3 的发布会像是播放了一部不到 23 分钟的动作电影：纯粹、紧凑、流畅、刺激。电影已然落幕，观众还在沉醉。

以下我们来分解这 23 分钟。

◎ 第一幕 | 请出主角 1 分钟

特斯拉总设计师 Franz von Holzhausen 进行开场主持。他过去和当天将要揭幕的作品足以证明他的成绩，但他不像很多主持人那样喜欢多说几句、表现自己。他在不到 60 秒钟的时间里，结束了与现场观众的寒暄并邀请男主角登场。

因为他知道，今夜人们为谁而来。

◎ 第二幕 | 回顾过去 8 分钟

马斯克一上来就霸气放话，说这款车肯定会震惊所有人，但比新车更重要的是他再次提醒大家，特斯拉为何来到这个世界。他陆续提到 CO_2 的排放直线上升，全球气温自 1900 年后又上升了 2.3℃，全美国每年与交通气体排放有关的死亡高达 53000 人。

接下来，他带领大家一起回忆了自己为公司官方写下的第一篇博客文章，也就是于十年前发表的关于特斯拉战略计划的文章。然后逐一回顾了特斯拉已经推向市场的三款车型。通过这样做，观众仿佛和这位钢铁侠共同完成了一次集体回忆——人们总说回忆是最美好的，痛苦都被自动过滤，留下的只有幸福。大家接收的信息是：特斯拉从一开始就心怀美好远大的理想，它从一家幼稚、弱小的小型初创公司，一步步具备大规模生产汽车的能力，逐步靠近自己的梦。这是多么励志的动人故事！

马斯克反复感谢那些购买了 Roadster、Model S 和 Model X 的朋友，说因为他们才有特斯拉的今天，因为他们才有 Model 3（见图 5-17）。如果我是特斯拉车主，听了这样的话，我会觉得买车这钱值双倍价值！既满足了我的个人用车需求，还能帮助一个了不起的人物和组织实现他们的高尚梦想。这不只是买车，这也是最有意义的慈善。

图 5-17　Model 3 发布会的官方图

◎第三幕｜新品介绍 9 分钟

这部分集中在当晚的新产品上。

马斯克带领大家快速浏览了安全、性能、续航、智能、空间、充电、制造、定价等方面的重要信息（见图 5-18），在每个点只挑出少量的消费者最关心的关键数据和事实进行介绍，舍弃了深入细致的技术解析。

马斯克介绍了加速但没谈制动，甚至没有谈及电机类型和马力数字；他介绍了续航但电池能量密度的数据缺席，没有提及在电池管理程序上他又做了哪些创新；他说汽车具备五星安全但没有解释到底用了多少铝合金和超高强度钢。他只是偶尔会加一些点评，如负责生产 Model 3 电池的全新工厂 Gigafactory 是地球上面积最大的单体建筑，其出现让位于华盛顿的波音工厂屈居第二位。

215英里 续航里程	6秒以下 0–60 mph 加速时间	5个 座椅数量
五星安全评级 所有测试类别	Autopilot自动驾驶 安全配置	超级充电 可用

图 5-18　特斯拉在发布会当天展示的 Model 3 产品亮点

像 Model 3 这样一款创新无比、拥有诸多独特亮点的战略级产品，如果有必要的话，马斯克可以讲一个小时，但他选择只讲重点。上千名杰出工程师的灵感、心血和汗水凝聚在这款车里，转化成了非凡的技术和体验，但马斯克居然不屑于一一提及。

马斯克介绍产品的方式与大多数消费品牌的完全不同，我们应该思考一下背后的原因。主流的沟通方式是把自己的产品拆成零部件的颗粒度来进行介绍，大谈技术名词、材料名称和物理数量，仿佛在和消费者玩一个"称斤论两"的游戏。这些具体的细节是垂直网站上的年轻车迷们和行业内的专业人士们最关注的，他们会反复记忆和谈论这些信息。但这些人完全代表不了主流的消费者。大多数人走进宝马展厅买走一台宝马 3 系的原因，不是它的轴距达到了 2920mm，发动机马力达到了 184 匹。如果是的话，你无法解释为何凯迪拉克 CT5 没有成为更畅销的产品。

这种大谈细节的做法往往更合适高性价比品牌，而非有一定溢价的高端消费品。平价商品确实是在卖零部件的堆叠，但高端商品卖的不应该是零部件的组合，而是卖一个不可分割的整体。iPhone 拆成零部件就不值那么多钱了，因为它的核心价值不在零部件上。

◎ 第四幕 | 3 分钟

马斯克让出了舞台。配合着波澜壮阔、雄壮史诗一般的音乐，三台不同颜色的 Model 3 驶入舞台，从容享受尖叫、闪光灯和欢呼，就像摇滚明星登场一样（见图 5-19）。

图 5-19　Model 3 在发布会上亮相的官方图

很多品牌的发布会中都有这个环节，但只会让产品单独停留几十秒，避免气氛陷入无聊和尴尬。但马斯克显然对 Model 3 有足够的信心，给了它足足三分钟，让 Model 3 唱一出沉默的独角戏。

同时需要提及的是，特斯拉的保密工作水平很高，就像苹果。虽然它们都是最受追捧的消费品牌，无数人希望提前窥探它们的秘密，但大部分时候它们总能把秘密保留到发布会现场。如果 Model 3 的设计被提前曝光，就会大幅削弱这场发布会的含金量和对全球受众的刺激强度。许多品牌在操作新品上市时，更喜欢提前预热传播，甚至主动泄露，希望拉长传播周期。但特斯拉和苹果一样，采用一种看似极为简单、其实很难执行的打法：在发布会前一言不发，重要的话一次讲完。

◎ 第五幕 | 2 分钟

马斯克返场，这次他惜字如金、轻描淡写地宣布 Model 3 全球订单刚刚突破了 11.5 万辆，他感谢了所有人，在所有人都预期他会多说一些什么的情况下转身退场。

DJ 迅速切换了欢快动感的音乐，舞台上空无一人，只剩下三台 Model 3，观众们留在原地，没人愿意退场。

/期货模式

◎ 长期造势

Model 3 的 3.5 万美元起步价是在发布会上公布的，但在此之前，马斯克很早就开始不断向外界释放信息，说 Model 3 是一款"Affordable EV（价格不贵的电动车）"。这让许多爱慕这个品牌已久，但经济实力有限的潜在消费者期待不已。

◎ 提前 24 小时

在 Model 3 发布会之前一天，特斯拉开启了全球范围内的预售。这是一种比较反常的做法，通常预订最快也只会在新品发布会结束后立刻开启，没道理让消费者去买一个"既不知道长什么样，也不知道能做什么，甚至不知道价格"的商品。

但前期的造势已经让 Model 3 成了没有出生的万人迷，我在当天除了自己下订，还忽悠了两位在凯迪拉克工作的同事掏钱。他们都完全不了解电动车，我说服他们的理由是：赶快先下个订单，日后如果不买可以转让。

◎ 开创期货模式

即使是发布会后最早提到 Model 3 的用户，也等了大概一年半的时间。由于 Model 3 初期的产量非常有限，绝大多数美国订单用户实际上需要等待两年以上才能提车。如果你来自欧洲或者亚洲，则需要等三年以上。

这不是卖车，是在卖期货。实际上，马斯克玩了一个"花招"，利用了人性的弱点和信息的不对称。普通人并不知道，电动车作为新兴领域的产品，技术迭代速度比燃油车快很多，如果我在 2016 年发布一款 2018 年或者 2019 年才开始交付的新车，它的真实竞争对手其实是那些 2~3 年后的未来产品,但在发布会当天,公众感知到的是这款 Model 3 秒杀了同年份的电动车。从综合加速、续航、智能、售价来看,它确实比当时的通用、日产、宝马的电动车强一倍都不止,但实际上对手也会在 2~3 年后迅速进步。特斯拉确实领先,但马斯克用期货的方式偷偷放大了这种领先。

期货模式极大地刺激了公众和粉丝的神经,有一些铁杆粉丝在发布会前就进行了盲订,更多的人则是看了发布会或者新闻报道后慷慨解囊。一种如果不尽早下单就需要等待太久从而吃亏的心态很容易传播。马斯克亲自披露,发布会后的 36 小时内,支付 1000 美元(中国区为 8000 元人民币)的付费订单超过了 25 万个。这个数字突破了汽车行业的想象,成了另一个新闻热点,被媒体津津乐道,这样靠一个发布会就大把卖车的事情闻所未闻。

曾在特斯拉中国销售部门任职的 Max,发布会当天在上海新天地店工作,他这样回忆当日的情景:"电话不停地响,进店来付 8000 元人民币订金的人络绎不绝,门槛都要踏破了!我们不得不教大家如何网上支付然后引导他们回家上网预订。"

/ 不走寻常路

从这场 Model 3 发布会中,我们不难看出,马斯克显然不要求团队对标那些成功的国际汽车企业,实际上,特斯拉所做的事情恰好相反,他们与宝马、奔驰、丰田处处不同(见表 5-3)。

表 5-3　特斯拉与传统大型车企发布会的区别

发布会	特斯拉	传统大型车企
时间	23 分钟	1 小时左右
场面	在自家设计中心找了一块露天场地,搭建临时舞台,可容纳几百人站着围观	大型体育场馆或者知名剧院,搭建高水准舞台,声光电效果惊人,通常会有上千个或者更多的座位
观众	特斯拉老车主居多、媒体	大多数是媒体、经销商代表、企业 VIP。车主数量通常为 0
成本	预估为 100 万~300 万美元(特斯拉不会提供机票、酒店等)	预估需要千万美元数量级(场地、搭建、差旅、明星嘉宾及同期的广告等)
主角	马斯克的独角秀、没有提词器、大量实用口语,不时伴有结巴	若干高管轮流登台,每句话都像是提前写好的,很可能还有明星嘉宾和歌舞表演

对于传统大型车企，发布会通常会持续一个小时左右。场地肯定是"高大上"的，招待肯定是全方位的。尤其像是宝马、奔驰这样的高端品牌更加注重细节。他们说每个细节都代表了自己的高端标准，不能容忍瑕疵。

在发布会现场，CEO、设计师、首席工程师会轮流登台，严格遵循PPT脚本，试图全方位、多角度、立体声地把关于这款车的一切展示给所有人。为了活跃气氛、制造话题，经常会请明星嘉宾到场助兴，通常是著名主持人、电影演员或者高水平运动员。精彩的歌舞表演和灯光秀通常少不了，能在漫长的发布会中让观众们放松心情。我曾经以为这是国内文化，后来发现实际上在海外也是如此。

无论是什么品牌的发布会，新车亮相之后的价格发布环节，才是最受现场观众瞩目的，很多整场都在玩手机的人，至少在这个环节会把头抬起来。因为大型车企似乎很难做好保密工作，很多信息都提前泄露了，有些是无意的，有些则是有意制造的。在一款全新的宝马3系亮相之前，通常人们已经对这款车有了七七八八的了解。

如果你了解上面是在说什么，我就无须赘述特斯拉对发布会的态度。总之，一切恰好相反。这里不像是商业发布会，更像是用户的集会或摇滚乐迷的狂欢，人们的精神莫名高亢。不时有人高呼伊隆·马斯克的名字，频繁打断这个本来就有些结巴的演讲者。比起花钱营造的浮华，马斯克显然更相信内容、创意和真实的力量，他知道别人千里迢迢赶来，其实只是为了见到马斯克本人和他的最新作品，其他的一切无足轻重。

会晒数据也会玩情绪的公关高手

如果马斯克负责公共关系，他应该会是一名佼佼者。他的出手会让你目瞪口呆。他在2011年5月4日发了一封面向SpaceX内部的工作邮件，这是马斯克少见的亲笔长文。在我看来，此文足以作为公关教学范例。[1]

---

1. https://www.universetoday.com/85409/elon-musk-why-the-us-can-beat-china/.

/对外人写的内部信

马斯克将邮件发出后，当天就被许多媒体全文转载。这个现象有些耐人寻味。

马斯克对于特斯拉和 SpaceX 的秘密一向注意防范，如果有人泄露公司里的信息给外界，被发现就会丢掉工作。这也是为什么本书在采访过程中，遇到了许多阻力。有一些马斯克的雇员起初欣然接受我们的采访，但到了约定时间之前又突然坚决回避，还有许多人则要求采用匿名。希望保护自己的隐私当然无可厚非，公司的保密需求和公众的知情渴望总是一个矛盾的问题。但这封内部邮件迅速被外界广泛报道，而公司并未采取任何反制措施。由此可见，该邮件根本就不是只对自己人写的。

如果你注意观察，会发现类似的操作屡见不鲜，每当马斯克花时间写了一些长篇大论对内群发，发生类似事件的可能性就很大。要知道他是一个极为珍惜时间的人，通常他惜字如金、言简意赅。你看到的东西，有时候只是他想让你看到而已。

/摆事实，谈数据

最经典的公关手法之一就是谈论事实，让围观的人自己做判断。但很多时候，由于事实不够充分，或者讲述人的心态过于迫切，很多公关操作中的情绪表达和观点陈述被推到了台前，人们看到了你的结论，却不知道事实过程，从而难以对你的话建立信任。这就像一家手机公司跳出来说自己的产品是"东半球最好的手机"，却无法告诉你它具体有哪些地方出类拔萃；一家房地产公司号称自己可以造出很好的汽车，但它也没有给出理由和逻辑所在。

马斯克在这封邮件中，列出了许多关键事实：

◎我们的价格足够给力吗？

猎鹰 9 号火箭的标准发射费用为 5400 万美元。

全世界只有 SpaceX 把发射火箭的价格透明地公开在官方网站上。

分析：马斯克不仅告诉你火箭的价格是多少，还指出了关键的辅助信息。全球唯一的报价透明策略，会让人觉得这家初创公司有自信，价格公道。

◎我们在和谁做生意？

我们已经按照这个价格（或更低价格）与政府和商业客户签订了许多具有法律约束力的合同。

我们与 NASA 签订了一份稳定的固定价格合同，包含 12 次货运发射任务。如果超支，那么 SpaceX 将全部自己承担。

分析：这是在暗示 SpaceX 的产品和服务已经受到了广泛的欢迎和认可。为了进一步证明这一点，举出了最具代表性的客户案例——谁能比 NASA 有更好的背书效果呢？同时，马斯克强调了 SpaceX 会严格遵守合同约定的价格，如有超支，自行承担。如果你是潜在客户，你会感到这种方式保护了你的利益，与传统航天机构常用的合同方式不同——他们习惯了采用"成本 + 利润"模式，如果成本意外上升，客户就不得不多花钱。

◎我们的产品是否足够好？

猎鹰 9 号是 EELV 级火箭，可以产生大约 100 万磅的推力（是波音 747 最大推力的四倍），能够比德尔塔 4 中型火箭（Delta Ⅳ Medium）携带更多的有效载荷送入轨道。

猎鹰 9 号及龙号飞船增加了发射逃生系统、座椅和升级的生命支持系统，可以将 7 名宇航员送入轨道，比俄罗斯联盟号（Soyuz）的负载量超出了一倍，而且平均每个座位的运输成本只有后者的三分之一。

分析：简而言之，我们的产品比你们所熟悉的那些强大对手的更便宜、更优秀。

◎便宜和优秀的背后，是否有可持续性？

从公司 2002 年成立直至 2010 财年，公司的总支出少于 8 亿美元，包含猎鹰 1 号、猎鹰 9 号和龙号飞船的全部开发成本，包括在范登堡（Vandenberg）、卡纳维拉尔角（Cape Canaveral）和夸贾林环礁（Kwajalein）建设发射场的成本，以及建设生产设施的费用，这些生产设施每年可支持猎鹰9号和龙号飞船完成多达12次任务，还包括猎鹰1号的五次发射成本、猎鹰9号的两次发射成本，以及龙号飞船的一次发射和返回成本。

猎鹰9号运载火箭从一张白纸到首次发射，用了四年的时间，其开发成本仅仅略高于3亿美元。

龙号飞船从一张白纸到第一次演示飞行，仅仅用了四年的时间，开发成本约3亿美元。

自2007年以来，SpaceX已经实现连年盈利。员工数量的大幅增长、重大基础设施和运营的投资，都没有阻碍公司的盈利步伐。我们的清单上有超过40项飞行任务，代表着超过30亿美元的收入。

分析：外界对于一家初创公司的质疑往往是全方位的，因为统计学告诉我们，初创公司九死一生。先是会怀疑你能否从零开始打造出像样的产品；如果可以，再怀疑你能否找到买家；如果又可以，还会质疑你的可持续性，因为有很多初创公司有产品也有销售收入但终结于入不敷出，它们无法掌握像成熟公司那样的可持续发展能力，这才是对于一家初创公司来说最难回答的问题。

马斯克本可以直接回答这个问题，但他知道让别人说比自己说更有力量。他为大家列举了如此多、如此具体的财务数据，这些数据本该是高度商业机密。这样自然会引发有好奇心的、业内的人（通常是一些媒体和网络意见领袖）自己去研究和挖掘，如研究一下3亿美元和四年时间从零研发出这样的火箭到底意味着什么。接着，他们会发现许多有意思的事情，如SpaceX的成本和时间花费居然只有ULA这样大企业的几分之一，然后他们就会写成文章并觉得自己发表观点是独立、客观、理性的，不受控制的，其实是马斯克在这封邮件中有意释放的信息在暗中引导。

◎发散和升华

如果文章在这里止步，就已经是一篇足够优秀的作品了，它已经成功向外界展示了企业的产品实力、客户信任、价格竞争力和财务可持续性，还顺便"轻踩"了一下核心对手，你无法要求马斯克做到更多。但他偏偏做到了，让你拍案叫绝。基于他陈述的事实，马斯克在文章里还写了这些观点：

> 去年（2010年），在与NASA的合作下，SpaceX成了第一家成功发射和回收宇宙飞船的私营公司。这艘飞船及猎鹰9号运载火箭是在美国公司由美国人设计、制造并成功发射的。
>
> 30多年来，美国于去年（2010年）首次开始在商业卫星发射领域收复国际市场份额。而这一重大逆转发源于NASA在2006年给予SpaceX的一小笔投资，作为商业轨道运输服务（COTS）计划的一部分。COTS是一个独特的公私合作机制，它已经证明，在适当的条件下，一个受到充分鼓励的承包商——即使是100%的本土承包商——也可以在较短的时间内，在价格固定的情况下，开发出极为复杂的系统，而且成本显著低于行业历史标准。

分析：在导演马斯克讲述的剧本里，SpaceX在作为个体公司的商业成功，与美国社会的商业制度联系在一起，主题得到了升华。对于美国人来说（他们是这篇文章的核心阅读受众），他们会感受到并且乐于认可这样的观点——SpaceX的成功不只是马斯克和团队的功劳，而是美国社会的商业制度在背后发挥作用。一旦读者们认可马斯克讲述的逻辑，SpaceX的优秀和美国社会的商业制度就会成为一对逻辑自洽的因果组合，为SpaceX构建了更强大的商业合理性和价值基础，让他们从心底更加真心实意地支持SpaceX。

狡猾的专利开放

2014年6月12日，马斯克宣布特斯拉的专利免费无限期开放。他说："特斯拉将不会对任何出于善意使用我们技术的人发起专利诉讼。"[1]这立刻掀起了轩然大波。各路媒体和分析人士对特斯拉的举动做出了各

---

1. https://www.hbrchina.org/2014-07-21/2179.html.

种揣测：

这是电动车领头羊为了带动整个电动车产业进步的慷慨之举；

随着更多的厂家投入电动车事业当中，会推动基础设施和零部件体系的发展，最终让电动车成本更低、使用更方便，这有利于特斯拉的发展；

引导其他厂家共享或者采购特斯拉的技术和零部件。

马斯克本人也解释了自己的动机，"我们真正的对手不是少量的非特斯拉电动车，而是每天大量进入市场的来自全球工厂的燃油汽车"。这一观点日后被他多次重复。当时读到这则新闻时，我也被马斯克推动电动车进步的决心和格局所打动。但真实的情况到底是什么呢？如果你知道了以下事实，你可能会重新思考这个问题。

特斯拉就第三方使用自己的专利设置了严格的保护条件：第三方不能模仿特斯拉的任何产品，不能质疑特斯拉的任何专利，同时不能保护自己的专利（不得因其专利向特斯拉提出索赔，要求互相开放）；

特斯拉当时已经申请的专利并不多，在美国有 200 多项，大多集中在电池热管理和充电技术等领域。由于特斯拉一直在电池类型和充电标准上独树一帜，与其他车企路线区别较大，这导致了其他公司借鉴特斯拉技术的可行性并不高，因为变换赛道的成本是巨大的。

相比之下，丰田在 2019 年 4 月 3 日宣布，对近 2.4 万个以混合动力技术为主的专利进行开放时，没有设置像特斯拉这样的保护条件。丰田的专利分享态度显得更加真诚，是以行业带头人的角色促进相关产业的整体进步。当然，丰田也一定有自己的战略考虑：作为混合动力技术路线的霸主，看到纯电动车技术路线被特斯拉带得火热，心里能不着急吗？开放技术有利于吸引同盟，共同推广混合动力，还可以在免费开放专利的基础上提供有偿的技术咨询和核心零部件供应。

但无论如何，马斯克的做法已经取得了成功。第一个开放电动车专利的地位已无法被超越，这不仅制造了一轮非常正面的媒体传播，还带动特斯拉股价在五天之内上涨了 10%。

埋下 7 年的伏笔

对于汽车公司来说，产品命名是一件重要但细微的事，这里也能见到马斯克的独特用心，他喜欢向这个世界耍酷。

2012 年，特斯拉首次推出中大型轿车，命名 Model S。为什么叫 S？可能有人认为 S 代表 Sedan，在英文里是对典型轿车形态的称呼。

2015 年，特斯拉开始量产中大型 SUV Model X。为什么叫 X？没有公开的说法。但马斯克历来喜欢使用 X 这个字母，他曾创办一家互联网金融公司叫作 X.com，一家航天工业 SpaceX。X 是未知数，可以指代任何东西，具有一种未知的神秘感。

2016 年，特斯拉发布了 Model 3。为什么叫 3？下文详说。

2019 年，特斯拉发布了 Model Y，这是一款比 Model X 小一圈的 SUV，将于 2020 年年底量产。为什么叫 Y？难道是因为英文字母表和学习代数时，Y 都是跟随在 X 之后吗？

现实情况是，早在 2012 年之前，马斯克就埋下了这个跨度超长的伏笔，他希望多年以后，人们会发现，特斯拉旗下的四款主力量产车型，最终组成了 SEXY（性感）组合（见图 5-20）。这是向世人宣告：电动车不仅是为了环保，它们本身也是性感的。改变世界是艰难的，商业竞争是残酷的，但马斯克在双脚陷入泥泞、拼命搏杀的过程中，依然不忘记耍酷。

然而，这个剧本在执行过程中遇到了麻烦。Model E 这个商标被福特汽车抢先一步拿到了。福特汽车在 20 世纪初发明了流水线，推出了改变汽车历史的 Model T，成为当时全球最强大、最先进的车企。他们觉得 Model E 和 Model T 的发音类似，可以被视为一种传承，所以他们计划将自己未来的战略电动车型命名为 Model E，原本计划于 2019 年推出，但目前来看已经胎死腹中。

图 5-20　特斯拉的"S3XY（SEXY）"产品阵容

马斯克没有大幅改变这个剧本，只是做了一些微调。他用 Model 3 这个名字代替了原本计划的 Model E，因为数字 3 进行镜像翻转后和 E 的造型很相似，而且数字 3 可以用三个横杠来表示，这与 E 的写法也相当接近。

SolarCity 发布会：打破常规、呼应主题

2016 年 10 月 28 日，马斯克亲自主持了 Solarcity 自其并购入特斯拉后的首场发布会。当天，投资人、媒体等相关人士被邀请到好莱坞附近一个的高档住宅区，放眼望去四处都是体面漂亮的住宅，发布会的舞台搭建得非常简陋，只有一块大屏幕和几十平方米的舞台，与国内三线城市新楼盘开盘典礼的布置水平相当。

马斯克上台以后，首先寒暄了几句 CO_2 排放带来的气候问题，然后就开始和大家聊电动车曾经遭遇的困难时光：曾经的电动车续航短、跑不快、长得丑，给人的印象就像一台高尔夫球车，自然不受欢迎。显然，后来出现的特斯拉对这些问题做了全面改善，市场认可度自然也大大提升。当然，此时此刻，马斯克抛出电动车话题是醉翁之意不在酒。他的目的其实是想说，发生在电动车上的，也有可能会发生在其他事物上，比如建筑屋顶的太阳能。

正当人们还在享受马斯克的寒暄，认为当天的新品发布内容尚未开始，突然间，他提醒现场观众："你们有没有注意到周围的这些房子呢？它们可全部都装上了太阳能设备噢。"

大多数人这才意识到，环绕舞台四周的不同住宅上，安装有颜色和造型风格不同的屋顶材料，居然全部都是具备太阳能设备的。没人提醒的话，从外表几乎无法看出。

几乎所有的发布会流程都是：来宾落位，主角登场，一通介绍，新品亮相，达到高潮。马斯克采用了反主流的手法：全新产品"未宣布、已发布"，把高潮前置，出其不意。这不仅是形式上的创新，更厉害的是与当晚新产品的主题融合在一起。很多观众起初并没有察觉到周围的房屋已经被改造成太阳能屋顶，被提醒了才恍然大悟，这恰好说明了这个新品的最大卖点：超高颜值和一体式设计！看起来就像是装有非太阳能高档材料的屋顶（见图 5-21）。

图 5-21　SolarCity 的太阳能屋顶
（来源：特斯拉官网视频截图）

传统的太阳能电池板放在豪宅屋顶上，需要先造好屋顶，后加装太阳能板。这样做是双道工序，成本高不说，还很不美观。两种完全不同风格的屋顶材料混合在一起，会拉低整个建筑的审美品位。

通过把太阳能电池板和屋顶材料整合在一起，SolaCity 在当天发布的创新产品 Solar Roof 提供了更理想的选择：让美学享受和节能环保无须取舍。

就当天发布会的主题而言，太阳能毕竟不是超级电动跑车，也不是能飞入宇宙的火箭，这个题材的情感冲击力实际上是有限的。谁会为参加一个太阳能产品的发布会而兴奋万分呢？但即使是这样的食材，马斯克也想尽办法把它变成最美味独特的菜。

顺便说一句，这个案例作为营销虽然很成功，但遗憾的是，被发布的创新产品，也就是那个漂亮太阳能屋顶，直到本书截稿时还没能真正推向市场，三年前马斯克在舞台上带着微笑发布的产品其实只是一个概念原型。品牌传播从来无法真正决定业务的成败。当业务的实力无法跟上营销的脚步时，最精彩的营销实际上只会沦为丑闻和笑料，为公司带来反面效果，好在外界的焦点绝大部分被特斯拉电动车吸走，没有多少人关注角落阴影中的 SolarCity。这不是马斯克第一次做类似的事情，本书中提到过，早年马斯克发布的特斯拉电动车快速换电技术，后来也没有真正走进现实。好在他推出了遍布各地的超级充电站，避免了他因为换电技术落空而遭遇口诛笔伐。

现在，马斯克对 SolarCity 业务已鲜有公开谈论，当年这场由他大力推行的"近亲结婚"究竟帮助特斯拉补上了闭环，还是背上了包袱，目前还无法定论。

4．兼职投资人

乔布斯的一生，虽然不只是创办了苹果公司并为之工作，但绝大多数人只会把乔布斯和苹果捆绑在一起。类似的，比尔·盖茨这个名字几乎是微软的保留品牌资产，和 Windows 一样重要。马斯克则完全不同，也许特斯拉和 SpaceX 是他目前为止最杰出的商业战绩，但很多人在谈及人工智能、超级高铁、交通运输、互联网金融和卫星通信时，也会想起伊隆·马斯克。

为什么会这样？仅仅是因为马斯克在推特上无所不谈吗？

按照时间顺序来看，马斯克创业主战场依次是 Zip2（已退出）、Paypal（已退出）、SpaceX、特斯拉。但实际上，他涉足的领域远远不止如此。

他投资了 SolarCity 太阳能公司，开展太阳能发电和能源储存两方面的业务，原本他只是担任这家公司的董事长，但在 2016 年他通过特斯拉收购了 SolarCity，组合成了"能源获取、储存、补充、消耗"的闭环。他发起了一家在利用太空近地卫星提供通信服务的 Starlink 公司，计划通过 SpaceX 的火箭，帮这家公司发射上万颗卫星，进而组建覆盖全球和地球附近宇宙空间的通信网络。关于这两家公司的情况，我们已经在前文中有所提及。而近年来，他开始把手伸向两大全新领域，一个是交通出行，另一个是人工智能。

马斯克对速度情有独钟。纵观马斯克过去二十多年的商业生涯，可以用一条主线来贯穿，那就是加速这个世界的流通。个体之间的交流主要存在两种方式：一种是虚拟的信息交流，如通过微信发送文字和图片，另一种则是通过实体世界的流通，如飞机、轮船、汽车、铁路。马斯克加速实体世界流通的尝试，首先体现在特斯拉和 SpaceX 身上，除此之外，还有 Hyperloop 超级高铁、The Boring Company 新型隧道等；在虚拟的信息交流方面，从他的早期生意 Zip2 地图信息导航、Paypal 互联网金融、Starlink 卫星通信，到投资人工智能公司 Deepmind（已退出），联合创办人工智能研究机构 OpenAI，再到创办 Neuralink 脑机接口公司，无不围绕这一主题。

超级高铁 Hyperloop

汽车交通特别发达的美国在高铁领域一直落后于日本、法国和中国。日本在 1964 年就开通了"新干线"——全世界第一个商业化运营的高速铁路；法国 TGV 高铁从 1981 年开始服役；中国不算是高铁方面的先行者，但凭借集成技术创新、人口规模的巨大优势和辽阔国土的交通需求，中国的高铁里程后来居上，突破了 32 万公里，位居世界之首，比日本及法国高一个数量级。美国加州终于在 2005 年通过了修建连接洛杉矶和旧金山两大都市的高铁计划。但马斯克对这个项目颇为失望，他觉得加州是全球科技和思想进步的重镇。

2012 年年初，马斯克和硅谷投资者 Shervin Pishevar 一起飞往古巴参加一次活动时，提起了自己在考虑的超级高铁，他称之为第五种交通工具。其产品概念基于磁悬浮、低真空管道和航空级气动设计列车的组合，不同于现存的全球四大主流交通方式：Rail（铁路）、Road（公路）、Water（水路）和 Air（空路）。马斯克给它起了一个酷酷的名字，叫作 Hyperloop，字面直译就是超级环道。

Pishevar 听完后很激动，问马斯克为何还不动手。马斯克说自己太忙了，但他正在考虑把这个想法开源，让其他有兴趣的人去完成。Pishevar 鼓动马斯克发表文章、详细分享想法，以便自己和别人可以把这个主意商业化。一年后的 8 月，马斯克发表了一篇长达 57 页的科学文章，详细描述了 Hyperloop 的可行设计、功能、运作原理、成本等关键点（见图 5-22）。马斯克认为，空气阻力和火车与轨道的摩擦是高铁速度无法进一步提升的最大制约，所以他想到需要创造一个近乎真空的管道环境，再结合磁悬浮技术，让车舱高速前进。它可建于地面高架路上，也可以建在地下隧道中。他还认为这一技术未来在火星上也能派上用场，因为火星的大气层只有地球的 1%，空气阻力要小很多，所以在火星上的 Hyperloop 无须创造低真空管道，制造方法会更简化。

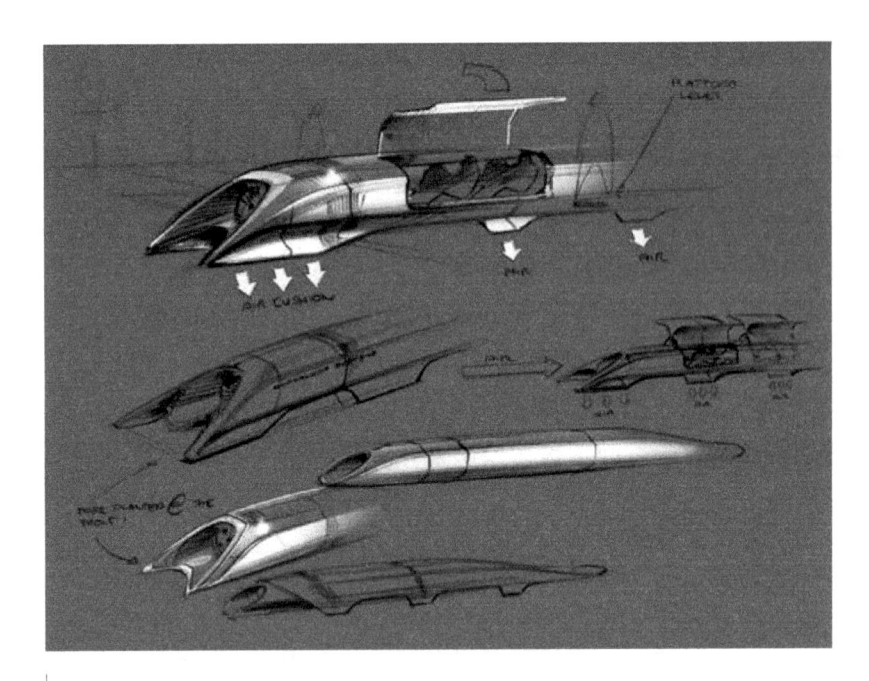

图 5-22　马斯克在 2013 发布的 Hyperloop 概念图

他希望通过开源 Hyperloop 的产品概念，引领更多人完善这个还是初级阶段的想法，把它变成现实。

从轨道交通的专业角度来看，马斯克提出的这个想法并非创新，与物理学家 Robert Goddart 在 20 世纪初提出的 Vactrain（真空火车）有雷同之处。但他成功发挥了自己的影响力，公开推广了这一产品概念，让更多人和风投开始关注这一领域。后来，在美国、欧洲、亚太等国家和地区都有 Hyperloop 概念的创始公司陆续成立，目标就是把马斯克提出的 Hyperloop 想法商业化，其中最出名的创始公司就是以维珍集团为股东的 Hyperloop One，成立于 2014 年，并且在 2017 年首次进行了在真空环境中对超级高铁技术的全面测试。在测试中，Hyperloop One 的超级高铁在位于内华达州的测试场地实现了 70 英里（113 公里）的时速。2019 年 7 月，马哈拉施特拉邦地区和 Hyperloop One 达成协议，预计在普纳和孟买之间建立世界上第一个 Hyperloop 系统。

对于 Hyperloop 这一概念，也有不少人持怀疑或否定的态度，特别是对成本控制的质疑。马斯克在发表的文章中表示，建造一个完整的从洛杉矶到旧金山的 Hyperloop 系统，估计需要耗资 60 亿美元，每公里成本不到加州高铁计划的五分之一。但很多专业人士认为，想建造一条长达几百公里的管道，维持近真空的条件，并能支撑上千公斤、以超音速前行的车舱，即使真的能实现，也绝不会便宜。马斯克报出的预算金额完全不合理，至少差了十倍。马斯克则认为，这些意见就像当年认为火箭不可能被回收复用一样。Hyperloop 也好，火箭回收也好，在物理层面上都存在可行性，而在实际操作过程中遇到的问题，包括成本、可靠性、技术，都是需要时间和努力去解决。他说那些不愿意尝试新技术的人，是在看"后视镜"，而要探索未来就必须直面前方，不停努力。

挖掘公司：The Boring Company

无论是一台法拉利跑车、特斯拉电动车，还是本田买菜车，都无法战胜交通拥堵。大型城市的地面交通资源极为稀缺，商业、住宅、停车场、道路互相争抢有限的空间，最终造成的结果就是：房子越来越高，开车越来越拥堵。当对地面资源的利用趋于极致，交通必然走向立体化，这一点不难理解，地铁和高架快速路的出现已经证明了这一趋势。关于未来，有两派观点——是更高的空中，还是更深的地下？

许多人投票给前者，这让一个新概念越来越火，它就是"飞行汽车"。中国民营车企吉利、德国戴姆勒奔驰、谷歌创始人拉里·佩奇都已投资了飞行汽车公司。但是马斯克公开表达了不同观点，他觉得飞行汽车属于一种"看起来很酷但并不切合实际"的东西，低空飞行时有巨大的噪声，如果意外坠落可能会成为城市安全的巨大隐患。

马斯克认为地下空间更有开发潜力，他提出了一种新型地下隧道交通系统，来缓解让人苦恼的城市交通问题。根据马斯克的设想，不管你是步行还是开车，只要你找到 Boring 公司的特别的滑板升降台，就可以用 1 美元的代价，乘坐 150 英里/小时的隧道滑板，飞速到达你想去的目的地。

大地吸收振动的能力惊人，不会带来噪声问题；人类向下挖掘的能力比向上建造的能力强很多，最深的钻井纪录（俄罗斯：12km；德国：9km；中国：7km）远远超过地球上最高的建筑物（沙特的哈利法塔：828m；中国的上海中心大厦：632m）。而且地下的隧道在理论上可以多层叠加，获得远高于高速公路的交通潜力。纯电驱动的车辆完美适合地下环境，高速前进的同时不会排出任何尾气。

这次马斯克不只是像对 Hyperloop 那样提出想法，而是于 2016 年成立了一家名叫 Boring 的公司来尝试改变隧道交通。地下隧道工程的一个巨大难点在于隧道的挖掘成本。在洛杉矶，每千米隧道花费 5 亿~7 亿美元；即使在基建规模和人力成本更有优势的中国，北京、上海的新建地铁每千米也需要 10 亿~15 亿元人民币。马斯克的目标是将目前的成本降低九成以上。他在一次做客 *TED Talk* 节目时，谈到了自己的解题思路。

/ 减小隧道直径

美国政府目前的法规要求单线隧道宽度不得低于 26 英尺（约 7.9 米），这个宽度大幅宽于列车的直径，因为预留了救护车辆的空间。马斯克计划将隧道的直径缩小一半以上，控制在 12 英尺，从而将挖掘面积降低到原本的 1/4 以内。而施工成本和挖掘面积是强相关的，因此这会是一个 4 倍以上的效率提升。

/ 升级挖掘机器

马斯克说，目前的隧道挖掘机器的工作速度太慢了，蜗牛在软土中挖掘的速度都比它快 14 倍。这种挖掘机器的基础技术是 50 年前的，就像一台老爷车。美国的大规模基础设施建设在几十年前就已经完成了，所以长期缺乏有效的需求和投资，技术停滞不前（是不是有些像马斯克开始进入航天工业之前的格局）。Boring 公司计划通过动力电气化、控制自动化，将动力提升 200%，来大幅提高隧道挖掘的速度。此外，目前挖掘工作的方式是，先花 50% 的时间挖掘，再花 50% 的时间做隧道加固。如果能优化设计，让机器能够边挖掘边加固，效率就能提升一倍。

显然，马斯克提出的设想再次让人瞠目结舌，同时也引发了诸多的疑问。很多人非常怀疑这个项目在经济和技术上是否具有足够的可行性。他们的看法可以被归纳为以下几点：

一是隧道内的行驶不是难题，难题在于如何将车辆和行人接入新型隧道？

如果采用Boring公司公布的视频中的设计，车和人都需要从地面的公路上搭乘电梯进入地下。那么在高峰期是否会形成新的拥堵，并且降低地面的交通效率？用小型电梯往复接送的话，运力能保证吗？

二是多层隧道如何换乘？点对点直达可否实现？

叠加后的多层隧道互相之间能否实现换乘？新隧道相对于传统公交或者地铁的一个优点，被认为是点对点的高效直达。但如果设置很多的隧道入口，会给隧道内的交通带来很大的考验。在没有地下站台也没有地上站台的情况下，如何解决反复启动和停靠的问题？从不同入口进入的车辆或者座舱是否会互相干扰？

三是挖掘效率和成本控制。

要实现这个宏伟的挖掘计划，还要把将来乘客的车票票价控制在合理水平，关键在于提高挖掘效率。目前Boring公司通过购买二手挖掘机开展挖掘测试，并尝试积累经验，为后续自主研发创新机器做准备。但一些该领域的专业人士认为，技术突破是有可能的，但想在短期内把成本优化十倍，并不现实。

交通行业目前不允许隧道直径太窄，原因之一是预留救护、维修车辆的空间。如果马斯克想让隧道大幅变窄，仅容纳单车通行，他就需要另外考虑维护和救援的问题。这么窄的车道，如果有一台车抛锚了，该怎么办？

尽管有这样、那样的质疑，马斯克的隧道已经在质疑声中破土向前。2019年6月，一段视频在Youtube上获得了百万次浏览量，Model

3 在 Autopilot 自动驾驶辅助状态下，以 187km/h 的超高速度通过 SpaceX 总部附近的一段总长 3 千米的测试隧道。[1]

显然人类难以在狭窄的隧道内做到高速的安全驾驶，出于安全考虑在隧道里必须开启 Autopilot 自动驾驶辅助功能。这还只是早期测试，未来会进一步提升速度。由此也可看出，特斯拉的 Autopilot 自动驾驶辅助技术与 Boring 公司的新型隧道已经组成了一对互相配合的新搭档。

另外，Boring 公司在加紧研发新型的挖掘机，研发设计已经迭代了两轮，于 2019 年开始生产新型挖掘机，其速度将比传统挖掘机提升 15 倍。这款机器采用了电驱动，因此动力性能会提升至传统挖掘机的 3 倍，由特斯拉的电池组提供能量来源，所以无须在隧道工地中布置电线。

除了研发和测试方面的进展，公司还在洛杉矶、芝加哥、华盛顿、拉斯维加斯等地同时竞争大型基建项目，但目前来看，说服社会和政府接受尝试新生事物的阻力是巨大的，目前比较有可能的突破点就是赌城会议中心附近的隧道工程，价值 4870 万美元，它有可能成为 Boring 公司在商业化进程上的"从 0 到 1"，另一个曾经受到媒体关注的芝加哥项目，由于政府支持者的离任，似乎已渐行渐远。

理智的人不难看出，尝试颠覆隧道工程是非常困难的生意，即使在人口众多、密度超高的中国大城市，地铁也基本是赔本的，需要政府不断补贴维持。因此，Boring 公司的融资之路颇为艰难，在 2018 年 4 月宣布获得首笔 1.13 亿美元的融资。通常创业公司的钱主要面向风投募集，但这笔融资的 90% 由马斯克个人投入，其他部分来自公司内部成员。直到 2019 年 7 月，公司才进行了首次外部融资，用 13% 的股权换来了 1.2 亿美元。

垂直起降的电动飞机

除了想革新地上和地下的交通工具，马斯克对天上飞的交通系统也

---

1. https://www.zhihu.com/zvideo/1198554036687839232.

动过念头。他有过两个主意，但都没有进入实施阶段。

作为一家电动车公司以及一家火箭公司的创始人，如果马斯克把这两个业务中的一些关键拼凑起来，就是电动飞机。在媒体采访中，他曾多次透露过自己对这个想法的兴趣。他更曾与两位"大咖"好友——谷歌的创始人谢尔盖·布林和拉里·佩奇一起做过头脑风暴。三人都认为，随着电池技术越来越成熟，交通工具电动化是必然的，而一个潜在的商机就是能垂直起降的电动飞机。

电动飞机的好处有一大堆：

更安静，这非常重要；

如果能做到垂直起降，就不需要跑道，可以在城市中心起落，对乘机人来说方便太多；

更"绿色"，没有燃料或废气的气味，符合现今的政治大风向；

大幅减少震动，乘坐更舒适；

操作更简单，不用担心动力因高度上升而损失；

更低的运营成本，充电的费用会比燃料便宜不少；航空公司的燃料成本约占总运营费用的 40%～50%，比全体民航员工的人力成本（占总运营费用的 15%～20%）高得多。

关键的阻碍只有一个，就像我们在第 2 章讨论电动车时谈到的，电池在"拖后腿"。与电动车颇为类似，在电动飞机发展的早期，续航有限和飞行时间短，将是它最大的弱点。

直到目前，马斯克都没进一步实施、推进这一想法。他说过："很希望有人去研究这个领域，并在不久的未来造出这种酷炫的飞机来。如果没人做这事，那我很有可能会在未来（有更多时间的时候）成立一家公司，去推进此事。"（见图 5-23）

> Ninja @Ninja · Jun 30, 2019
> Is it possible for planes to fly off of a battery? Or is there not a powerful enough battery yet?
>
> Elon Musk
> @elonmusk
>
> Yes, but still a bit too limited on range. That will change in coming years as battery energy density improves.
>
> ♡ 120K 7:41 AM - Jun 30, 2019
>
> 💬 5,675 people are talking about this

图 5-23　马斯克回复网友电动飞机的可能性

亚轨道飞行器

除了电动飞机，马斯克还有一个更夸张的飞行器想法。在 SpaceX 于 2017 年 10 月召开的发布会上，他介绍了如何把火箭改为一架亚轨道飞行器，在一小时内从地球的任意一点飞到另一点。比如，从纽约到上海，只需 39 分钟！亚轨道飞行器的原理和洲际导弹类似，乘客从发射台登上火箭，然后火箭高速飞出地球大气，在亚轨道飞行。因为没有空气阻力，所以会比一般的飞机快很多，而且让旅途的大部分时间内不受颠簸和噪声困扰，最后火箭重入地球，穿过大气层并垂直降落在目的地。

自从协和号后，航空界就再也没出现过速度让人震惊的载客飞机了。这样的洲际火箭航班真的有市场吗？马斯克在发布会上没有透露具体票价，但毫无疑问必是天价。这样的极致服务必将面对具有顶级财富的人群，可以想象的是，这群人最不缺的就是钱，最缺的东西之一是时间。如果能帮他们把地球上任意两点之间的交通时间控制在一小时内，顺便去亚轨道给太空拍个照，他们还真的有可能为此埋单。事实上，马斯克不是唯一一个对亚轨道飞行感兴趣的企业家，维珍集团的创始人理查德·布兰森，亚马逊的创始人杰夫·贝佐斯，都在这方面暗暗发力。

与 Boring 公司的地下计划相比，亚轨道飞行显得很不现实。但有一点可以看到，3D 地下隧道网络、"超级高铁"Hyperloop、超声速飞机及亚轨道飞行器,马斯克似乎很喜欢思考交通出行领域的问题。交通的变革会让两个重要概念的定义发生改变:时间和距离。假如有一天,无论是同城旅行、城际交通还是国际长途,人的移动能在一个小时之内完成,那么这个世界真的会和今天大不一样。

脑机接口 Neuralink

2000年,PC互联网开始崛起,人类第一次开始普及一种具有强大的通信、交互、计算等综合能力的智能终端。

2010年,移动互联网崭露头角,这次唱主角的是智能手机。它最大的本事就是:比PC要小巧很多。

2020年,物联网成为商业杂志和创业者热议的高频词汇。中国工程院院士、阿里巴巴集团的王坚博士不厌其烦地对外普及"万物互联"的概念。事实上,截至2019年6月,雷军已经把1.96亿台设备连接在了小米物联网平台上。

接下来轮到什么呢?马斯克选择了人类,他要把血肉之躯也接入数字世界。

为此,马斯克组建了一家名叫Neuralink的公司,想通过一种叫"Neural Lace"(有人将它翻译为"脑机接口")的方式来实现目标。他把Neural Lace及其附加功能称为"数字第三层"。目前的人类大脑主要分为两层——动物性的边缘系统(limbic system)是大脑的第一层,第二层是高级的大脑皮层(cortex)。Neural Lace将作为第三层,为其他两层提供补充。

"数字第三层"可以让你的大脑与数字互联网及任何装有类似接口的人类大脑进行高效的无线沟通。在它的支持下,你和外界之间的信息交流将会变得轻而易举,就像你在头脑中进行思考一样。比如,现在我想知道"SpaceX"是什么,需要用手指在计算机键盘上敲打或在手机上输入,上网搜索。但有了植入脑内的"数字第三层"后,我的大脑会立刻访问互联网,搜索关于SpaceX的相关信息,似乎这些信息原本就在自己脑袋里装着一样。"数字第三层"相当于在人类大脑中植入了互联网数字通信能力。在它的支持下，人类将可以兼具人脑和"电脑"。

你可能会觉得上面谈到的"数字第三层"、人脑和"电脑"结合是天方夜谭。但马斯克的观点是：某种程度上，我们已经有了"数字第三层"，就是计算机、手机、耳机和各种应用程序。当你心里有疑问，用网络搜索很快就能得到答案；我们可以搜索想看的任何书或者音乐；用电子表格完成惊人的数据计算；与地球另一端的人开启视频聊天……比起古人，今天的人类已经是数字时代的人类了，我们拥有与 20 年前的人类完全不同的生活方式。

今天的年轻人无法再与手机分离，哪怕只是一天。实际上，人们已经和手机、计算机、软件应用这些东西合体了。有人会说，手机、计算机、软件都不是"人类自己的一部分"，只是身外之物，依然只是人类的工具，就像钢笔、桌子和台灯一样，没有区别。但我们是否会为远离钢笔、桌子、台灯而痛苦？是否会每天长时间依赖这些工具？答案是不会的。

Neuralink 想达成的目标难度极大。那么马斯克为何要做这件事呢？这需要从人类社会谈起。

人类个体的智慧十分有限，但人类社会智慧的总和却极为庞大。这是由于人类具备不断吸收、存储、传播知识并分析思考的能力，这也是人类领先于地球上其他物种的关键之一。

◎ 人类首先发明了语言，继而拥有了自己的文字

语言极大地提高了传播的效率，在此之前人们无法把自己的想法精准而高效地分享给外界。而文字让知识得以保存，实现跨越个体、国家、时代的传播。

◎ 印刷、造纸、马车等陆续发明

印刷和造纸在今天是再平常不过的事情。但试想一下没有它们的时候，人类想要大面积传播知识还是非常困难的。因为成本实在太高。马车加速的是物流和人类的出行，同时也大幅促进了信息传播。

◎工业革命、电力普及和互联网

互联网促进信息传播达到了前所未有的效率和广度，让信息的复制和传播接近免费。但实际上在此之前，工业革命和电力的普及意义也十分巨大。工业革命让机器把人类从繁重的体力劳动中解脱出来，从而可以更加专注于创造、吸收及传输知识和信息。电则让机器更加高效，能源补充更加迅速，这些都促进了信息传播，同时为互联网的发明奠定了基础。

在人类历史相当漫长的时期里，我们从不认为人类本身会成为信息传播的瓶颈。但那一天也许越来越接近了。在地球人口相对稳定的情况下，我们可以认为所有人脑的带宽之和是相对稳定的，但显然整个社会创造的总信息量正在呈几何指数式增长。今天新生代的人类儿童远比古人更早接触数字游戏、智能手机和编程机器人，我们发明了互联网、电子邮箱、智能手机等前人难以想象的超级工具来提升信息传递和积累的效率，但就人类的肉体本身，我们始终在采用相当原始的方式完成信息交互——用眼睛和耳朵作为主要的信息输入接口，用手指和嘴巴作为主要的信息输出接口。面向未来，假如我们始终不升级本体的接口，一味在外部工具上做文章，瓶颈效应也许会越来越明显——外面的信息世界正在无限膨胀，而你的身体器官只是一条拓宽过的"华容道"。

除了信息传播的增强，另一条人类进步的主线是对工具的运用。虽然人类自身力量有限，但我们善于创造新工具来辅助自己。随着时间推移，这些工具越来越强大，开始部分"替代"我们的手和脚，继而是嘴巴、眼睛甚至大脑。今天的智能手机、手表、无线耳机已经在事实上代表了人类的外部肢体，而且趋势还在继续。比如，汽车行业正在全力向自动驾驶迈进，这种工具一旦被发明，它将更充分地替代人类的腿脚。

许多科学家、企业家都在警示：未来可能会存在一种具有强人工智能的机器，它们在许多方面都比人类更加强大，最终会跳出我们的掌控，按照它们自己的独立意识行事。尽管这些惊悚的预测似乎距离今天还很遥远，但趋势对人类并不算有利：因为人类作为一种生物物种，存在明显的边界。

未来人类看 Neuralink 的"脑机结合",或许就像今天的人类看待整容或者文身手术。

通过生物人类和智能机器的优势整合,人类将升级成智能超级人类,不仅具备生物人类的属性,还能实时从互联网调用信息、调用高级人工智能程序帮助分析和解决问题。当人类与互联网、人工智能深度混合的时候,人类才能从根本上更加熟悉人工智能、更好地与人工智能合作。这样的新人类在人工智能纪元到来后,才不会那么脆弱。

当然,罗马不可能一天建成,罗马始于第一块砖。从第一天就抛出震撼的商业愿景,是伊隆·马斯克百试不爽的公关技巧。但他同时是非常务实的玩家,无论是特斯拉、SpaceX、Boring 公司,还是 Neuralink,他的团队一向懂得——欲成大业者,先从"小事"做起!特斯拉的"小事"是先造一款年产量不超过 500 台的小众全电跑车,SpaceX 的"小事"就是先制造出一个具备卫星发射能力的火箭,尽管它的终极目标是帮助人类移民火星。

和这两家公司非常类似,Neuralink 的"小事"其实也不小,但至少说出来不会那么惊人。马斯克说:"我们的目标是用 4 年左右的时间,先推出一些产品来帮助那些大脑严重受损的病人。"比如,有一些中风或者做过癌症手术的病人大脑会丧失部分认知能力,Neuralink 的目标就是为这些人提供一条从运动皮层到基层被激发处的神经分流管。让那些记不住自己孩子名字的人能增强脑力,保持记忆功能。

医疗是人类付费意愿最强的场景之一,尤其是脑部的医疗服务,因为人人都渴望长寿并保持自主的意识。将脑机技术应用在医疗领域,能为公司带来收益,从而让研发工作具备可持续性。马斯克希望在未来的 8～10 年,推进医疗领域之外的脑机接口业务。但他自己也承认,这将取决于"政府监管和审批,以及先期实践的工作情况"。考虑到"硅谷钢铁侠"一向乐观的宣传风格,我们也许不必期待这一天会那么快到来,但 Nearalink 的商业化路径是清晰的:先让脑机结合技术在医疗领域完成应用突破,再进军非医疗领域。

与这件事的巨大挑战相比,SpaceX 的火箭发射就像是家常便饭。

受访专家告诉我们：这个工作中很重要的一点，就是提升大脑生成、接收和记录神经元信号的效率。通俗来讲，就是要提升"脑信息"输入/输出的效率，马斯克把这称为"提升大脑的带宽"。效率能否提升取决于两个维度：规模和分辨率。

规模：我们一次最多能覆盖多少个神经元？

分辨率：信息输入和输出的分辨率，包括空间上的（能否精细地记录每个神经元的刺激触发情况）和时间上的（能否实时记录神经元发出的信号，而不是隔了几秒甚至几分钟才返回信号）。

如果把人脑看作一个世界，单个神经元就像单个街道地址。我们对大脑的覆盖能力，可被类比为一套地图软件。地图是否足够强大，取决于它能否覆盖足够大的街道区域，最好能覆盖整个地球的每一个角落；它还取决于，当你放大特定街区时，它的像素是极高的、极准确的，而且是实时快速反馈的，这就让我们放心地用它进行导航，探索这个现实世界。神经科学家想要做到的，就是为大脑世界打造出一个完善的地图，帮助人类更好地掌握这个如今我们知之甚少的世界。当然，要捕捉、记录神经元的信号，比用卫星给地球拍照要难很多。神经元极其微小（人脑中的神经元大约有 860 亿个），结构和功能又很复杂，而且不同的人的神经元网络还不一样。不仅如此，地球的表面虽然有高山大海，但整体还是比较平坦的，而我们的大脑不是一张平滑的纸，而是充满了弯曲和褶皱，大部分的神经元都藏在褶皱当中。现在神经学家已经采用了不少技术来进行人脑交互，但各有优点和局限，并没有合适的技术能够做到穿透性强、覆盖面广，同时记录的分辨率还足够精细。现在不少科学家在努力尝试的，是通过跨界、融合不同流派的技术去挑战新的极限。如采用光声成像技术——光的精准性更强、但穿透性很弱；声则恰好相反——通过两者的融合来做到效果的最大化。Neuralink 团队的目标是同时清晰地记录一百万个神经元。而现阶段，人类的极限水平是一次能够测量大约 500 个神经元。现实和目标差了三个数量级，这显示了人类在脑机结合领域的技术探索还处于婴儿期，Neuralink 和整个业界任重道远。

马斯克说过，他不想用手术等传统方式来实现脑机接口，要采用一些更聪明的办法，如"无创注射"。这样显然有利于推广这项技术——因为最有勇气的战士，恐怕也不愿意在自己的头颅上开刀或者连接一些机器，看上去像是电影《金刚狼》里才会出现的情节。Neuralink 设想将一种硅颗粒注射到人的血液当中，随着血液循环进入大脑，从而形成"脑机接口"。

具体来说，可以这样理解：

神经元每时每刻都消耗着大量能量，需要持续补充新鲜的氧气。这些氧气是通过血液循环来到大脑的。因此从理论上来看，如果我们把想带到神经元中的东西注入血液，它们就会随着血液循环路过大脑里的各个神经元。

被注射到血液中的硅颗粒经过了特殊的设计。这是一种纳米级别的物质，当它经血液传输到大脑中，会依附在大量神经元上，形成一种电极排成"神经织网"（Neural Lace）。

Neuralink 还会研制一种无线设备，它能够与脑内的神经织网进行无线通信，从而在人脑和机器之间传输数据。同时，它还能为脑内的神经织网进行无线充电。

显然，这个操作手法和汤姆·克鲁斯在系列电影 Mission Impossible 里的任务难度是一个级别的。"血液传输＋无线通信"的脑机接口？与马斯克其他的宏大计划类似，它遭遇了不少来自行业专家的强烈质疑。

专家们普遍认为，人类对大脑的认识还非常肤浅，大脑的复杂性远远超过人类制造过的最复杂的建筑或者机器，这不是可以用火箭和汽车工程来对比的话题。哈佛的生物学教授 Jeff Lichtman 说："如果用 1 英里的路来代表我们完全搞懂了大脑的构造和功能，我们大约只在这段路上走了 3 英尺远。"

我们就此采访了居住在巴黎的神经科学博士 Marc，他向我们解释了马斯克想要做的事情有多难，"大脑是人体内被保护得最好的器官，这是长期自然选择的结果。人类不仅有坚硬的头颅保护大脑，还有一道神奇的血脑屏障——在血管和脑之间，阻止有害物质从血液进入大脑。Neuralink 的计划要想成功，就必须成功'骗'过血脑障碍，让大量的体外物质（即上文提到的硅颗粒）涌入大脑，然后还必须乖乖地、准确地、稳定地依附在神经元上形成神经织网。这个挑战绝对属于不可能实现的级别，它需要彻底突破人类在几千年进化中形成的生物保护"。

此外，人体的一些病变可能导致大脑中的毛细血管阻塞，进而缺氧甚至危及生命。生病尚且可能造成这样的后果，更不要说有许多外部不明物质侵入大脑内部了，后果可能不堪设想。生物融合会有很大的不确定性，人体大脑会不会容忍外来物质依附在神经元周围，彼此能否长期的安全共存？这些外来物质会不会逐渐流失？当外来物质被体外的无线设备进行无线充电、数据传输，是否会让大脑不堪重负？态度谨慎的专家普遍认为这不会是用几年甚至十几年可以突破的问题，在应用前需要大量的测试验证工作。

但也有人支持马斯克的这一行动。这派观点普遍认为，有马斯克和一群顶级技术精英一同探索脑机接口的可行性，会加速对这一技术领域的突破。Neuralink 的"脑机接口"概念听上去无疑比实验室里的"研究神经元是如何传递信息的"更有吸引力，更有想象空间，更容易融资！同时，马斯克的造势能力能让脑机接口站在硅谷创新舞池的中央区域。风投闻风而至——这是人脑和神经科学等领域的科学工作者在过去很多年从未遇到过的事情，资金和人才的聚集可能会导致更快的进步。

人类很难等到事情被 100% 搞清楚再出手。人的天性似乎就是如此：在漫长的进化中，我们时常面对的情况就是只能模糊地看见前方的道路，但大部分视野被黑暗和迷雾充满。少数人克服了畏惧，继续往前冲。无论等待他们的是什么，人类都因此向前踏进了一步。

最懂行的门外汉

像马斯克这样的人，在西方被称为"The Smartest Outsider（最懂行的门外汉）"。聚焦于某个领域的资深专业人士固然扮演了社会运转的基石，但我们也不该忽视门外汉的价值。当门外汉闯入他感兴趣的新领域并进行快速学习之后，有可能让自己原有的宽广知识体系与新领域发生跨界的化学反应。

马斯克在打造 SpaceX 和特斯拉的过程当中，确实不是一流的火箭和汽车专家，但他为这些行业带来的最宝贵的东西，并不是技术革命或者更精湛的制造工艺，而是引入了新的思想——来自互联网领域、消费电子行业的知识经验和初创公司的经营方式。抱着"无知者无畏"的精神，反而打造了独具魅力的两家顶级企业。

这种由门外汉变革行业格局的现象，不仅仅发生在马斯克一个人身上，实际上这也可以说是一种商业规律。在一个行业发生剧烈变革的窗口期，那些拥有最深厚积累的老师傅，往往并不是新浪潮的缔造者，这是典型的成功者陷阱。

马斯克在打造 SpaceX 之前对太空知之甚少，张一鸣在创办如今国内最大的媒体内容平台今日头条之前，是一名不和新闻媒体行业打交道的程序员；当传统汽车杂志依旧执行精致的图片和两周一期的节奏时，年轻的只有高中学历的 IT 爱好者李想，用快速更新、大白话写作、八股文套路和 Excel 车型数据库，把汽车媒体内容搬上了互联网的工业化流水线。

与业内人士的固有认知截然不同，某种程度上，"门外汉"背景反而会成为创新者的一种优势，让他们可以跳出"盒子"去思考问题，敢于质疑和打破常规，可以不受旧体系的包袱所制约，从零开始铺设新事业的地板。

左手创业、右手投资

创业和投资都是对人的能力和投入度要求很高的领域，这不是"朝九晚五"就能做好的工作。有一些杰出的创业者后来转身变成了投资人，去发现和扶持新的创业者，如 Pete Thiel 和徐小平；还有少数人敢于兼顾这两种身份并切换自如的，美国有马斯克，国内有雷军，他们选择能者多劳。

2002年是马斯克商业生涯的分水岭，在结束了前两次创业并陆续退出之后，他跻身亿万富翁行列。从这一刻往后，我们可以看到他逐渐展现出与以往完全不同的风格，一名单纯的创业者被赋予创业、投资双重属性：

吸取了前两次创业过程中丧失主导权的教训，要牢牢掌握企业的控制权；

多线程工作，同时推进两个大型创业项目（特斯拉和SpaceX）；

边创业边做股权投资，布局了太阳能、轨道交通和人工智能等不同领域；

重视营销，在企业营销之外，还塑造了强大的个人品牌。

他用卖出Paypal的收益首先创办了SpaceX、投资了特斯拉和SolarCity。之后，他又陆续投资过DeepMind、The Boring Company、Neuralink等不同领域的企业。今天被大家广泛认为由马斯克创办的特斯拉，其实马斯克最初也只是扮演了重要的投资人角色。只是在作为董事长和大股东一段时间之后，马斯克选择走向前台接管。

那么，创业和投资两不误的马斯克，与典型的创业者相比到底有怎样的区别呢？

实际上，创业者和投资人是两种完全不同的职业，它们各自需要的能力特质和职业要求非常不同。一名优秀的投资人，往往有较为宽阔的视野、精准的宏观分析能力、强大的资源整合能力，这是因为他们阅人无数、看过不同行业的项目，一旦选中投资对象，他们还会利用自己长期积累的人脉和资源，去帮助被投资对象更好地整合资源、快速成长。但投资人往往更关注宏观和战略，较少触及微观和执行；视野经常横跨诸多领域，却不会在某个单点做数十年如一日的聚焦。总体来说，投资人更像一名拥有全面阅历、见多识广的体育教练，他能指导别人比赛，但自己很可能没有踏进高水平赛场的能力。创业者则更像上场的运动员，他们往往扎根在某个特定的细分行业，连续多年奋斗、经历过这个行业兴衰周期的洗礼，在这个行业里，他们具备远高于一般从业者的直觉、专业度、人脉积累和深刻理解。

从马斯克的身上，我们可以明显看到投资人特质带给他的积极影响，让他不完全像一名典型的创业者。

/ 拉融资

马斯克非常善于描绘激动人心的商业愿景，促使风投慷慨解囊。马斯克把特斯拉讲述成了一个能源公司、科技公司、互联网公司，唯独不是汽车公司。这些概念对投资人来说更新奇、更有想象力，估值可以更高。马斯克自己就在做投资人，非常清楚投资人的心态，这让他在作为创业者时，更容易了解"牌桌对面"的想法，讲述一个对方爱听的故事。

用明天的伟大可能获取资金，从今天开始做事，原本就是风险投资存在的本质所在。马斯克是精通这种循环的大师，他一轮轮成功的造势，总能让资本相继涌入风险极高、投资周期漫长、回报率高度不确定的领域：电动车、太空探索、太阳能、新型轨道交通、脑机接口等。如果我们站在人类文明的角度，而非单纯考虑投资的成功或者失败，马斯克的出现，实际上代表着冒险精神：面对未知的未来，依然选择前进。

/ 选赛道

许多创业者对自己的领域过于专注，而不容易发现新的商机。在互联网时代之前，这个现象更加明显，背后的原因是信息传递太慢导致行业壁垒过高。在很多创业成功的家族企业，坚守主业变成了天经地义的祖训。

投资人在这一问题上天然与创业者不同，因为他们不会深陷在任何一个领域，他们始终保持灵活观察和自由思考，寻找新的商机。在商业世界里，如果两个一样出色的创业者进入了不同的赛道，他们最终的成功程度有时候更多地是由赛道宽度本身所决定的。雷军一直以兼顾投资、创业而闻名，他创办的金山软件是这个领域的本土顶级公司，但让雷军变成"雷布斯"是因为小米。虽然毫无硬件制造的经验，但他敏锐地观察到了传统手机迈向智能手机的变革窗口，这让他得以创办小米，切入手机行业，这是一个绝佳的宽阔赛道。他还比其他同行更早看到了物联网技术在家用消费品场景的应用潜力，2020年的人们已经不会怀疑物联网和家用电器之间的联系了，但在数年之前、其他手机厂商把精力都放在扩大手机销量时，只有小米对这一领域做了更有预见性的默默投入。这正是优秀投资人所具备的素质：广泛的观察能力、挑选优质项目、迅速开始行动。这也正是马斯克展现出来的，他非常善于挖掘和挑选富有价值的新题材，对各种优质题材分别投资，就像他对 The Boring Company、Deep Mind 和 Neuralink 所做的。对少数特别有前途的，他会亲自重点培养，如 SpaceX 和特斯拉。

/ 整合资源

看到有一棵参天大树拦在道路中央，挡住了路，立刻回家去拿斧子，脱掉上衣，在一天之内把树砍倒，让道路恢复功能。积极动手解决问题，而非坐在那里当评论家，这是难得的创业者精神。看到同样一棵树，立刻回家去找一个壮汉来砍树，答应事成之后给他 100 元钱，再找一个木材店老板，许诺卖给他一批木材，收费 200 元，让他当天来运走，这叫资源整合。

许多经典的创业者也会整合资源，但他们的基因决定了他们更习惯脚踏实地，更相信自力更生。投资人往往拥有不同领域的经验和人脉，涉足甚广但不会在特定领域扎根太深，而且投资人非常在意回报率和回报周期，希望在短时间内尽快做大和赚钱。这样的职业特点决定了他们有整合资源的本能，他们善于看到不同行业、事物和人才之间的连接点，在其中牵线搭桥。许多创业者在公司融资时希望有优质的战略投资者入局，就是看中他们不仅能出钱，更能帮助企业提供钱之外的宝贵资源。这些事情是大多数创业者并不擅长的，因为他们总是集中精力专注于自身业务发展的具体问题。

每当马斯克开启一项新的事业，他很善于帮助这个新事业去整合各个方面的资源。虽然他有"硅谷钢铁侠"的美誉，但他并不真的是超级英雄。关于他如何招募人才，我们已经在上一章里做了介绍。除了人才，他还擅长整合各路资源。有时候这种整合直接来自自己的体系之内，如 Boring 公司和 SpaceX 都会使用特斯拉的电池，Boring 公司的隧道也被他视为未来 SpaceX 登陆火星后的地面交通方案。也有许多来自外部的资源整合，如他会为特斯拉低价收购丰田的旧工厂，为一个缺钱、缺工厂的初创公司扩大规模筑牢根基；他还努力争取了来自中国政府和银行的支持，让特斯拉得以在上海制造，并且免去了旗下所有产品的购置税；他为 SolarCity 的生意和澳大利亚南澳州州长互动，他为 SpaceX 更是广泛争取到了来自 NASA、美国政府和军方各方面的资源协同。如果没有这种非同寻常的整合资源的能力，特斯拉、SpaceX 这些公司的发展有可能会很扎实，但肯定没法像今天我们看到的这样迅速。

当然，创业和投资一肩挑也会不可避免地带来一些副作用。

创业，特别是在一个非常艰难的赛道创业，通常要求你以 120% 的全身心投入，因为你的对手们往往也十分强大并且极度敬业。但马斯克毕竟把精力和资本分散在了太多的公司和不同领域当中，而且经常"在并不熟悉的河流中游泳"，这是特斯拉和 SpaceX 们始终需要面对的不安定因素。马斯克公开表示巴菲特的"护城河"理论已经过时了，科技创新让行业边界变得不再那么有意义。但当我们看到 Model 3 的生产，就会理解什么是汽车制造业的护城河。这条河差点让特斯拉死亡。这会是一种合理的假设：如果马斯克能够全职专注于其中某一家公司，事情会不会变得更好呢？

此外，对于像马斯克这样同时持有多家企业的创业人，一个高危地带就是如何处理这些企业之间的关系。当他执意用特斯拉收购 SolarCity 时，就已经被批评这是伤害特斯拉股东利益的关联交易。当他作为联合创始人发起人工智能研究机构 Open AI 后，却把这家机构的顶级科学家 Andrej Karpathy 挖角到了特斯拉负责自动驾驶研发，最终被迫从 Open AI 董事会辞职。

由于投资这个行业的特性，许多善于投资的人都容易陷入这样的思维特点：爱做加法，不爱聚焦，精力和资源分散，重视短期利益，找到阶段性获利的窗口比为十年后的生意奠定根基更加重要，不会具备单一企业有赌掉一切、生死与共的心态。这对于投资来说，无可厚非，但对于企业家来说，很多时候减法比加法更重要，长远价值比短期利益更重要，企业文化比账面数字有意义得多。在这种价值判断上的特质冲突，是投资人和创业者真正的"楚河汉界"。这也解释了为何这构成了两种职业，多数企业家并不会扮演兼职的投资人。

最后一个问题，那么马斯克到底是更像投资人还是更像一名创业者呢？总体来看，创业者依然是马斯克的第一属性，投资只是其次。他已经分别陪伴特斯拉和 SpaceX 长达 16 年以上，这不像投资人作风；每当企业融资困难或者遭遇生死存亡的危机，他常常赌上自己的财富来帮助企业延续生命，这不像投资人的作风；他对 SpaceX 和特斯拉的业务核心施加了强烈的个人影响，对业务的介入具体深入，这更不像投资人的作风。他职业生涯中两次重大的项目退出变现（Zip2 和 Paypal），确实让他赚了很多钱，但这两次都有些被动，实际上是因为他在管理权丢失后被新的权力核心踢出了局。他自己并不是一个喜欢弃船离开的船长。从事实来看，他不是追求短期利益的人，不是资产价格波动的玩家，他是一名真正的创业者。

用一个人的名字赋能一个商业帝国

当人们提起乔布斯，就会想到苹果，只有少数铁杆粉丝还会想到制作了《玩具总动员》的皮克斯。当人们提起比尔·盖茨，就会想到微软，也许少数铁杆粉丝还会想到他的慈善基金会。当人们提起任正非，答案只会有一个，那就是华为。

作为社交时代的新一代企业家，马斯克和老派前辈们的风格颇为不同。乔布斯把苹果打造成了伟大的品牌，比尔·盖茨让全世界用上了 Windows，但马斯克最伟大的品牌塑造不是特斯拉电动车，不是 SpaceX 火箭，而是他自己——活生生的"硅谷钢铁侠"。他开创了一种超级个人品牌模式，用来辐射自己手里的整个商业帝国，包括今天的事业和未来的版图。

实际上，马斯克的这种打法并非没有先例，英国商业巨头理查德·布兰森（Richard Branson）与他的做派颇为类似。出道时年仅 20 岁的布兰森，从 20 世纪 70 年代初开始创办英国维珍集团，起初只是不起眼的唱片邮购业务。但现在的维珍品牌已经涵盖了超过 200 家、横跨各行各业的公司：维珍音乐、维珍可乐、维珍婚纱、维珍伏特加、维珍服饰，以及步 SpaceX 后尘的维珍航空。

与许多巨型商业集团不同的是，维珍旗下的公司大多独立运营并拥有不同的控股股东，品牌一致但股东分散。布兰森最大的贡献就是打造出充满其个人痕迹的"维珍"品牌，再用这个品牌去赋能整个维珍商业集团。马斯克的品牌输出像是布兰森模式的升级版，他打造了一个更纯粹的个人品牌，而非机构品牌；他对于旗下业务的控制力更牢固，而不是简单的品牌输出；他对业务的选择也更加有取舍，目前马斯克出手的所有业务都落子尖端科技领域，与他的"硅谷钢铁侠"人设交相辉映。

马斯克几乎把所有的精力常年放在特斯拉和SpaceX这两家公司——他当然需要这么做，火箭工程和车辆工程都是极为复杂艰难的领域。但他还是成功地让外界感到，是他开创或者参与创办了The Boring Company、开创了Neuralink、Starlink等新业务。

这些新业务往往都是产业极不成熟、研发难度大、投资投入需求高、成熟周期漫长的领域。如果没有马斯克的赋能，换了一般的创业者拿着相同的BP（商业计划书），恐怕难以获得投资人的青睐。马斯克最大的价值首先是成功吸引了投资人和公众的兴趣，聚焦到这些充满魅力但无人愿意开垦的新兴领域。很多时候，科学研究的止步就是因为缺乏社会关注和资本支持，马斯克在这方面就像是风向标，他接近哪里，哪里就"从沙漠变成绿洲"。

客观现实是，钢铁侠也是人，他的一天只有24小时，他的知识储备和能力范围也有限。到2021年他就年满半百，已经过了可以快速学习新知识的生理阶段。实际上，他根本无法使用"影分身之术"去推进他布局的所有业务。马斯克所做的，是招募顶尖的科学家、工程师和高级管理人员替他打理无暇顾及的业务，但这些人就像他身后的影子，并不为公众所知。

让我们概括一下：对于除了特斯拉和SpaceX之外的各种布局，马斯克提供了他最擅长的"战略＋融资＋营销"，而业务核心团队则可以聚焦在他们擅长的"研发＋制造＋管理"。前者负责输出个人品牌，赋能整个商业组织，业务团队则负责把事情做好，分工明确。

乔布斯成就了一家世界上伟大的科技公司，马斯克分明想要成就一个伟大的科技集团。

致 谢

张雪晴　　高兵时　　张　戎　　方譞仪　　孙明娜　　张文翰

叶　森　　邓振宇　　苏志成　　李铭扬　　郑小康　　大　吉

小特叔叔　P. 王　　电池王　　太空精酿　　王之骏　　蔡鸿明

姜　巍　　高小强　　秦　聪　　张亦尘　　董　璞　　杨　宏

马　超　　尼　欧　　张　跃　　巩海宁

R. Heidmann　　J. Combettes　　F. Berthet

V. May　　J. Pnrd　　A. Loh　　Alex

C. Suen　　P. Dalene　　William　　Jackie

J.Carlson　　Marc　　Pepe

以及那些在写作及出版过程中帮助了我们但希望对外保持低调的朋友们